GREGG OLSEN

SE VOCÊ CONTAR

CRIME SCENE
DARKSIDE

IF YOU TELL: A TRUE STORY OF MURDER, FAMILY SECRETS,
AND THE UNBREAKABLE BOND OF SISTERHOOD
Copyright © 2019 by Gregg Olsen
Todos os direitos reservados

This edition is made possible under a license arrangement originating with Amazon Publishing, www.apub.com, in collaboration with Sandra Bruna Agencia Literaria.

Tradução para a língua portuguesa
© Alexandre Boide, 2023

Diretor Editorial
Christiano Menezes

Diretor Comercial
Chico de Assis

Diretor de MKT e Operações
Mike Ribera

Diretora de Estratégia Editorial
Raquel Moritz

Gerente Comercial
Fernando Madeira

Coordenadora de Supply Chain
Janaina Ferreira

Gerente de Marca
Arthur Moraes

Gerentes Editoriais
Bruno Dorigatti
Marcia Heloisa

Capa e Proj. Gráfico
Retina 78

Coordenador de Arte
Eldon Oliveira

Coordenador de Diagramação
Sergio Chaves

Designer Assistente
Jefferson Cortinove

Finalização
Sandro Tagliamento

Preparação
Lucio Medeiros

Revisão
Cesar Bravo
Maximo Ribera
Rebeca Benjamim
Yonghui Qio

Impressão e Acabamento
Leograf

DADOS INTERNACIONAIS DE CATALOGAÇÃO NA PUBLICAÇÃO (CIP)
Jéssica de Oliveira Molinari - CRB-8/9852

Olsen, Gregg
   Se você contar / Gregg Olsen ; tradução Alexandre Boide.
— Rio de Janeiro : DarkSide Books, 2023.
   368 p.

   ISBN: 978-65-5598-300-5
   Título original: If You Tell: a True Story of Murder, Family Secrets, and the Unbreakable Bond of Sisterhood

1. Violência doméstica - Washington (estado) – Raymond – Estudo de caso 2. Homicídio 3. Abuso psicológico I. Título II. Boide, Alexandre

23-3928   CDD 364.152

Índice para catálogo sistemático:
1. Violência doméstica

[2023]
Todos os direitos desta edição reservados à
DarkSide® Entretenimento LTDA.
Rua General Roca, 935/504 — Tijuca
20521-071 — Rio de Janeiro — RJ — Brasil
www.darksidebooks.com

LEITURA RECOMENDADA
PARA MAIORES DE 18 ANOS.

GREGG OLSEN
SE VOCÊ CONTAR

TRADUÇÃO
ALEXANDRE BOIDE

DARKSIDE

SE VOCÊ CONTAR

SUMÁRIO

NOTA DO AUTOR 11
PRÓLOGO 12

PARTE I: SHELLY, A MÃE 15
PARTE II: NIKKI E SAMI, AS IRMÃS 41
PARTE III: KATHY, A MELHOR AMIGA 83
PARTE IV: DAVE, O MARIDO 133
PARTE V: RON, O BODE EXPIATÓRIO 219
PARTE VI: MAC, A OPORTUNIDADE 267
PARTE VII: SHANE, A VERDADE 329

EPÍLOGO 351
POSFÁCIO 357
AGRADECIMENTOS 362
SOBRE O AUTOR 365

Para Nikki, Sami e Tori

NOTA DO AUTOR

Memórias compartilhadas são como um quebra-cabeça com peças danificadas. Nem sempre o encaixe é perfeito. Eu fiz o meu melhor para juntar todas as peças desta história tão complexa na sequência mais exata possível. Nas passagens do texto que incluem diálogos, usei os documentos da investigação e as lembranças narradas ao longo de dois anos de entrevistas. Por razões de privacidade, decidi usar um pseudônimo para o primeiro nome de Lara Watson.

GREGG OLSEN
SE VOCÊ CONTAR

PRÓLOGO

Três irmãs.

Hoje mulheres adultas.

Todas vivem na Costa Noroeste do Pacífico.

A mais velha, Nikki, mora em uma zona residencial privilegiada nos arredores de Seattle, em uma casa de 1 milhão de dólares com piso de madeira nobre e mobília de primeiríssima linha. Tem 40 e poucos anos, é casada e tem filhos lindos. Uma rápida olhada na galeria de fotos da família penduradas na sala de estar dá uma ideia da vida boa que leva com o marido, se valendo de um negócio bem-sucedido e de um senso de moralidade que nunca os deixou se desviarem do caminho.

Mas basta dizer uma única palavra para que sua mente se volte para o inimaginável.

"Mãe."

De tempos em tempos, ela literalmente estremece ao ouvi-la, em uma reação visceral a uma palavra que a atinge feito as garras de uma águia, perfurando e cortando sua pele até fazê-la sangrar.

Olhando para Nikki, ninguém saberia tudo o que viveu. E, fora de seu círculo familiar mais próximo, de fato, ninguém sabe. Não se trata de uma máscara usada para encobrir o passado, e sim de um emblema invisível de coragem. O que aconteceu com Nikki a fortaleceu, e a transformou na mulher admirável que é hoje.

A filha do meio, Sami, acabou voltando a viver na cidadezinha no litoral do estado de Washington onde tudo aconteceu. Acabou de completar 40 anos e é professora de ensino fundamental na escola local. Tem os cabelos cacheados e um senso de humor contagiante. Esse é seu escudo. Sempre foi. Os filhos de Sami, assim como os da irmã mais velha, são exatamente como desejava que fossem. Inteligentes. Aventureiros. Amados.

Quando Sami abre o chuveiro de manhã antes de arrumar as crianças para a escola e ir ao trabalho, não espera nem um segundinho para a água esquentar. Entra no banho imediatamente, sentindo o impacto da água gelada no corpo. Como Nikki, Sami está presa ao passado. A coisas das quais não é possível se livrar.

Coisas impossíveis de esquecer.

A caçula, assim como as irmãs mais velhas, também é uma beldade. Recém-chegada à casa dos 30 anos, Tori é loira, irreverente e brilhante. Mora um pouco mais longe, na região central do estado de Oregon, no entanto mantém contato bem próximo com as irmãs. A adversidade e a coragem formaram um vínculo poderoso e inquebrável entre elas. A mais nova também vive muito bem, graças a seu trabalho como coordenadora de mídias sociais de uma grande empresa do ramo de hotéis, restaurantes e lazer. Suas postagens, tanto as profissionais como pessoais, nunca terminam sem um sorriso ou até uma risada.

O mérito é todo seu, claro, mas ela faz questão de dizer que não teria conseguido nada sem a ajuda das irmãs.

Sempre que está na seção de produtos de limpeza do supermercado e se depara com a prateleira onde ficam os alvejantes, Tori vira a cabeça para o outro lado. Chega quase a se encolher. Não consegue nem olhar. E com certeza não suporta sentir aquele cheiro. Assim como no caso das irmãs, são as pequenas coisas — fita adesiva prata, analgésicos, o som de uma roçadeira — que levam sua mente de volta a uma época e um lugar onde sua mãe fez coisas que elas juraram manter em segredo para sempre.

Ter que conviver com a mãe foi o que as uniu. E, apesar de cada uma ter um pai diferente, sempre se consideraram 100% irmãs. Nunca meias-irmãs. Esse laço era a única coisa com que as irmãs Knotek podiam contar — a única coisa que sua mãe não podia tirar delas.

Foi o que permitiu que sobrevivessem.

PARTE I

SHELLY, A MÃE

GREGG OLSEN
SE VOCÊ CONTAR

1

Algumas cidadezinhas americanas têm histórias de derramamento de sangue e traições em seu passado. Battle Ground, no estado de Washington, a cerca de 32 quilômetros a noroeste de Vancouver, cidade localizada na divisa com o Oregon, é uma delas. O próprio nome do lugar faz referência a um incidente envolvendo indígenas da etnia Klickitat e o Exército dos Estados Unidos. Os povos originários conseguiram fugir do quartel onde estavam aprisionados, porém, enquanto negociavam uma rendição depois de serem perseguidos e acuados, um único tiro foi disparado, matando o chefe Umtuch, seu líder.

Parece bastante apropriado que a cidade natal de Michelle "Shelly" Lynn Watson Rivardo Long Knotek seja conhecida por causa de um conflito de grandes dimensões e uma falsa promessa.

Afinal, foi basicamente assim que Shelly viveu sua vida.

Para quem morava lá na década de 1950, Battle Ground era a típica cidadezinha americana, com boas escolas, vizinhos que ajudavam uns aos outros e um campeonato de boliche que movimentava as noites de sexta e sábado. Os pais trabalhavam para pagar pelo carro novo e pela bela casa da família. As mães cuidavam do lar e dos filhos, e depois de criá-los talvez voltassem ao mercado de trabalho, ou aos estudos na Clark College, para retomar os sonhos interrompidos pelas convenções da época ou da instituição do casamento.

E se Battle Ground tinha uma espécie de figurão local, esse homem era o pai de Shelly.

Com seus ombros largos e quase 1,80 metros de altura, Les Watson — que na época do ensino médio tinha sido o grande destaque da Battle Ground High School no campo de futebol americano e na pista de atletismo — era bastante conhecido na cidade. Com seu raciocínio sempre afiado, tinha charme e lábia de sobra, no bom e no mau sentido. Era bonitão também. Todas as garotas da cidade o consideravam um bom partido. Além de administrar com a mãe duas unidades de casas de repouso, Les era o dono do Tiger Bowl, um boliche com dez pistas e uma lanchonete com uma dúzia de lugares no balcão.

Era lá que Lara Stallings trabalhava em 1958. Tinha acabado de se formar na Fort Vancouver High School e vendia hambúrgueres e juntava dinheiro para começar a faculdade. Seus cabelos loiros e ondulados ficavam presos em um rabo de cavalo que balançava de um lado para o outro enquanto dava conta dos pedidos. Com olhos azuis e reluzentes, era inegavelmente bonita. E também inteligente. Mais tarde, lamentaria o lapso mental que a levou a aceitar namorar e depois se casar com Les Watson.

Les era dez anos mais velho, mas mentia para a noiva adolescente, afirmando que a diferença de idade entre os dois era de apenas quatro anos.

"Eu me deixei levar por aquela imagem dele", contou Lara anos depois, arrependida da escolha que fez. "Mordi a isca direitinho. Na verdade, não era um bom sujeito."

Lara tomou pé da situação depois do dia em que replicou o célebre penteado de Tippi Hedren, do clássico hitchcockiano *Os pássaros,* para se casar com Les diante de um juiz de paz em Vancouver, sua cidade natal, em 1960. Apenas a família de Lara compareceu à cerimônia, embora seus pais fossem contrários ao casamento. Les tinha bons motivos para não convidar os seus.

Eles sabiam o que viria pela frente.

Quando o telefone tocou na manhã seguinte, Lara atendeu. Era a primeira esposa de Les do outro lado da linha, ligando da Califórnia.

"Quando é que você vai vir buscar essas malditas crianças?", esbravejou Sharon Todd Watson ao telefone.

Lara não sabia sequer do que se tratava. "O quê?"

Les em nenhum momento mencionou que havia se comprometido a criar os filhos que teve com Sharon: Shelly, Chuck e Paul Watson. A omissão desse fato era uma atitude típica de Les, e Lara logo se deu conta de que esse comportamento era incorrigível — e que a preocupação dos pais dela tinha fundamento.

Depois do telefonema surpresa logo no início da manhã, Les disse para Lara que Sharon, sua ex-mulher, não tinha condições de criar os filhos, por causa da depressão e do alcoolismo. Lara respirou fundo e concordou. E, na verdade, o que poderia fazer? Eram os filhos de seu marido, e sabia que precisaria engolir aquilo em seco.

E não era uma tarefa simples. Shelly tinha 6 anos e Chuck apenas 3 anos quando se mudaram para sua casa. Lara assumiu o papel de madrasta dos dois — Sharon ficou com o mais novo, Paul, na época ainda mal saído das fraldas. Shelly era uma menina linda, com olhos grandes e cabelos ruivos de fios grossos e ondulados. No entanto, Lara notou uma estranha dinâmica entre Shelly e o irmão. Chuck não abria a boca. Era Shelly quem falava tudo. Parecia controlar o menino.

E, à medida que foi se sentindo mais à vontade em seu novo ambiente, Shelly começou a expressar seu descontentamento com palavras nada agradáveis.

"A menina dizia todos os dias que me odiava", lembrou-se Lara. "Estou falando sério. Era todo santo dia."

Depois de deixar os dois filhos mais velhos com Lara e Les, no segundo semestre de 1960, Sharon Watson voltou para sua casa em Alameda, na Califórnia. E, após partir, era como se nunca tivesse existido. Não telefonava nem mandava cartões de aniversário para Shelly ou Chuck, e muito menos presentes de Natal. Essa atitude de "o que os olhos não veem, o coração não sente" era bem difícil de justificar, contudo, na opinião de Lara, tratava-se de um destino selado muito antes da mãe de Shelly se casar e, mais tarde, se divorciar de Les Watson.

"Sharon vinha de uma família bem disfuncional", explicou Lara, com base no que ouviu falar da primeira esposa de Les. "Sua mãe se casou cinco, seis ou sete vezes, e ela era filha única. Pelo que me disseram, tinha uma irmã gêmea que morreu no parto. Não sei se é verdade ou não, mas essa foi uma das histórias que me contaram."

Fosse o que fosse que a levou a esse ponto, estava claro que Sharon tinha sérios problemas com álcool, mas não apenas com ele. Suas escolhas de vida também não eram muito prudentes. Pessoas da família suspeitavam que ela se prostituía.

No primeiro semestre de 1967, os Watson receberam um telefonema do Departamento de Polícia do Condado de Los Angeles em sua casa em Battle Ground. Um detetive da divisão de homicídios informou que Sharon fora assassinada em um quarto de motel de reputação duvidosa, e que alguém precisava identificar o corpo — e buscar seu filhinho, Paul.

O pai do menino não queria ficar com ele, que tinha inúmeros problemas de comportamento, mas Lara insistiu. Era a coisa certa a fazer. Com relutância, viajaram à Califórnia para buscá-lo e fazer o reconhecimento do corpo de Sharon.

Les contou a Lara o que ouviu da polícia e do departamento de medicina legal.

"Ela estava vivendo com um indígena, mas eles não tinham nem onde morar", explicou seu marido. "Os dois bêbados. Na cracolândia de Skid Row. Ela morreu espancada."

Quando as cinzas de Sharon foram mandadas para Washington, a mãe dela se recusou a recebê-las. E ninguém se dispôs a fazer uma cerimônia de despedida para a mulher. Era uma situação trágica, ainda que condizente com a história de vida dela. Em um velho álbum de família, Sharon aparece em algumas fotos, mas quase nunca com um sorriso no rosto. Sua insatisfação perpétua ficou eternizada em retratos em preto e branco.

Quando Shelly, então com 13 anos, soube do que aconteceu com a mãe, não demonstrou o menor interesse. Mal esboçou uma reação. Lara achou estranho. Era como se não houvesse nenhum vínculo entre Shelly e Sharon.

"Ela não perguntou sobre a mãe nem uma única vez", recordou-se Lara.

2

O novo integrante da família Watson trouxe consigo uma série de problemas. Paul não tinha nenhum controle sobre seus impulsos nem o mínimo traquejo social. Não sabia sequer como se comportar à mesa nas refeições. Em seu primeiro ou segundo dia na nova casa, Lara pegou o menino de pé em cima do balcão da cozinha procurando o que comer, abrindo os armários e jogando no chão tudo aquilo que não fosse de seu interesse.

"Paul era incontrolável", disse mais tarde. "Parecia até um bicho. Ele inclusive andava com um canivete. É verdade. Estou falando sério."

Lara fazia o que podia, mas logo de cara percebeu que tinha metido os pés pelas mãos. Les estava sempre ocupado cuidando dos negócios, e mesmo compreendendo a falta de tempo do marido para cuidar dos filhos, ela estava perdida no papel de madrasta de três crianças problemáticas — a impositiva Shelly, o incontrolável Paul e o silencioso Chuck. O menino do meio, que só se expressava com as palavras que Shelly colocava em sua boca, estava sempre sozinho. Conhecidos da mãe do garoto desconfiavam que os problemas de Chuck poderiam ter sido causados por alguma espécie de abuso sofrido na infância, mas na década de 1960 esse tipo de assunto era tabu.

"Uma vizinha me contou que viu, certa vez, Chuck no quarto dele, chorando na frente da janela aberta", relatou Lara. "Era o tipo de coisa que ele fazia o tempo todo."

Por mais difíceis que Paul e Chuck pudessem ser, quem dava mais trabalho para Lara era Shelly.

Os Watson faziam questão de passar a maior parte do fim de semana em família, deixando de lado todas as outras distrações para se concentrar nos filhos, que agora incluíam uma menina e um menino que Lara e Les tiveram juntos. Eles faziam viagens frequentes para o litoral de Washington e do Oregon para passeios de barco no verão e, no inverno, esquiavam no monte Hood. Seria uma vida boa e feliz, não fosse a presença de Shelly.

Ela fazia escândalos, arrumava brigas e se recusava a acompanhar a família. Se a ideia não tivesse sido sua, a chance de colaboração era zero. Sempre que as coisas não saíam do jeito que queria, Shelly dava um jeito de arrumar uma solução, que geralmente envolvia mentiras. Seus pretextos eram vagos e muitas vezes absurdos. Por exemplo, ela não gostava de fazer as lições de casa, e costumava se justificar dizendo que os irmãos mais novos destruíam seus trabalhos. Quando a desculpa deixou de funcionar, começou a se recusar a ir à escola.

"Eu tentava facilitar [as coisas] pela manhã", contou Lara. "Deixava a roupa dela separada à noite, para ela não ter que decidir nada em cima da hora. Deixava os cereais ou uma fruta na mesa de jantar — tudo prontinho para comer. Qualquer coisa que pudesse deixar as manhãs um pouco mais tranquilas. Mas não adiantava. Shelly só fazia o que queria."

Todas as manhãs, após uma verdadeira batalha, a emburrada e muitas vezes irritada Shelly ia à escola.

Ou, pelo menos, era o que Lara acreditava na época.

"Uma vez me ligaram do posto da Standard Oil na rua da escola. E me disseram: 'É uma maluquice completa! Essa menina anda aparecendo aqui para usar o banheiro, e deixa uma sacola de roupas e vai embora'. E me avisaram: 'Ela tem uma pilha de roupas aqui. Mas sempre sai com uma diferente da que chegou, uma calça jeans'."

Lara entrou no carro e foi até o posto de combustível. Ficou perplexa com o que viu.

Shelly tinha mesmo deixado um estoque de roupas por lá. "Tinha uns quatro ou cinco vestidos e saias dela escondidos ali. Roupas novinhas que ela não queria usar na escola."

O impasse em relação às roupas era só uma parte dos embates entre Shelly e Lara, com a madrasta sempre tentando direcionar a enteada para o caminho certo. Quando Shelly ficou um pouco mais velha, Lara a matriculou em uma academia de dança, mas muitas vezes ela sequer comparecia às aulas. E também se recusava a participar das apresentações.

"Tudo com ela era um drama. Tudo mesmo. Shelly parecia sempre incomodada e aborrecida, não importava o que a gente fizesse, não importava aonde a gente fosse. Não fazia diferença o que era. Até as coisas boas, como dar um presente para ela, era motivo de irritação. 'Você está brava por quê?', eu perguntava. Ela não respondia, mas pelo jeito como agia ficava claro que nada era bom o suficiente. Nada mesmo. Ela nunca estava satisfeita."

Com o tempo, Shelly foi deixando de ser apenas problemática e ingrata para se tornar sinistra e vingativa. Seu ressentimento era voltado principalmente para os irmãos. Qualquer instante de atenção dedicado a outra pessoa era visto por Shelly como um momento roubado dela. E quando sentia que não recebia nenhuma compensação por isso, se vingava. Seus planos eram brutais e, com frequência, sádicos. Envolviam mentiras sobre pessoas da família, dinheiro roubado e até uma suspeita de incêndio proposital na casa dos Watson.

Anos depois, Lara precisou respirar fundo ao se lembrar. "Ela quebrava uns caquinhos de vidro e enfiava dentro das botas e dos sapatos [das crianças]", disse. "Que tipo de pessoa faz uma coisa dessas?"

Lara não precisava ir muito longe em busca de um exemplo.

Anna, a avó paterna de Shelly, era esse tipo de pessoa.

3

Para Lara, um encontro com Anna Watson significava sentir suas costas enrijecerem e torcer para que a mãe de Les não lançasse o olhar predatório de sempre em sua direção. Caso a sogra passasse direto, Lara soltava um suspiro de alívio. E só então conseguia voltar a respirar. Era assim que a madrasta de Shelly se sentia diante da figura aterrorizante da mãe de Les.

Nascida em Fargo, na Dakota do Norte, e morando no condado de Clark desde a adolescência, a avó paterna de Shelly Watson era uma mulher alta e robusta, com ombros musculosos de atleta e o contorno dos tendões aparecendo até o colarinho da camisa azul lisa que costumava usar. Anna pesava mais de 110 quilos, e arrastava o pé esquerdo ao andar, produzindo um ruído que anunciava sua chegada com antecedência. Assim como seu porte físico, sua autoconfiança era marcante. Ela estava sempre absolutamente certa sobre qualquer coisa, de modo que ninguém nem sequer ousava desafiá-la. Fosse Les ou, menos ainda, sua jovem esposa Lara. Anna administrava uma das casas de repouso dos Watson, onde tudo precisava ser feito à sua maneira. "Punho de ferro" é uma expressão muito citada quando o assunto é o jeito de ser de Anna Watson.

Seu marido, George Watson, era o oposto da esposa. Bondoso. Simpático. Afável, até. Era mais baixo que Anna uns bons 10 cm, e só fazia o que a mulher mandava. Por mais de vinte anos, segundo se lembrou Lara, George dormia em um barracão de pouco mais de cinco metros quadrados perto da porta dos fundos da cozinha. Nunca dentro de casa, porque sua esposa fazia questão de deixá-lo lá fora.

Não muito tempo depois do casamento de Les e Lara, duas mulheres do Western State Hospital, perto de Tacoma, vieram trabalhar em uma das casas de repouso da família em Battle Ground. Seus nomes eram Mary e Pearlie, porém Lara só ouvia Anna se referir às mulheres como as "retardadas". Tratava as duas da maneira como uma rainha cruel atazanaria as criadas de quem não gostasse. Não havia tarefa que fosse considerada degradante demais em um lugar onde havia todo tipo de coisas desagradáveis a fazer.

Do ponto de vista de Lara, eram quase escravas de Anna, que as obrigava a faxinar a casa, lavar a louça, esfregar os pisos. E as fazia interromper o que quer que fosse para lavar seus pés ou pentear seus cabelos. Se elas não fossem rápidas o bastante, Anna as esmurrava, chutava ou arrastava pelos cabelos.

Certa vez, quando Lara foi à casa de Anna buscar Shelly, percebeu que Mary estava chateada. Os cabelos de Pearlie estavam molhados e enrolados em uma toalha. Lara perguntou a Mary qual era o problema, e ela confessou que Anna tinha saído com Shelly. Estava tão irritada que enfiou a cabeça de Pearlie na privada e deu descarga várias vezes.

Lara ficou perplexa. Nunca tinha ouvido falar de uma barbaridade desse tipo.

"Por que ela faria isso?", perguntou Lara a Mary.

"Ela faz isso sempre que fica brava", foi a resposta.

"Elas viviam com medo de Anna", contou Lara mais tarde.

Assim como tudo mundo.

Todo mundo menos Shelly, ao que parecia.

Lara começou a trabalhar na administração das casas de repouso logo depois que os filhos de Les foram morar em Battle Ground. Queria fazer faculdade, mas seus planos se desmancharam com a chegada imediata das crianças. Como a escola de Shelly era perto da casa de repouso, ela ficaria com a avó Anna depois da aula, em vez de pegar o ônibus de volta. Quando Lara ligava para saber se Shelly estava lá, sua sogra esbravejava que a neta era negligenciada e precisava dela para ter uma refeição "decente" e tomar banho direito.

"Não precisa lavar o cabelo dela, Anna."

"Você não lava direito. Está imundo."

Anna sabia o que era melhor para Shelly.

Na verdade, sabia o que era melhor para todo mundo.

Lara engolia suas palavras, uma prática que aprendeu a aperfeiçoar ao longo do tempo.

Em outra ocasião, ela foi buscar Shelly e encontrou seus belos cabelos ruivos cortados bem curtos. A avó Anna estava ao lado da neta, com uma tesoura na mão e um sorriso maldoso no rosto.

Lara ficou em choque. "O que é isso?"

A sogra esbravejou: "Você não sabe pentear o cabelo da menina direito, então eu cortei!".

Foi uma coisa feita por pura maldade. Ficou horrível. Shelly parecia arrasada.

"O cabelo dela é grosso", explicou Lara, ciente de que Shelly a culparia pelo que a avó havia feito. "Eu penteio todos os dias", garantiu, olhando para Shelly, que abria o berreiro toda vez que alguém se aproximava com uma escova.

A avó fez cara de desdém e saiu andando, arrastando a perna ruim pelo piso de madeira polida.

Tinha feito exatamente o que desejava.

Deixar as pessoas infelizes era sua diversão.

Lara percebeu desde o início que Shelly e a avó eram companheiras inseparáveis. Embora às vezes acabasse se tornando vítima, Shelly era na maior parte do tempo a protegida da avó, sua favorita, sua sombra, sua imitadora, e prestava atenção em tudo o que Anna fazia.

Com o tempo, Shelly se mostraria uma ótima aprendiz.

4

O primeiro problema sério causado por Shelly ocorreu quando ela estava com quase 15 anos. Foi um ataque surpresa, o tipo de estratégia que alguém com a intenção de semear a discórdia logo aprende ser a mais eficiente para causar o máximo estrago.

Em um dia de março de 1969, ela desapareceu depois da escola. Shelly já tinha voltado mais tarde para casa antes, mas dessa vez era diferente. Estava demorando mais do que o habitual. Lara olhava para o relógio da cozinha impecavelmente limpa, batucando com os dedos na mesa.

Cadê você, Shelly?
O que está aprontando?
Com quem pode estar?

Cada vez mais ansiosa, a madrasta da menina enfim tomou a iniciativa de ligar para a diretoria do colégio, e foi quando recebeu a notícia devastadora. Shelly, que estava a um mês de completar 15 anos, não tinha voltado para casa porque foi levada para um centro de detenção juvenil em Vancouver. A garota havia dito a um orientador educacional que estava acontecendo algo de muito errado em casa e que não aguentava mais.

"Do que você está falando?" Lara tentou obter mais informações junto à direção do colégio. "Você precisa me contar o que está acontecendo."

"Eu não posso dizer mais nada, de verdade", respondeu a mulher do outro lado da linha. Seu tom era de frieza. Isso deixou Lara ainda mais alarmada.

Ela desligou e imediatamente telefonou para o marido na casa de repouso, lhe pedindo que retornasse para casa. Lara foi curta e grossa. "Agora mesmo", exigiu. "Tem alguma coisa acontecendo com a Shelly."

Depois de uma ligação desesperada para o Centro de Detenção Juvenil, os Watson pegaram a estrada para descobrir o que tinha ocorrido no colégio naquela tarde.

"Ninguém queria contar nada", recordou-se Lara, olhando para as fotos de Shelly quando criança e, depois, adolescente. Sua beleza era inegável. Os cabelos ruivos emolduravam um rosto de nariz sardento, e os olhos azuis tinham cílios grossos que pareciam oscilar feito os tentáculos de uma anêmona do mar. Mas, para Lara, o tipo de beleza de Shelly remetia ao de uma fruta venenosa — uma aparência agradável, mas na verdade perigosa.

Inocente. Meiga. Uma máscara.

Lara estava desesperada.

"Liguei até para o diretor, que também não disse nada. Pensei que Shelly tivesse roubado alguma coisa, porque ela fazia isso comigo, pegava dinheiro na minha bolsa. Pensei que tivesse roubado a bolsa de alguém ou coisa do tipo. Não fazia ideia do que ela aprontou daquela vez."

Era uma situação frustrante. Dolorosa. Devia ser algo muito, muito grave.

Quando os Watson chegaram ao centro de detenção juvenil em Vancouver, quiseram ver a filha imediatamente, mas o pedido foi negado pelo superintendente da instituição.

"A investigação ainda está em andamento", falou ele.

"Que investigação?", perguntou Les.

"Shelly denunciou que foi estuprada por você", respondeu o homem, bem sério.

Os olhos de Les quase saltaram das órbitas, e seu rosto ficou vermelho de raiva. Ele logo refutou a alegação.

"Deus do céu!", exclamou Les. "Por que Shelly está dizendo uma coisa dessas?"

Lara estava enojada. Aquela acusação era a coisa mais repulsiva que já havia ouvido na vida. Todos sabiam que Shelly era mentirosa, mas aquilo era demais até para ela. Seu marido podia ser chamado de muitas coisas, mas "estuprador" não era uma delas.

"Ela não deve nem saber o que é isso", disse Lara por fim, estendendo a mão para acalmar o marido.

"Nós precisamos falar com ela agora mesmo", insistiu Les.

"De jeito nenhum", esbravejou o supervisor. "Estamos investigando um crime aqui."

Les jogou as mãos para o alto. "Tudo bem. Então vamos chamar um médico. Vamos exigir que façam um exame físico nela. Agora mesmo."

O médico da família, Paul Turner, solicitou que Shelly fosse encaminhada para o St. Joseph's Hospital, em Vancouver, e os Watson voltaram para Battle Ground.

Naquela noite, Lara entrou no quarto da enteada. Ela nem sabia o que estava procurando. Uma resposta, talvez? A verdade. *Alguma coisa*. Como sempre, o quarto de Shelly estava uma bagunça, com roupas e louças sujas espalhadas por toda parte. Papéis também. Anotações em cadernos. Shelly se considerava poeta e estava sempre escrevendo, mas nada do que Lara encontrou fornecia alguma pista. Depois de um tempo, começou a tatear embaixo da cama, para ver o que achava por lá. Ela se agachou e enfiou a mão entre o colchão e o box. Seus dedos roçaram as páginas de uma revista, que ela tirou de lá.

Lara ficou sem fôlego.

Era um exemplar desgastado, já com orelhas, da revista *True Confessions*.

Na capa, uma chamada com letras garrafais: "FUI ESTUPRADA AOS 15 ANOS PELO MEU PAI!".

Lara sentiu o pulso se acelerar. Era inacreditável que Shelly tivesse feito uma acusação idêntica à que viu na capa de uma revista.

"Olhe aqui", falou Lara, mostrando para o marido sua descoberta.

Les sacudiu a cabeça, incrédulo. Tinha ficado arrasado com aquela acusação, porém ainda mais preocupado com o comportamento da filha.

"Qual é o problema com essa menina?", perguntou.

Lara não sabia. Nunca tinha visto ninguém inventar uma história que pudesse causar tanto estrago. Não fazia o menor sentido.

Na manhã seguinte, quando o dr. Turner chegou ao hospital para realizar o exame físico, Lara mostrou a revista.

"Ela inventou tudo."

Na visão dos Watson, a revista provava que nada tinha acontecido, e que a história sórdida que contava havia servido como inspiração para Shelly. Porém, aquilo era mais do que uma pitada adicional no drama criado pelo comportamento destrutivo e ultrajante da garota. Les e Lara estavam cansados dela. Tinham outros filhos com quem se preocupar. E também a carreira de Les. Ele era o presidente da câmara de comércio da cidade. Mesmo um mero boato a respeito da mentira de Shelly seria o suficiente para acabar com a sua carreira.

"Isso é muito grave, Lara", disse Les, enquanto os dois aguardavam do lado de fora do quarto.

"É a Shelly", falou Lara com um suspiro. "Ela é assim mesmo."

Pouco depois, o dr. Turner apareceu para anunciar o resultado do exame. "A integridade física da menina está totalmente intacta", declarou. "Não há nenhum tipo de ferimento. Nada. Ela nunca foi tocada."

Shelly foi liberada mais tarde naquela noite, com uma única condição. "Sua filha precisa seriamente de tratamento", Lara contou o que o superintendente do centro de detenção juvenil lhes disse. "Ela precisa de acompanhamento psicológico."

Infelizmente, as sessões de terapia familiar e individual se revelaram infrutíferas. Shelly não aceitava a ideia de que poderia ter problemas que precisavam ser resolvidos. Mesmo quando confrontada com a verdade, insistia em dizer que a culpa não era sua. *Nunca* era. Lara e Les tomaram conhecimento de algo que pouquíssima gente entendia no fim dos anos 1960 e início da década de 1970: ninguém era capaz de ajudar uma pessoa perturbada que negava precisar de ajuda. Na verdade, Shelly nunca admitiu sequer que inventou a história do estupro. Não parecia entender a dimensão do que havia feito contra o pai.

Em vez disso, parecia feliz de ter detonado uma bomba dentro de seu círculo familiar e receber a atenção que tanto queria.

Ela queria voltar à Battle Ground High School, mas a diretoria do colégio se negou a recebê-la de volta.

"Essa porta foi fechada por você mesma", falou o diretor. Shelly o encarou com uma expressão vazia, sob os olhares de Les e Lara. "Não queremos você frequentando as aulas aqui. Não queremos saber de mais problemas."

Ao ouvir isso, os Watson ficaram perplexos. Shelly só tinha 15 anos. *Precisava* ir à escola. Lara tentou matriculá-la no Annie Wright, um internato prestigiado e caríssimo em Tacoma, mas não teve sucesso.

"Fizeram uma pesquisa sobre ela", contou Lara mais tarde. "Recusaram sem pensar duas vezes."

Os Watson estavam bem de vida, e a verdade era que pagariam o que fosse preciso para tirar Shelly de Battle Ground e colocá-la para estudar em outro lugar. Qualquer lugar. No fim, decidiram mandá-la para Hoodsport, no estado de Washington, para morar com os pais de Lara, que logo aprenderam a pisar em ovos ao lidar com a garota. Ninguém queria irritar Shelly. Era impossível prever o que ela seria capaz de fazer. Tratava-se de uma pessoa volátil, imprevisível. Mas às vezes conseguia esconder o péssimo temperamento fingindo se importar com alguém ou alguma coisa. Por exemplo, tinha se oferecido para ajudar a mãe de Lara com a louça, mas acabava jogando talheres, pratos e até panelas no lixo, sem lavar. Quando estava com um pouco mais de boa vontade, "limpava" os pratos com um pano, em vez de esfregar com água e sabão.

Shelly dizia adorar crianças e ofereceu seus serviços de babá para os vizinhos. Mais do que isso, falou que gostava tanto de cuidar de crianças que trabalharia até de graça. Parecia adorar ser vista como uma garota boazinha e caridosa. Mas, quando os pais voltavam para casa depois de deixarem os filhos com ela, encontravam as crianças na cama de roupa e tudo, e contando que Shelly os havia prendido no quarto, bloqueando a porta com móveis pesados.

Shelly também se voltou contra os pais da madrasta depois de apenas algumas semanas sob o teto deles.

"Minha mãe e meu pai nunca tiveram problema com nenhum outro neto", recordou-se Lara, vários anos depois da volta de Shelly a Battle Ground. "Depois descobri que meus pais ficaram felicíssimos quando as férias chegaram e eles puderam despachar Shelly para casa." Ao que parece, também houve acusações de abuso contra o pai de Lara. "Ouvi dizer que Shelly contou para os vizinhos que o avô estava mexendo com ela. E as pessoas foram imediatamente procurar a minha mãe." Para Lara, tudo aquilo era inacreditável. "Eu não consigo entender essa necessidade que Shelly sente de querer destruir a vida dos outros o tempo todo."

5

Lara Watson às vezes se preparava para o pior quando ouvia o toque de telefone, temendo mais uma ligação sobre algum problema que Shelly tinha causado, mais um duro teste para sua determinação de fazer as coisas darem certo. Lara era capaz disso. Ela tratava todo mundo bem. Era uma pessoa otimista. Contudo, mesmo com Shelly longe de casa, o casamento dos Watson continuava exposto a uma série de provações. Os negócios da família exigiam atenção constante, sem dúvida, e Les se mostrava à altura do desafio. Provavelmente era o que fazia de melhor. Lara, por sua vez, estava sofrendo, tendo que criar cinco crianças, dois filhos seus e três da ex-mulher do marido, Sharon. Os mais velhos continuavam a criar o caos dentro de casa, embora não no mesmo nível que Shelly. Chuck ficava a maior parte do tempo calado — intimidado, até. Lara costumava sentá-lo no colo enquanto lia para ele e o escutava fingir que estava lendo para ela. Sempre que o menino tentava falar, Shelly estava por perto para responder em seu lugar. Na escola, o menino também tinha dificuldades. Já Paul tinha o hábito de mentir, feito a irmã mais velha. Embora fosse controlado por Shelly, Paul tentava imitá-la e fazer o mesmo com Chuck. Era como se os três formassem uma gangue, com Shelly no comando.

A abelha-rainha.

A que sempre sabia tudo.

Exatamente como a avó Anna.

Shelly sempre foi mestra em criar conflitos e caos. Estava mais do que claro que recebê-la de volta em casa depois de seu exílio de Battle Ground não faria bem para ninguém. Lara passou metade das férias de verão ao telefone, em busca de uma escola que aceitasse Shelly no início do ano letivo seguinte. Recebeu recusas de todas as partes. Lara estava à beira do desespero quando enfim conseguiu o "sim" do colégio St. Mary of the Valley, na cidade de Beaverton, no Oregon, a cerca de 45 minutos de viagem de Battle Ground. Podia não ser tão longe quanto Lara queria, mas era a melhor opção de uma lista bastante restrita de escolhas.

Mais tarde, ela admitiria que escondeu algumas coisas a respeito de Shelly por causa do desespero. E também imaginou que um grupo de freiras severas e disciplinadoras seria capaz de ver além do óbvio comportamento manipulador da garota e pôr um fim naquilo.

Depois de algumas semanas, as freiras começaram a ligar para os Watson, perguntando se eles podiam ir buscar Shelly para passar os fins de semana em casa.

"Nas sextas à noite nós íamos buscá-la, e ela ia com o resto da família esquiar no chalé na montanha. Eu continuava tentando, semana após semana, mas sinceramente era bem difícil. Quando o fim de semana chegava, eu começava a ranger os dentes. Tudo ficava tão tranquilo sem ela. Até os meninos, que sempre deram problema, estavam mais calmos."

Parecia que quanto mais as pessoas faziam por Shelly, mais ela exigia. E se não conseguisse o que queria, provocava um escândalo.

"No ano seguinte, as freiras não a aceitaram de volta", contou Lara. "Alegaram problemas de comportamento para recusarem a garota."

Eram problemas bem conhecidos.

De acordo com as freiras, Shelly costumava acordar aos berros no meio da noite. Tinha destruído o trabalho de outra aluna. Foi pega roubando coisas de outras garotas. Havia inclusive revivido uma de suas velhas táticas de guerrilha: colocou cacos de vidro no sapato de uma colega de sala.

Perto do fim do ano letivo, a freira responsável pela administração do St. Mary of the Valley informou a Les e Lara que não aceitariam a rematrícula de Shelly.

"Nós estávamos dispostos a pagar o que fosse preciso", admitiu Lara. "Mas não houve acordo. As freiras estavam decididas."

Nas férias de verão, Shelly resolveu adotar a tática de terra queimada em seu retorno a Battle Ground. Passava o tempo todo dizendo para Lara que a odiava, e que desejava que ela caísse morta. Cansada de engolir essas palavras, Lara também deixou escapar algumas vezes para Shelly que conviver com ela não era nada agradável.

"Qual é o seu problema?", perguntava. "Você nunca está contente nem satisfeita com nada."

Era verdade. O marido de Lara era a maior prova disso. Ele dava para Shelly tudo o que a filha queria. Apesar de tudo o que ela lhe fez, sujando o seu nome, Les continuava tratando Shelly como uma princesinha.

E a princesa Shelly não podia continuar vivendo em Battle Ground.

A irmã de Les Watson, Katie, foi outra pessoa desavisada, mas bem-intencionada, que jogou um bote salva-vidas para os Watson. Shelly sabia como conquistar a simpatia das pessoas e fazê-las acreditar que o mundo estava contra ela. *Sua mãe morreu assassinada. Seu pai era abusivo. Sua madrasta a maltratava.* Katie se ofereceu para receber Shelly durante as férias de verão após ouvi-la reclamar de como as pessoas a tratavam em casa — principalmente Lara.

Lara ouviu alguma dessas conversas. Shelly nunca foi de esconder o que sentia. Falava alto, fazendo questão de que todo mundo escutasse.

"Ela estava ao telefone, dizendo para Katie que eu era maldosa e cruel", lembrou-se Lara. "Que nunca a deixava ter nada, e nunca comprava nada para ela. [Que] eu a xingava."

A choradeira foi um sucesso.

Os Watson tinham uma picape e um trailer, e pretendiam fazer uma viagem à Disneylândia naquele verão. A família fez as malas, colocou Shelly num avião e se divertiu muito sem ela.

Algumas semanas depois, Katie telefonou e disse que Shelly contou tudo. Ela e Frank, seu marido, tinham decidido manter a "coitadinha" durante o ano letivo em sua casa na Costa Leste, onde Frank trabalhava como engenheiro de minas e era o presidente de uma mineradora de carvão.

Lara não conseguiu acreditar na sorte que teve. Sabia que Shelly mentia até não poder mais sobre as coisas que aconteciam em Battle Ground, mas tudo bem.

Minha nossa!, pensou na época. *Deus foi muito bom comigo ao responder às minhas preces!*

No fim, a Costa Leste foi a última parada da jornada educacional de Shelly de colégio em colégio e de casa em casa.

"Foi um horror", contou Lara a respeito dos dois anos que Shelly infernizou os parentes. "Os problemas que [Shelly] causou entre Katie e Frank foram tão graves que acabaram em divórcio."

Shelly não parecia nem um pouco afetada pelo drama. Seguiu em frente como se nada houvesse acontecido. Ainda não havia completado nem 18 anos, e já tinha conhecido o futuro marido.

6

Todo rapaz percebe quando conhece *a garota*. Aquela que mexe com sua cabeça de tal forma que sua vida toda muda. Randy Rivardo viu Shelly Watson pela primeira vez no verão de 1971, quando ela estava com 17 anos. Não havia como negar que era uma menina linda. Shelly chamou atenção de uma porção de gente no período que passou com os tios em Murrysville, na Pensilvânia, como estudante de ensino médio da Franklin Regional High. Ela e Randy começaram a sair juntos, e iniciaram um namoro sério quando ela entrou no último ano. Os dois formavam um belo casal: Shelly com cabelos ruivos e pele impecável, e Randy com olhos e cabelos escuros da sua descendência italiana. Mas era só um romance adolescente, destinado a ser apenas uma fase passageira que deixaria boas lembranças. Cada um seguiu seu caminho depois da formatura, em 1972, com Randy ficando na Pensilvânia e trabalhando para juntar dinheiro para fazer faculdade e Shelly voltando para a Costa Noroeste, onde assumiu o cargo de auxiliar de enfermagem na casa de repouso do pai, em Washington.

Porém, no fim do verão, a paixão do romance com Randy voltou a se acender. Shelly sentia falta dele, mas também via naquela relação uma oportunidade. Seu pai poderia arrumar um emprego para o rapaz.

"Não quer vir para Battle Ground?", convidou Shelly. "Meu pai pode contratar você como encarregado de manutenção."

Randy ficou indeciso. Era uma boa sugestão, porém a proposta o pegou de surpresa.

Shelly melhorou a oferta.

"Meu pai não vai te cobrar aluguel", disse ela. "Assim você junta dinheiro mais rápido para pagar os estudos."

A proposta o interessou. O emprego só rendia cinco dólares por hora, mas depois de descobrir o preço da anuidade do Clark College, em Vancouver, Randy tomou a decisão. Pegou a estrada até Battle Ground e caiu nos braços de Shelly.

Ou melhor, na boca aberta de uma planta carnívora.

Não muito tempo depois de chegar, Randy percebeu que a família Watson queria mais do que um encarregado de manutenção. Estavam atrás de um marido para Shelly. Na verdade, assim que ele encostou o carro em Battle Ground, os planos para isso já estavam em andamento. Não demorou muito para a isca ser lançada. Shelly falava para quem quisesse ouvir sobre o quanto era a apaixonada pelo namorado. Les o tratava como um filho. O que quer que ele precisasse, Les fazia de tudo para providenciar.

Mas Randy desconfiou que havia alguma coisa errada. O pai de Shelly parecia ansioso demais para se desvencilhar da filha.

"A coisa foi tão apressada que foi Les quem escolheu meu padrinho de casamento, pois eu não tinha amigos nem parentes na região", Randy contou mais tarde. "Aconteceu bem rápido." Ele não era um sujeito passivo, mas ficou de boca fechada. "Fui deixando acontecer."

Nenhum parente ou amigo de Randy foi ao casamento.

Mais tarde, um membro da família descobriu o motivo: Shelly não pôs os convites deles no correio.

Shelly e Randy, ambos com 19 anos, se casaram em fevereiro de 1973 na igreja metodista de Vancouver. Shelly usou um vestido longo branco com gola alta, propositalmente parecido com o que Olivia Hussey aparecia no filme *Romeu e Julieta* de 1968. O noivo usou o smoking cor-de-rosa que Shelly escolheu. A festa foi no prédio histórico do Summit Grove Lodge, em Ridgefield, não muito longe dali. Todos concordaram que foi uma cerimônia linda, como Shelly sempre sonhou. O casal era jovem, mas muito apaixonado. Pelo menos era o que Randy pensava.

A lua de mel foi no chalé dos Watson em Government Camp, no Oregon — um lugar que Shelly detestava na adolescência —, e depois foram viver sem precisar pagar aluguel em um trailer que pertencia a família. Shelly reclamava da precariedade da habitação, mas Lara argumentou que era só o início de sua vida com Randy. E, de qualquer forma, eles não tinham como bancar uma casa.

"Mas eu não quero morar em um trailer!", repetia Shelly sem parar.

Logo depois do casamento, ela começou a se queixar de cólicas menstruais terríveis e a faltar ao trabalho. Os "problemas", como ela se referia, surgiam feito um tsunami que durava do início ao fim do mês. Ela voltava a trabalhar, ia embora, e então começava tudo de novo. Por fim, no que deve ter sido uma decisão difícil para Les Watson, ele demitiu a filha.

"Trabalhar e ter responsabilidade nunca foi o forte dela", comentou Randy mais tarde a respeito de sua jovem esposa.

Depois disso, Shelly foi trabalhar na casa de repouso de outra pessoa da família. Mas o padrão de faltas frequentes continuou e, por isso, foi dispensada.

"Ela acabava voltando para a casa de repouso do pai", contou Randy. "Parecia uma bola de pingue-pongue."

Depois de ser demitida de vez e virar dona de casa, Shelly não fez muita coisa pelo lar que dividia com o marido. Não cozinhava. Não fazia faxina. Só ficava deitada e dando palpite na vida dos outros, sem nunca deixar de dizer o que *ela* achava que merecia, e o que as pessoas deveriam fazer para ajudá-la.

Nesse sentido, era muito parecida com sua avó Anna.

Shelly queria um carro novo, então fez o que sempre fazia — recorreu ao pai. Não importava se ela quase tivesse arruinado a reputação dele, ou pior, tivesse o denunciado por estupro. Isso eram águas passadas. Na verdade, os Watson tinham medo de Shelly e de sua capacidade de causar estragos. Era mais fácil dar o que queria, para mantê-la feliz e sob controle. Se Shelly queria ir ao cinema, ou a um show, ou a algum evento fora da cidade, o dinheiro imediatamente era providenciado.

Mas até os Watson tinham limites, claro. Por mais bem-sucedidos que fossem os negócios de Les, dinheiro não dava em árvore.

Com a exigência de um novo carro, Shelly mostrou ao pai e à madrasta até onde estava disposta a ir para conseguir o que queria.

Ela insistia na ideia de comprar um fusca.

"Pai, esse é o carro que eu quero! O carro que preciso ter!"

Les assentiu e foi até Vancouver para ver o que era possível fazer. No entanto, não voltou para a casa com um fusca. Em vez disso, apareceu em Battle Ground com o que considerava muito melhor — um Buick conversível rosa seminovo.

Shelly estreitou os olhos, e seu rosto ficou no mínimo dez tons mais escuros que o novo carro. Ela esperneou. Fez um escândalo tamanho que as janelas da casa tremeram. Gritou com o pai que ele tinha comprado um "carro horrível de velha".

Les não bateu de frente com a filha. Apesar de saber como eram as coisas, ele simplesmente não esperava uma reação assim.

Randy achou o carro bonito, mas não conseguiu acalmar a esposa. Shelly estava inconsolável.

O que aconteceu em seguida deixou todos perplexos.

Naquela noite, Shelly sofreu um desmaio, aparentemente induzido por uma dose cavalar de remédios para dormir e bebida. Como Randy não conseguiu acordá-la, ligou para os Watson em pânico, e sua esposa foi logo levada para o Vancouver Memorial Hospital. Todos estavam com medo de que ela acabasse morrendo. O médico de plantão fez uma lavagem estomacal e relatou à família o acontecido.

"Descobrimos que, no fim das contas, ela tomou aspirina", relembrou-se Lara muitos anos depois. "E uma quantidade não muito grande. Não tinha comprimido para dormir nenhum no organismo dela."

Um dia, Randy voltou da aula no Clark College e encontrou o trailer revirado e sua esposa com o rosto sangrando.

Ele foi correndo acudi-la. "O que aconteceu?"

"Um homem entrou aqui", respondeu Shelly aos prantos. "Ele entrou e me atacou. Me estuprou." Ela mostrou uns arranhões no rosto. "Ele pegou sua espingarda e fugiu."

Randy chamou o xerife do condado, além do sogro. Os dois chegaram em questão de minutos. Randy e Les ficaram do lado de fora enquanto o xerife interrogava Shelly lá dentro.

Minutos mais tarde, o xerife saiu e, com uma expressão séria, falou que os ferimentos de Shelly eram autoinfligidos. Depois de dar uma boa olhada para Les e Randy, comunicou que não registraria uma ocorrência contra ela.

Quando o xerife foi embora, Shelly mudou sua versão da história de novo.

"Ela voltou a dizer que foi estuprada", relembrou-se Randy. "Disse que só tinha se desmentido porque o xerife a obrigou. E que tinha visto o agressor enterrar a espingarda perto da casa."

Para provar o que dizia, Shelly levou o marido e o pai até a arma.

"Bem aqui", falou. "Foi aqui que ele escondeu."

Randy sabia que não dava para acreditar naquela história. E desconfiava que o sogro também não acreditava. A madrasta de Shelly com certeza não acreditou.

Shelly simplesmente não queria mais morar no trailer. Aquilo não era bom o bastante para ela. Afinal, era filha de Les. Merecia coisa melhor.

"Ela falou que era perigoso demais morar lá", contou Lara anos depois, revirando os olhos. "Em vez disso, queria viver em uma casinha bonita na cidade."

Shelly sempre conseguia o que queria. Agia feito a dona do pedaço em Battle Ground. Deixava contas penduradas no posto de gasolina e no mercadinho. Passava um cheque sem fundo atrás do outro. Sua dívida cresceu tanto que em determinado momento alguns credores consideraram necessário ameaçar seu marido para conseguir o pagamento. Randy pediu para nunca mais venderem nada fiado para a esposa, e eles concordaram. Mas no fim acabaram cedendo.

A essa altura, Randy já tinha entendido por que Les fez tanta questão de torná-lo parte da família tão depressa. O sogro não estava só entregando a mão da filha em casamento — estava passando um problemão adiante.

Em meados de 1974, quando Shelly anunciou que estava grávida, todo mundo respirou fundo.

Quem sabe assim as coisas melhorassem?

Os pais de Randy informaram que pretendiam fazer uma viagem da Pensilvânia ao estado de Washington, levando consigo presentes para o bebê e a empolgação natural que vem junto com a notícia da chegada de um novo membro à família.

Shelly, porém, disse para o marido que não queria receber a família dele. Randy a ignorou. Eles viriam e ponto final. Quando os Rivardo enfim chegaram, ela se trancou no quarto e não saiu de lá uma única vez enquanto os sogros estiveram na casa. Era uma situação embaraçosa, mas Randy aguentou firme e passou um tempo agradável com sua família, sem a esposa.

Isso a irritou ainda mais.

As consequências vieram mais tarde. Os livros que o irmão mais novo comprou para o bebê desapareceram. Randy não conseguia encontrá-los em lugar nenhum. Shelly falou que também não fazia ideia de onde poderiam estar. Depois de procurarem pela casa inteira, desistiram.

Depois que sua família foi embora, Randy provou uns doces caseiros que seu avô mandou de presente. Era uma receita que o avô já tinha feito centenas de vezes. Randy deu uma mordida e foi obrigado a cuspir em seguida. Estava com gosto de sal puro. Ele ligou para o avô para avisar sobre o problema com os doces. O homem não entendeu nada — ninguém mais da família que ganhou doces da mesma fornada relatou qualquer alteração no sabor.

A única caixa com problemas foi a entregue em Battle Ground.

Quando sua família se deu conta de que havia esquecido algumas roupas da irmã mais nova de Randy, Shelly se ofereceu para mandar as peças pelo correio.

O pacote chegou intacto. Seu conteúdo, nem tanto. Alguém havia picotado as roupas com uma tesoura.

Shelly disse a Randy que não fazia ideia de como isso poderia ter acontecido.

"Deve ter sido alguém do correio", ela falou.

PARTE II

NIKKI E SAMI, AS IRMÃS

7

"Love Will Keep Us Together", de Captain & Tennille, e "Jive Talkin'", dos Bee Gees, tocavam sem parar no toca-fitas de Shelly Rivardo quando sua filha Nikki chegou ao mundo, em fevereiro de 1975. E já estava mais do que na hora. Shelly vinha reclamando da gravidez havia semanas, se queixando de que iria destruir sua silhueta.

Com a mesma cor de pele e feições da mãe, Nikki era uma linda bebê. Todo mundo dizia isso, inclusive Shelly, que via na filha uma extensão perfeita de si mesma. Ela dizia para todos que estava empolgadíssima para ser mãe. Tinha grandes sonhos para sua menina. Quem conhecia Shelly manteve o ceticismo, mas também a esperança de que ter um bebê pudesse direcionar a atenção para outra coisa que não fosse seu próprio ego.

Em vez de levar a recém-nascida para Battle Ground, Shelly achou melhor que Nikki ficasse na velha e isolada casa em estilo Tudor de seus pais, em Vancouver. Lara não sabia se Shelly estava indiferente ou preocupada com os cuidados com a bebê. Com a exceção das desastrosas tentativas de trabalhar como babá para os vizinhos dos avós em Hoodsport, Shelly não tinha a menor experiência com crianças.

"Acho que ela nunca tinha segurado um bebê na vida", comentou Lara mais tarde.

Lara era o contrário. Havia nascido para ser mãe, e estava adorando a ideia de ser avó. Quando sentiu Nikki chutar pela primeira vez na barriga de Shelly, Lara apelidou a bebê de Tambor, por causa do coelho da animação *Bambi*, e passou a amá-la a partir daquele instante.

No entanto, o que Lara pensou que seria uma estadia de alguns dias se estendeu por três meses, até que Randy enfim venceu pela insistência e os três voltaram para Battle Ground.

Lara pegava a estrada para ver a bebê todos os dias.

"Eu simplesmente não confiava nela", admitiu, falando de Shelly.

Randy também não. Os problemas do casal Rivardo estavam cada vez mais sérios. A esposa trancava o marido do lado de fora de casa à noite. Gastava o dinheiro que ele ganhava, sem nenhuma preocupação com as verdadeiras necessidades da família.

Ele fez um comentário para Lara que ficou gravado na memória dela por décadas.

"Shelly só me trata bem quando tem gente por perto."

Randy começou a dormir no carro, o que se tornou rotina. Shelly só queria o salário dele, e fazia questão que fosse entregue na mão dela toda sexta-feira. Os cheques não somavam nenhuma fortuna — longe disso. Mas, mesmo com um emprego fixo e sem precisar pagar aluguel, as finanças estavam apertadas. Shelly estava acostumada a viver com muito mais. Ela se queixava com o pai, e Les Watson providenciou que o pagamento de seu marido fosse direto para suas mãos.

"Assim, eu era obrigado a ir para casa", Randy contou mais tarde.

Não demorou muito tempo para Randy chegar à conclusão de que não aguentava mais — por maior que fosse seu amor por Nikki, era impossível ignorar que seu casamento, que já começou sobre bases instáveis, estava ruindo.

Lara não condenou Randy por deixar a família, por se separar da esposa. Nem ela, nem ninguém. A não ser a própria Shelly.

Ele pediu dinheiro emprestado para comprar uma passagem aérea e foi embora de Washington — para bem longe de Shelly — o quanto antes. "Eu precisava recomeçar", explicou. Porém, duas semanas depois, quando Shelly ligou para os pais dele e expressou um desejo genuíno de salvar o casamento, Randy concordou em recebê-la junto da filha na casa de sua família, ainda que com relutância. Ele estava com saudade de Nikki, por quem tinha um amor maior do que qualquer coisa que já houvesse sentido por Shelly.

O reencontro foi breve — durou apenas duas semanas.

"O comportamento dela perturbou até meus avós. Ela criou uma confusão tão grande que eu não tive escolha a não ser pedir o divórcio."

Shelly retaliou na mesma hora, comprando tudo que via pela frente e mandando a conta para o ex-marido, deixando-o cada vez mais endividado. Fazia isso sem qualquer preocupação. Certa vez, Randy lhe enviou um cheque de restituição do imposto de renda que precisava da assinatura da esposa para ser sacado. Ele avisou que aquele dinheiro seria usado para se livrar dos credores, que estavam no seu pé.

Doce ilusão. Shelly encontrou um homem que falsificou a assinatura de Randy, descontou o cheque ela mesma e ficou com o dinheiro.

Então, de uma hora para outra, Shelly sumiu de vista. Lara telefonou para todo mundo que podia — amigos, parentes. Ninguém sabia de nada. Ela ficou preocupadíssima com a bebê.

"Eu ligava para Shelly sem parar", contou Lara. "Ela não atendia. Eu estava desesperada. Quando tentava visitá-la, ela não estava em casa, e nunca atendia ao telefone. Ela deixou de ser uma mãe para a filha. Arrumou um emprego de garçonete em um bar em Vancouver, e isso para ela parecia bastar."

Essa situação se estendeu por um bom tempo. Em um determinado momento, uma pessoa da família em Battle Ground ligou para Lara pedindo para que fosse buscar Nikki, que estava sob seus cuidados.

"Shelly foi embora."

"Para onde?", quis saber Lara.

"Não sei."

"Quando ela volta?"

"Também não sei."

Shelly continuou sumida. O que estava fazendo e com quem estava continuou sendo um mistério — mas, sendo quem era, ninguém se incomodou com sua ausência. Isso significava menos drama. Menos dor de cabeça. Menos de tudo o que deixava todos com um nó constante no estômago.

Quase um ano se passou até que Shelly fosse buscar a filha na casa de Lara. Ela não deu nenhuma explicação. Do nada apareceu e levou Nikki. Lara tinha um amor profundo pela menina. Queria ficar com ela — declarar que havia sido abandonada pela mãe, para poder adotá-la e criá-la como sua filha.

Lara jurou que faria o que fosse preciso para não perder o contato com a neta.

Em 1978, quando Nikki tinha apenas 3 anos, sua mãe escreveu afetuosamente sobre seus sentimentos em relação à primogênita.

Shelly usou corações nos pingos nos "is" e nos pontos de exclamação, para enfatizar sua devoção inabalável. Escreveu em versos sobre Nikki, cujo semblante era um alento depois de um dia longo e cansativo.

> "Um rosto que não poderia ser mais lindo, um riso [...] como um riacho borbulhante [...] um sorriso que forma uma covinha no queixinho [...] Tudo isso emoldurado pelos cabelos dourados [...] e os olhos — grandes e castanhos [...] brilham de alegria."

Ela amenizou a carta de amor com uma pitada de realidade também:

> "[...] ela está sempre mexendo no meu porta-joias! Minha bolsa! Meu batom! Ou fazendo alguma travessura!"

Shelly concluiu com uma rima reveladora:

> "Oh, Nikki, apesar de nosso temperamento só piorar, o amor por seu jeitinho nunca vai acabar!"

Por um tempo, Shelly sustentou uma narrativa no estilo "somos eu e você contra o mundo". Dizia para Nikki que o pai da menina tinha abandonado as duas, e que os avós paternos não a amavam. Falava tudo isso para a filha com tristeza nos olhos e abraçando-a com força, mas acrescentava que estava tudo bem, porque ela a amava muito.

Como esperado, isso se revelou uma ficção elaborada com cuidado. Vários anos depois, Nikki encontrou um maço de cartas enviadas pelo pai e os parentes dele, e descobriu que a família de Randy lhe mandava presentes de aniversário e Natal todos os anos durante sua infância. Shelly arrancava as etiquetas dos pacotes e colocava o nome dela no lugar.

Lara e Les temiam que Shelly deixasse Nikki sozinha quando saía, então foram ao apartamento dela em Vancouver para ver se estava tudo bem. Foi lá que conheceram Danny Long, que morava do outro lado do corredor. Lara conhecia a mãe de Danny, que costumava jogar boliche no Tiger Lanes. O rapaz era magro, tinha cabelos escuros um tanto compridos e um sorriso simpático. Ele falou que tinha a chave do apartamento da vizinha.

"Você deve conhecer muito bem minha filha, se tem a chave da casa dela", comentou Les.

Danny resmungou alguma coisa e abriu a porta para os dois.

Shelly e Nikki não estavam, mas os Watson encontraram uma caixa cheia de coisas roubadas do chalé da família no monte Hood, além de cópias das chaves da casa deles, dos carros e, claro, do local onde a família se hospedava quando ia esquiar. Essas chaves haviam sumido da bolsa de Lara algumas semanas antes.

Não muito tempo depois, Shelly e Danny foram morar na casa em Battle Ground que a avó Anna sempre havia prometido que seria de sua neta favorita. Em pouco tempo, Shelly estava com outro bebê a caminho. Ela e Danny se casaram em uma capela próxima do fórum de Vancouver, em 2 de junho de 1978. Aos 24 anos, Shelly estava em seu segundo casamento. Dois meses depois, em agosto, nasceu Samantha. Era uma menina linda — loira e com olhos grandes e expressivos.

Danny tratava bem as meninas, porém era mais duro com Shelly do que ela estava acostumada. Os dois viviam se desentendendo — e as brigas eram feias e violentas. Gritaria. Louças quebradas. Correria porta afora. Todo tipo de escândalo. Certa vez, quando Lara a visitou — em uma rara ocasião em que recebeu permissão para entrar —, viu os buracos abertos a socos no reboco da parede. Era mais seguro apostar que foi Danny quem fez aquilo, mas Lara não tinha absoluta certeza a respeito de qual dos dois podia ser o responsável pelo estrago.

O casamento de Shelly com Danny era tão caótico quanto havia sido com Randy, e acabou da mesma forma. Quando uma briga terminava com Danny saindo para esfriar a cabeça ou passar um tempo longe de casa, Shelly punha as meninas no carro e saía à sua procura.

Segundo sua família diria mais tarde, Shelly sempre gostou de caçar.

Quando arrumava um novo namorado, passava a mesma instrução para Nikki:

"Você precisa chamá-lo de pai", ensinava.

E assim Nikki fazia. Quando começou a ir à escola, sua mãe a matriculava com o sobrenome do homem com quem estivesse. Sem nenhuma formalidade legal, apenas a insistência de Shelly e a promessa de que formaria uma nova família.

Simples assim.

Depois de cinco anos de casamento com Danny, Shelly ligou para o pai dizendo que precisava de dinheiro para entrar com o pedido de divórcio, se queixando de que havia sido traída.

Como sempre, Les não questionou.

Fazia o que fosse preciso por Shelly.

Era 1983 e, aos 29 anos, Shelly já tinha um outro homem em vista.

"Eu considerava Danny um pai", lembrou-se Nikki, muitos anos mais tarde. Mas, depois que Danny saiu de cena, Shelly elegeu como alvo o tranquilo e educado Dave Knotek. "Lembro que a mãe levou Dave na nossa casa em Battle Ground e disse que ele era o nosso novo pai. Eu não gostei dele, porque amava o Danny. E, não muito tempo depois, nós juntamos tudo e fomos para Raymond."

Até hoje, uma lembrança ainda volta à mente de Nikki, surgindo feito uma assombração.

Foi pouco antes da mudança para Raymond. Ela estava dormindo na casa que ficava atrás do asilo em Battle Ground. Acordou de forma repentina, sem conseguir respirar, com um travesseiro comprimido contra o rosto. Nikki começou a gritar pela mãe e — nesse exato momento — Shelly apareceu.

"O que foi?", perguntou. "O que aconteceu, amorzinho?"

Aos prantos, Nikki contou que alguém tinha colocado um travesseiro em cima de seu rosto.

"Foi só um pesadelo", falou Shelly.

Mesmo na idade que tinha, Nikki sabia que não era verdade.

"Não foi sonho, não, mãe."

Shelly cravou os olhos na menininha e insistiu que ela estava errada. E não arredou o pé, porque não precisava. Como sempre, estava certa a respeito de tudo.

Esse acontecimento ficou gravado na memória de Nikki. A velocidade com que a mãe apareceu para socorrê-la. A expressão no rosto dela — mais de interesse do que de preocupação.

Mais tarde, Nikki se perguntaria se aquela havia sido a primeira vez que Shelly tentou desestabilizar sua mente, como tinha feito com todas as outras pessoas que passaram por sua vida.

8

Madeira. Ostras. E, décadas depois, maconha.

Úmido e cinzento, o condado de Pacific, em Washington, sempre teve a economia vinculada à natureza local. Tem uma trajetória de altos e baixos desde que os primeiros colonos se instalaram em seu território chuvoso e sujeito a ventanias no sudoeste do estado na década de 1850. Não parece respeitoso definir as pessoas que vivem por lá apenas como duronas, mas não há como negar que elas sejam assim. O local onde o oceano Pacífico se encontra com o rio Willapa e vários de seus afluentes é o tipo de lugar onde a abundância não chega de graça, precisa ser conquistada a duras penas. A tríade de cidadezinhas — a sede do condado, South Bend, Raymond e Old Willapa — formam sua base de sustentação. Diversas casas em estilo bangalô se espalham pelos morros acima da baía que se deságua no mar. São o testemunho de decadência econômica, sempre inevitável em locais dependentes demais de seus recursos naturais. Apenas o fórum, com um projeto artístico e uma magnífica rotunda de vidro, ainda tem movimento. O serviço de assistência social fica em um anexo do edifício.

Mesmo assim, a região do rio Willapa conseguiu deixar sua marca na cultura popular — ou talvez mais uma mancha do que uma marca. O Nirvana, uma banda originalmente de Aberdeen, no condado vizinho, fez sua primeira apresentação em Raymond, uma cidadezinha de menos de três mil habitantes. O letrista Robert Wells, que compôs "The Christmas

Song" junto com Mel Tormé e a música de abertura do programa televisivo *Patty Duke Show* foi criado lá. O escritor Tom Robbins escreveu seu primeiro romance, *Another Roadside Atraction*, em South Bend.

No entanto, a maioria dos habitantes — em especial os que cresceram em meio à serragem e às conchas de ostras — não é gente famosa. Nem de longe. São pessoas que se encaixam no ponto exato de convergência que os define como cidadãos honestos e extremamente trabalhadores.

Dave Knotek era o típico rapaz do condado de Pacific, tendo passado os primeiros anos de vida em Lebam, antes que seus pais, Al e Shirley, descessem o córrego Elk para ir morar em uma casinha de madeira em Raymond. Al era lenhador, mas o trabalho nas matas era irregular. Dizer que os Knotek nunca tiveram muito dinheiro seria um eufemismo. Dave, seu irmão e sua irmã faziam os próprios brinquedos — arcos e flechas fabricados com gravetos e penas de galinhas. Gente do campo como os Knotek era facilmente identificável nas escolas de Raymond. Eles usavam roupas mais velhas, nem sempre em bom estado.

"Algumas vezes comecei o novo ano letivo com as mesmas roupas com que tinha terminado o anterior", relembrou-se Dave. "Isso não é nenhum demérito para os meus pais. Eles trabalhavam muito. A gente só não tinha dinheiro."

Filha de um funcionário de serraria, Shirley foi trabalhar em uma fábrica de ostras enlatadas por um tempo, e mais tarde em uma loja de departamentos J. C. Penney.

Entre os três filhos, Dave era o desordeiro do grupo — ficava de vadiagem, roubava cigarros dos pais e até fez uma tentativa hesitante de fugir de casa com um amigo, quando ainda estava no quarto ano. Por isso, era disciplinado da mesma forma que o pai havia sido. Al tinha uma cinta de afiar navalha, e não hesitava em usá-la nos filhos se fosse preciso. Dave sentiu o ardor do couro na pele uma ou duas vezes, mas nunca sentiu que estivesse sendo injustiçado. Era assim que as coisas funcionavam, só isso.

Na época, Raymond fervilhava de atividade. As serrarias funcionavam em três turnos, e o suprimento incessante de madeira mantinha os caminhões que transportavam as toras e tábuas rodando o tempo todo. O tráfego de balsas era intenso no rio.

Em 1971, Dave terminou o ensino médio na Raymond High School — cujas equipes esportivas usavam o nome de Seagulls — com a ideia de seguir os passos do pai como lenhador, embora o próprio Al tentasse convencê-lo do contrário.

"O meu pai não queria isso para mim. Era uma vida dura demais. Mas foi o que acabei fazendo." Ele trabalhou como lenhador por um ano antes de se alistar na Marinha.

"Acabei não sendo lenhador como o meu pai, mas, assim como ele, me alistei na Marinha e aprendi a operar maquinário pesado. Foi isso o que eu fiz por vinte e dois anos — fui operador de buldôzer na mata."

No serviço militar, Dave encontrou a autoconfiança de que tanto necessitava. Quando voltou a Raymond depois de servir no Havaí e no Alasca, ele de repente passou a ser visto como um homem solteiro cobiçado. Era gentil e bondoso por temperamento, mas também sabia cair na farra. E, o melhor de tudo, tinha um bom emprego na Weyerhaeuser, uma gigante do ramo madeireiro. Depois de seu retorno, virou membro de ordens fraternais como os Elks e os Eagles, e sua popularidade só cresceu. Ele namorou sério com algumas moças da cidade, mas os relacionamentos não vingaram.

"As garotas meio que vinham atrás de mim", contou mais tarde com um sorriso.

Na época, ele não imaginava que seria fisgado pela garota errada.

Não havia nenhum motivo em particular para Dave Knotek ter pegado a estrada até Long Beach, no estado de Washington, em um sábado no final de abril de 1982. O tempo não estava bom para praia — naquele trecho de litoral, o calor só chegava no fim de agosto. Recentemente dispensado por uma namorada, Dave queria só umas cervejas e um pouco de distração. Na verdade, quando saiu de casa em Raymond com seu buggy Volkswagen laranja na direção da rodovia, não sabia se entrava à direita rumo a Westport ou à esquerda na direção de Long Beach. Acabou optando por Long Beach e, quando chegou a um bar chamado The Sore Thumb, encontrou o local lotado de jovens como ele sem muito o que fazer.

Jogando conversa fora.

Jogando sinuca.

Falando sobre caçar.

Contudo, bem no meio de tantos homens, estava a garota mais bonita que Dave já tinha visto.

Embora Shelly tivesse problemas de relacionamento, era inegavelmente bonita, com olhos claros, cabelos ruivos volumosos e compridos e o tipo de silhueta que as meninas sonham em ter quando se tornarem adultas. Com as curvas nos lugares certos. Shelly tinha consciência de que os homens achavam atraentes essas características e, na juventude, sabia muito bem como se valer disso.

Na opinião de Dave Knotek, Shelly Watson Rivardo Long era muita areia para seu caminhãozinho. Ele sabia disso. E se limitou a observá-la à distância — seus cabelos avermelhados e seu corpo incrível eram o que mais chamavam atenção. Dave tinha demorado a sair da concha. Não teve nenhuma namorada no colégio. Era tímido na época. Mesmo depois de sair da Marinha, a timidez persistia. Tomou um gole de cerveja, tentando criar coragem para chamar aquela ruiva bonita para dançar.

"Ela parecia mesmo uma estrela de cinema antigo. Uau. Os outros caras estavam dando em cima dela, e eu lá, só olhando. Logo depois, ela se aproximou da minha mesa bem na hora em que criei coragem de chamá-la para dançar."

Shelly contou a Dave que tinha duas filhinhas e morava mais ao sul, no condado de Clark, em uma casinha bonita que sua avó Anna deixou de herança depois de morrer.

"Você me passa seu telefone?", perguntou para Shelly depois de dançarem um pouco.

"Tudo bem", disse Shelly, fingindo indiferença.

Depois que eles se despediram naquela noite, Dave não achava que a encontraria de novo, mas não conseguia parar de pensar nela. E com certeza não seria naquele bar. O Sore Thumb foi destruído em um incêndio na noite seguinte.

Ele enfim resolveu ligar para Shelly e perguntou se podiam se encontrar em Vancouver. Ela aceitou. Com o tempo, a viagem passou a ser semanal. Dave se apaixonou por Shelly *e* pelas filhas dela.

"Elas eram ótimas meninas. Ótimas mesmo. Precisavam de um pai. Dava para perceber isso. Estava na cara."

Nessa época, Shelly precisava de salvação — alguém que pudesse usar. Danny tinha ido embora fazia tempo. Assim como Randy. Ela estava encrencada com a casa que recebeu de herança da avó. Estava em processo de recuperação judicial, porque ela não conseguia manter em dia os impostos e as dívidas. Ela passou a escritura para o nome de Dave Knotek.

"Dave quer recuperar a casa para mim", escreveu para o juiz, "mas são necessárias muitas reformas. Eu mal consigo sustentar minhas filhas. Acho que preciso deixar que Dave assuma a propriedade."

Shelly lamentou pelo destino do imóvel adjacente à casa de repouso, que estava em sua família havia três gerações.

"Minha avó morava lá. E minha mãe biológica antes de morrer. E fui criada nessa casa nos meus doze primeiros anos de vida. Todos na família sabiam que a casa ficaria para mim quando chegasse a hora. Isso aconteceu em 1981. Só não foi antes porque eu estava em um casamento problemático, e meus pais não queriam que eu perdesse o imóvel no processo de divórcio. Em 1979, me separei do meu marido e me mudei para lá. Tenho certeza da data porque foi quando minha filha entrou no jardim de infância [...] Preservei a minha casa, pelas minhas filhas. Eu gostaria de negociar com a U.S. Credicorp e ver o que é possível fazer. Nunca fiz mal a ninguém. Só quero garantir meu futuro."

Mais tarde, Dave prometeu que devolveria a casa a Shelly, mas o imóvel acabou sendo confiscado e leiloado.

Quando o casal se tornou um pouco mais íntimo, Shelly confidenciou, depois de uma consulta médica, que estava com problemas maiores do que apenas arrumar uma forma de garantir seu sustento e o das filhas.

"Eu tenho câncer", declarou. "Provavelmente vou morrer antes dos 30 anos."

Dave ficou atordoado. Shelly parecia estar em perfeitas condições de saúde. Além disso, na época, estava apaixonado por ela, e ficou mais do que comovido com aquela revelação.

"Eu pensei que ela fosse morrer", comentou muitos anos depois. "E, se isso acontecesse, quem iria cuidar de Nikki e Sami? Elas não tinham ninguém. Durante todo o tempo que ficamos juntos, ela usou essa coisa do câncer. Eu devia ter desconfiado, mas isso nem me passou pela cabeça."

Depois de um mês morando no apartamento studio de Dave, os quatro se mudaram para uma casa vermelha na Fowler Street, no bairro de Riverview, em Raymond.

"Não me casei com Shelly por causa das filhas dela", explicou Dave, "mas devo admitir que isso pesou muito na minha decisão."

E, de fato, eles oficializaram a relação em 28 de dezembro de 1987, em Raymond. Uma das testemunhas foi uma jovem chamada Kathy Loreno, cabeleireira e melhor amiga de Shelly. Na ocasião, ninguém sabia ainda que Kathy teria um papel muito maior no casamento dos Knotek do que qualquer um poderia imaginar.

Les Watson ficou contentíssimo ao ver a filha casada pela terceira vez. Na verdade, não poderia estar mais aliviado. Isso significava que provavelmente ela pararia de bater em sua porta em busca de dinheiro. Ele nunca a perdoou por completo pela história do estupro, embora tenha entendido que era melhor não a enfrentar. Apesar de as acusações não terem arruinado sua vida, deixaram uma marca profunda.

Shelly continuava a falar mal do pai pelas costas, enquanto pela frente tentava conquistá-lo de volta com pedidos indiretos de desculpas e promessas de se tornar uma pessoa melhor. Afirmou que tinha câncer e que achava melhor que soubesse disso por ela, não por Lara, com quem estava em pé de guerra, pois a avó queria visitar as meninas mais vezes. Quando Les deixou de atender a seus telefonemas, Shelly lhe enviou uma carta:

> "Sempre terei muito orgulho por você ser meu pai. À medida que vou ficando mais velha, percebo o quanto valorizo você. Pai, estou sofrendo muito, só quero desistir. Você participou tão pouco da minha vida por tanto tempo. Talvez da próxima vez [...] eu não cometa os mesmos erros. Não tenho forças suficientes para passar pelos meses que tenho pela frente. Mas amo você, pai, e sinto sua falta. Com amor, Shell."

9

Do ponto de vista de Nikki, foi como se sua mãe e seu padrasto tivessem começado a vida juntos com um beijo envenenado e uma declaração de guerra. Estava claro para muita gente, inclusive Nikki, que Dave Knotek havia sacrificado quem era para se casar com Shelly. Não restava dúvida que seu padrasto não teria voz ativa naquele casamento.

Nikki relatou um incidente que viu com os olhos surpresos de uma criança — impassíveis, mas ao mesmo tempo petrificados. Dave, um homem magro com cabelos um tanto compridos e tatuagens que revelavam o amor pelo mar, adquirido em sua passagem pela Marinha, estava na varanda da frente da casa da Fowler Street, apontando uma espingarda contra si mesmo. Ele tremia e chorava. Foi depois de outra briga com a mãe de Nikki, depois de suportar mais uma dose pesada de ódio e nojo porque ele não conseguia ganhar o suficiente para cuidar das crianças.

Sua mãe pegava pesado com o padrasto, lançando uma bomba atrás da outra.

"Você não é um marido, é um inútil!", gritou Shelly antes de fechar a porta e lançar mais uma patada. "Na verdade, nem ama as meninas! Se amasse, trataria de trabalhar mais!"

Depois de passar um tempo imóvel, Dave se recompôs. Entrou em sua picape e saiu dirigindo, como sempre fazia depois de uma briga.

Dave era assim. Obediente. Passivo. Submisso.

"Eu nunca o vi nem sequer levantar a mão para ela", recordou-se Nikki mais tarde. "Na verdade, ele quase nem falava palavrões para ela."

O mesmo não podia ser dito sobre Shelly.

"Ela era violenta. Bem violenta. Me batia algumas vezes, e não revidei porque isso não é coisa que um homem faça", recordou-se Dave. "Ela me empurrava. Gritava. Era violenta mesmo. Eu não estava acostumado com esse tipo de coisa."

"Nós precisamos resolver as coisas", dizia Shelly para mantê-lo exatamente onde queria.

"Eu não posso continuar com você desse jeito", argumentava ele.

Shelly ia se achegando, mais mansa. "Isso é normal. É assim que as pessoas resolvem as coisas."

"Para mim não é normal", retrucava Dave.

A primeira vez que as coisas ficaram feias foi quando Dave acabou bebendo demais em uma festa de Natal na estação de triagem da Weyerhaeuser. Seus colegas o levaram para casa, onde Shelly aguardava na porta, furiosa, com os olhos arregalados e o rosto todo vermelho. Ela o empurrou e gritou tanto que ele acabou indo dormir na casa dos pais — o que a deixou ainda mais irritada. Shelly queria que o marido dançasse de acordo com sua música. Ele não tinha para onde correr. Depois disso, Shelly passou a fazer de tudo para afastar Dave — e, mais tarde, as meninas — da família dele. Fazia questão de ter controle total o tempo todo, em todo lugar onde estivessem. Se uma discussão começasse dentro do carro, Shelly obrigava Dave a descer.

"Para fora! Agora!"

Com o tempo, o estresse afetou a saúde de Dave. E a situação só piorava. Ele não sabia o que estava acontecendo, nem por quê. Não conseguia dormir. Estava sempre à espera do momento em que aconteceria alguma coisa e Shelly partiria para o ataque.

Preciso de um tempo. De um descanso. De um tempo longe dela.

Às vezes, pegava a picape e ia acampar nos morros nos arredores de Raymond. Em outras ocasiões, dormia na casa de amigos. Ele sabia que sua vida com Shelly era diferente de qualquer outro casamento. Mas não deixou de trabalhar, nem afogava as mágoas na bebida. O modo como lidava com a situação era se afastando da esposa.

Para sobreviver a Shelly, ele precisava manter distância sempre que possível. Mesmo no início do casamento, Dave já costumava fugir de suas avalanches de exigências furiosas. Sim, ela sabia ser meiga. E divertida também. Mas, com o tempo, essas qualidades foram ficando de lado, restando apenas uma raiva descontrolada, um temperamento irascível que o deixava assustado. Ele sabia que havia algo de errado com Shelly. Ela estava fora de si. Aquela gritaria. Aquela violência. As dobradiças das portas soltando dos batentes depois de serem arremessadas tantas vezes. Tudo isso. Dave ia para a picape com um saco de dormir e um travesseiro e perguntava a Deus o que fazer.

"Senhor, isso não está certo", lamentava. "Isso não é normal. Não é assim que uma família vive. Eu sei disso. Me ajuda."

"Quando se vive encurralado por alguém o tempo todo, logo você não quer mais saber de ficar acuado em um canto. As pessoas me perguntaram mais tarde por que não fui embora. Qual era o motivo para eu não pegar as meninas e me mandar. Não é assim que as coisas funcionam com Shelly. Não dá. Ela não iria permitir. Viria atrás de mim aonde quer que fosse."

Muitas vezes, quando ele voltava para casa depois de muita reflexão e um bom tempo a sós, Shelly virava a chave e voltava a ser meiga e carinhosa. Isso podia durar semanas, dias ou apenas uma questão de horas.

E então as coisas saíam do controle de novo.

10

Anos depois, a casa da Fowler Street foi destruída por um incêndio, deixando uma cicatriz aberta na paisagem — o que, à sua maneira, pode servir de metáfora para o começo do casamento dos Knotek. Quando passava por lá, Nikki costumava relembrar as palavras mordazes que sua mãe dirigia ao padrasto e a ela. Ela tentava se agarrar às boas lembranças, por mais escassas que fossem. Sua mãe a amava. Isso não podia ser questionado. Sua mãe amava Sami. Isso era óbvio.

Tão óbvio que doía.

Às vezes, dar um passo atrás em uma vida que está começando a sair de controle e mudar de casa pode servir para reconfigurar a situação e melhorar as coisas.

Nikki esperava que fosse esse o caso.

Tinha que ser.

Dave e Shelly Knotek se mudaram com a família para uma espaçosa casa em estilo bangalô que alugaram em Old Willapa e sempre chamaram de Casa Louderback, em referência aos proprietários originais, cujo nome era historicamente associado à atividade marítima local. A residência ficava ao final de uma longa entrada privativa que serpenteava por uma pastagem e mais adiante se tornava uma ladeira, no alto da qual ficava a casa, na borda de uma floresta. Pintada de verde escuro com molduras contrastantes, ostentava uma varanda ampla que seguia pela lateral da construção, conectando a entrada da sala de estar a uma porta lateral que dava acesso à cozinha. Do lado de dentro, pé direito de no mínimo três metros e meio; pisos desgastados, mas de madeira nobre; uma lareira grande de tijolos, que era o destaque de uma parede revestida com tábuas largas de lambri. Do outro lado da sala de jantar, ao lado da escada, havia um banheiro grande com uma banheira enorme. À direita da entrada da sala ficava a suíte principal, com a janela que dava para o jardim da frente.

Os quartos de Nikki e Sam ficavam no alto de uma escada de madeira exageradamente íngreme. Cada garota tinha o seu próprio dormitório, ambos separados por um espaço aberto que elas usavam como área para brincar. O de Nikki dava para a encosta gramada do morro, acima da cozinha. As janelas de Sami proporcionavam uma vista da lateral do quintal, com seus rododendros e a torneira de jardim. Dois lances de escada abaixo ficava o porão grande e úmido, com uma caldeira a óleo diesel com cheiro forte de combustível queimado — não importava a época do ano. Shelly adorava a casa, que considerava perfeita, e desejava comprá-la em vez de alugar, mas um gasto como esse estava fora de cogitação. Dave estava trabalhando como lenhador na época, fazendo horas extras e se esforçando o máximo que podia. Shelly vivia dizendo que procuraria um emprego, mas nunca fazia isso de fato.

Era uma ótima casa, charmosa e confortável.

E também foi o lugar onde teve início todos os acontecimentos ruins.

Qualquer coisa podia ser uma arma. As meninas sabiam disso. Dave também. Uma espátula de uma gaveta da cozinha, uma vara de pesca, um fio elétrico. Shelly Knotek usava tudo isso — e o que mais estivesse ao seu alcance — para surrar as filhas se achasse que elas estavam fazendo alguma coisa errada. Não importava o que fosse. Até as menores coisas já bastavam. Quando descobria um castigo que funcionava, buscava maneiras de torná-lo ainda mais eficaz e brutal. Bater nas crianças a deixava mais energizada e animada. Ela parecia adorar a adrenalina que vinha junto ao ataque.

A "disciplina" ocorria, sobretudo, à noite, como as filhas contaram mais tarde.

Nikki e Sami dormiam no andar de cima sem saber que a mãe estava espumando no sofá, planejando uma punição severa que as pegaria de surpresa. Shelly atacava na surdina. As filhas logo aprenderam que era preciso usar camadas extras de roupa para dormir, caso a mãe resolvesse arrastá-las para o jardim no meio do inverno.

"Às vezes tinha motivo, acho", relembrou-se Nikki mais tarde. "A gente podia ter pegado uma maquiagem sem pedir, ou perdido uma escova de cabelo. Coisas assim. Mas, muitas vezes, a gente nem sabia o que tinha feito."

As surras quase terminavam em sangue. Em uma ocasião, Shelly empurrou Nikki para dentro de um closet. *Com força*. Berrando a plenos pulmões.

"Sua putinha do caralho!"

Shelly avançou sobre Nikki e começou a esmurrá-la e estapeá-la enquanto a menina chorava e implorava para que ela parasse.

"Desculpa, mãe! Eu nunca mais vou fazer isso!"

Mas a verdade era que Nikki não fazia ideia do que tinha irritado a mãe. *Alguma coisa que ela falou? Alguma coisa que se perdeu? Alguma outra coisa?*

Nikki se levantou e tentou fugir, mas a mãe a agarrou e a imprensou contra a parede, onde ela acabou batendo e se enganchando em um prego.

Foi só então, com Nikki literalmente pregada à parede, que Shelly recuou.

Quando jogava vôlei na Raymond Elementary School, Nikki usava meia-calça de balé por baixo do short para esconder os hematomas e vergões deixados em sua perna pelas surras com fio de telefone — outro dos instrumentos favoritos de sua mãe durante acessos de raiva.

Mais tarde, Nikki passou a aceitar parte da culpa pelo abuso que sofria, pois Shelly "perdia a cabeça durante as surras porque eu sempre tentava fugir".

Apesar de não faltarem oportunidades para contar a alguém o que vinha sofrendo, Nikki nunca fez isso. Permaneceu reservada e receosa. Não queria que ninguém soubesse que alguma coisa ruim estava acontecendo com ela, ou que sua casa era o cenário de algum tipo de violência.

"Nunca nem pensei em contar", declarou mais tarde. "Não queria esse tipo de atenção. Não queria que ninguém pensasse que eu era diferente. E ninguém nunca perguntou nada. Nem uma vez sequer."

E nem toda a violência era física. Shelly cometia também uma série de abusos psicológicos contra as filhas.

Durante a semana anterior ao Natal, certa vez, Shelly trancou Nikki no quarto, dizendo que ela era uma inútil que não servia para nada.

"Sua imprestável do caralho! Você me deixa doente!"

Mas, quando o Natal chegou, Shelly agiu como se tudo estivesse perfeito. Encheu as meninas de presentes, serviu guloseimas deliciosas e, por um dia, aquela família pareceu a mais feliz do mundo.

Mas isso logo acabava.

Algumas atitudes da mãe eram recorrentes. Todos os presentes eram retirados das meninas em questão de dias. Shelly dizia que eram malcriadas ou ingratas, e que não mereciam nada do que ganhavam.

Certo ano, Nikki ganhou uma boneca Repolhinho. Ela ficou animadíssima. Mas Shelly tirou dela no dia seguinte e guardou em um armário. As meninas sabiam que a mãe montava armadilhas para ver se as duas tinham mexido em alguma coisa que havia guardado — como arrumar as coisas de uma determinada maneira ou colar pedacinhos de fita adesiva na ponta da porta para saber se foi aberta. Nikki aprendeu a tomar todo o cuidado possível. Principalmente no que dizia respeito à boneca Repolhinho.

"Eu esperava a minha mãe sair e, com todo o cuidado, tirava a boneca do armário dela, para poder pegar no colo um pouquinho", contou mais tarde. "Às vezes, ela descobria. Às vezes, não."

Em um outro Natal, Shelly colocou broches de ursinho de pelúcia nas meias de Nikki e Sami penduradas na lareira. Com uma montanha de papel de embrulho se acumulando à medida que elas abriam presentes e mais presentes, os pequenos broches acabaram se perdendo. Shelly ficou enfurecida e deu uma surra nelas com um fio elétrico.

"Vocês são duas ingratas e egoístas!"

Com a ajuda de Dave, Shelly as fez procurar pelos broches a noite toda. Quando enfim os encontraram — enfiados dentro da caixa de outro presente —, todos souberam imediatamente quem os tinha colocado ali.

Um drama familiar terminando em surras, ao que parecia, era o que Shelly queria ganhar naquele Natal.

À medida que as meninas foram crescendo, Shelly empenhava ainda mais esforços para criar novas maneiras de fazê-las sofrer.

"O poço está quase secando", anunciou ela um dia, do nada, se referindo à fonte de abastecimento de água da casa. "Nada de banhos. Além disso, vocês precisam pedir para mim antes de usarem o banheiro."

Era uma mentira que usava o tempo todo — mesmo quando a família morava na casa da Fowler, que contava com o serviço de abastecimento de água da prefeitura.

Sempre que Shelly deixava as filhas sozinhas, elas corriam para tomar banho, o mais depressa que podiam. Sami enxugava o chão, as paredes do box e as torneiras. Escondia as toalhas molhadas. Não havia nenhuma pista de que tinham feito algo proibido pela mãe. E, depois de se lavar, Sami tentava fazer parecer que não tinha tomado banho nenhum.

"Era uma vergonha ir para a escola sem tomar banho", comentou. "Todo mundo quer ficar bonita e cheirosa. Minha mãe queria controlar tudo. Queria decidir quando a gente podia tomar banho, quando podia usar o banheiro. Era preciso pedir permissão. Até uma coisa simples como um banho de chuveiro virava privilégio que só ela podia conceder."

Às vezes, depois das surras, Sami ia escondida até o quarto da irmã e se deitava na cama dela. As duas ficavam lá durante horas, falando sobre as dores no corpo e pensando em maneiras de fazer Shelly parar de machucá-las daquele jeito.

"A gente podia encolher nossa mãe", sugeriu Sami. "Deixar bem pequenininha e prender em uma gaiola."

Nikki gostou da ideia, mas logo viu um problema.

"Ela ia morder nossos calcanhares."

Elas começaram a rir.

"Dá para imaginar a mãe cutucando a gente com uns gravetinhos e coisas do tipo?", perguntou Nikki.

Dava para imaginar, sim.

Encolher a mãe não ajudaria em nada. Nem um pouquinho.

11

Apesar de nunca receber visitas, as aparências eram importantes para a casa da família Knotek. Dave percebia isso. Nikki também. Até mesmo Sami mais tarde diria compreender a relevância de fazer parecer que as coisas estavam "bem", por mais que seu mundo estivesse mergulhando na loucura. Era como cobrir um hematoma com maquiagem. Colocar uma rosa de plástico em um jardim cheio de palha seca e gravetos. Como se fazer as coisas parecerem bonitas ao redor da porta de entrada significasse que aquilo que acontecia no banheiro, no quarto dos fundos, no porão e no quintal se tornasse menos lamentável.

Seria possível?

Na verdade, onde quer que vivesse, Shelly compunha uma decoração no estilo casa de campo aconchegante — com certeza seu estilo estava mais para Holly Hobbie do que para Martha Stewart. Sua cor favorita era o azul, portanto os móveis pesados de carvalho da casa nova foram forrados em um tom de jeans desbotado ou adornados com mantas bordadas de corações e flores. Um toque de rosa. Um pouco de azul. Balaios e rendados por toda parte. Ela adorava bibelôs — a coleção Precious Moments, com estatuetas de olhos grandes, era sua favorita. Shelly era incapaz de resistir à tentação representada por um bule estampado com flores ou borboletas. Ao que parecia, se havia um espaço disponível para algum objeto alegre — e com tema rural ou campestre —, ela encontrava alguma coisa no shopping ou em um catálogo de vendas pelo correio para ocupá-la. Uma de suas alegrias era arrumar as coisas, admirá-las por um tempo e depois partir para algo que despertasse seu interesse em seguida. Shelly também colocava em todos os cômodos uma enorme variedade de fotografias da família. Não havia nenhum lugar sem imagens das meninas ou, mais tarde, do primo delas, Shane, penduradas nas paredes. Ao redor da lareira de tijolos, havia dezenas de fotos emolduradas.

"Pois é", recordou-se Sami mais tarde. "Minha mãe tinha esse lance de pendurar fotos nossas. Era estranho ver o rosto sorridente de Nikki nas paredes. Era de cortar o coração. Ver aquilo sabendo como ela era castigada, os maus-tratos que sofria. É uma coisa que me magoa e me revira o estômago só de lembrar."

Existem centenas, senão milhares, de fotos das meninas. Todas com um sorriso não só esperançoso como muitas vezes sincero. Anos depois, seria doloroso para muita gente ver aquelas imagens e se perguntar como uma menina bonita e tão novinha como Nikki ainda conseguia sorrir diante de uma câmera.

As meninas acompanharam quando a mãe pôs papéis de parede com estampas de coração e pintou de rosa o lambri da sala de jantar. Deram sua opinião quando ela escolheu uma estatueta de um farol para o aparador da lareira e uma coleção de velas perfumadas para uma mesinha de canto. Eram ocasiões divertidas e, apesar de mais tarde esse tipo de estética decorativa ter se tornado um motivo para ridicularizá-la, sabiam que no fundo sua mãe desejava o tipo de ambiente acolhedor e charmoso que aquele estilo evocava. Mas também sabiam que estava completamente fora de sintonia com a maneira como Shelly vivia a vida — e criava as filhas.

A verdade nunca demorava a aparecer, claro. Era sempre mais fácil fazer o que a mãe mandava do que resistir. A cada dia, a cada hora, sempre havia a esperança de que aquela loucura acabasse. De que Shelly Knotek, sem explicação e sem alarde, se tornasse a mãe com a qual sonhavam.

Essa fantasia de infância foi destruída com a chegada de um novo tipo de castigo.

Shelly o chamava de "chafurdar".

Usava essa punição para provar que era o ser supremo da família. Como todas as suas mais notáveis invenções, o "chafurdar" era uma mistura de humilhação e sofrimento físico. E também o tipo de castigo que ela poderia orientar sem sujar as mãos.

Era um verdadeiro pesadelo, e poderia ser aplicado em qualquer época. Nikki era quase sempre a vítima principal.

Tudo começava com Shelly acendendo a luz do quarto.

"Levanta! Tira a roupa! E vai lá para baixo agora, porra. Sua bostinha, sua imprestável!"

Nikki obedecia com lágrimas escorrendo pelo rosto. Havia algo na voz de sua mãe que a compelia a isso, uma força absurda. Era escandalosa e gutural. E a enchia de medo. Por trás daquelas palavras, Nikki percebia a raiva da mãe e sabia de imediato que qualquer coisa poderia acontecer e, independente da direção que seguisse, quem levaria a pior seria ela.

"Desculpa!"

"Cala a porra dessa boca!"

Nikki ficava agachada sem roupa na lama enquanto o padrasto jogava água nela com a mangueira. Dave ficava na maior parte em silêncio, obedecendo às ordens recebidas. Nikki chorava e implorava por mais uma chance.

A mãe via tudo a alguns metros de distância, dizendo ao marido o que fazer.

"Ela precisa chafurdar! É uma porca, Dave! Dá uma lição nela!"

Então mais água era despejada sobre o corpo trêmulo da menina.

"Desculpa, pai."

"Chafurda!"

Em uma ocasião, quando tentou se levantar, Nikki sentiu as pontas dos dedos geladas e duras feito pedra. Era o auge do inverno. A poça de lama no buraco de chafurdar estava congelada nas beiradas. Ela teve a certeza de que pegaria uma pneumonia e morreria.

Morrer é a única forma de escapar do que está acontecendo comigo, pensou.

De sua janela no segundo andar da casa, Sami assistia à cena que se desenrolava lá embaixo. Ela desejava estar lá também — não exatamente para resgatar a irmã, mas para receber uma punição idêntica. Sami percebia muito bem que, por algum motivo, os castigos de Nikki eram muito piores do que aqueles que Shelly impunha a ela. Não era justo que Nikki precisasse sofrer tamanho trauma pelo mesmo tipo de transgressão que só valeria a Sami o vergão de uma cintada ou a dor de um tapa na cara com o dorso da mão.

"Lembro de pensar que era injusto não receber o mesmo tipo de tratamento", relatou Sami anos depois. "Eu sabia que, independente da bagunça dela, não havia motivo para chafurdar daquele jeito, mas era o que acontecia. Era o que os meus pais faziam com ela."

Depois do que parecia ser uma eternidade, Shelly arrastava Nikki para o banheiro, sob uma chuva constante de insultos. Ela abria a torneira de água quente e enchia a banheira. Mas não de água fria — só a quente. Nikki era durona, mas chorava o tempo todo.

"Você é uma porca", dizia sua mãe. "Agora se limpa e vai para a cama."

Era difícil para Nikki lembrar quanto tempo o castigo durava. Ou quantas vezes aconteceu. *Dezenas? Mais?* Algumas sessões eram mais longas que outras. Podem ter durado vinte minutos. Ou duas horas. Ela ficava afundada na lama no meio da escuridão, sentindo as raízes das moitas sob o corpo, o jato frio da mangueira e a dor das palavras cruéis da mãe.

Sua irmã via tudo, com lágrimas escorrendo pelo rosto.

Ainda que sem saber por que, Nikki era capaz de ver que seu lugar dentro da família tinha se degenerado. Aos olhos da mãe, ela havia sido reduzida a quase nada. Um zero à esquerda. Nikki achava que, de alguma forma, sua irmã mais nova tinha encontrado uma maneira de conquistar o favoritismo da mãe. Na verdade, Sami sofria maus-tratos, no entanto parecia conseguir lidar melhor com toda aquela brutalidade. Recebia um tratamento cruel e mesmo assim era capaz de direcionar palavras carinhosas a sua agressora. Essa capacidade singular trabalhava a favor de Sami.

"Ela conseguia amolecer um pouco a minha mãe", lembrou-se Nikki. "Sami sempre soube como se defender. Isso a salvava. Minha mãe não se concentrava tanto em Sami por ela ter amigos, e talvez por temer que ela poderia, a qualquer momento, acabar lhes contando alguma coisa. Eu não tinha essa habilidade — não sabia amolecer a minha mãe nem mantinha uma rede de apoio. Além disso, achava que todo mundo estava cagando e andando para o que acontecia comigo."

Sami aprendeu a ser mais passiva e a não ir longe demais ao tentar escapar de um castigo que receberia de qualquer forma. Nikki não entendia isso. Ou se recusava a aceitar. Insistia em tentar escapar. Continuava resistindo.

Certa vez, Sami relatou que Nikki foi açoitada com um chicote. A surra foi maior por não aceitar o castigo. Ela impôs *resistência*.

"Nikki fugiu, e minha mãe a pegou", contou Sami. "E depois apanhou até não conseguir mais nem andar. A bunda dela ficou toda ensanguentada."

Apesar de ser quatro anos mais nova, Sami conseguiu perceber que, caso colaborasse com a mãe, poderia pelo menos aliviar a violência que sofria. Não fazia isso com muita frequência, porque amava a irmã mais velha, mas chegou a dedurar Nikki algumas vezes. Nikki, por sua vez, não confiava totalmente em Sami, porém jamais desejou que a irmã sofresse da mesma forma que ela.

Na verdade, Shelly adorava esse jogo de eleger uma favorita. E, na maior parte do tempo, era Sami.

Shelly mudou o nome da filha para Sami Jo por causa da personagem de Heather Locklear na série televisiva *Dinastia*. Mais tarde, Sami começou a achar que a mãe teria feito isso para escondê-la de Danny Long, seu pai biológico, que estava procurando por ela na época, porém não conseguiu comprovar isso.

"Você é Sami Jo desde que nasceu", afirmou Shelly, do nada, certa tarde. "A gente só não chamava você assim. Agora você está sendo chamada pelo nome, como deve ser."

Nikki quase nunca era tratada com afeto pela mãe, mas Sami — e seu guaxinim de pelúcia, que chamava de Racoony — recebia com frequência gestos de carinho. Shelly até dava festas com bolo, presentes e decorações para o bicho de pelúcia que Dave comprou para Sami logo depois de conhecê-las. Durante anos, Shelly ia até uma loja da Baskin-Robbins em Aberdeen para comprar bolo de sorvete e chegava a fazer encenações fantasiosas, enfiando meias do marido e uma meia-calça velha na barriga do animal de pelúcia e deixando o bolo pela metade para mostrar a Sami o que a criaturinha tinha feito durante a noite.

"Minha mãe sabia ser muito legal quando estava disposta a isso", afirmou Sami.

12

Nikki não sabia ao certo por quanto tempo sua mãe a mantinha trancada no quarto na Casa Louderback, nem por que esse tipo de castigo era aplicado. As fechaduras não tinham chave, então Shelly punha uma faca no batente para travar a porta e não deixar a filha sair. Era uma técnica a que recorria sempre que queria manter as meninas quietas e longe das vistas.

Shelly dizia que Nikki era feia e imprestável, e que precisava de um tempo para pensar no motivo por que havia tido uma menina tão horrenda. E a mandava ficar no quarto enquanto isso.

"Por quanto tempo for necessário", dizia Shelly.

Nikki revelou mais tarde que isso chegou a durar um verão inteiro.

"Eu parei de contar os dias", relatou.

Na verdade, Nikki quase não se incomodava com o banimento do convívio, primeiro no quarto, depois no armário — apesar de ser um espaço pequeno e abafado, sem janelas. Depois de um tempo, passou até a considerar o aprisionamento bem-vindo, pois significava ficar longe dos pais.

Ela ouvia a faca sendo removida, e então a porta se abrindo. Nikki se punha em alerta, sem nunca se acovardar. Simplesmente encarava a mãe, determinada.

"Use isso", rosnava Shelly, entregando a Nikki um balde plástico comprado na Home Depot de Aberdeen.

Ela não precisou nem perguntar para quê.

Ao longo de semanas, Shelly só deixava Nikki sair para esvaziar o balde. E ela não podia ter nenhum contato com Sami.

Shelly disse a Sami o motivo para o exílio e a importância da proibição do contato entre as duas.

"Sua irmã não presta", falou. "Entendeu?"

"Entendi, mãe", mentiu Sami.

Sami ficava preocupada com Nikki. Ela também era trancada no quarto, mas só por um dia ou dois.

Em algumas ocasiões, Sami recebeu permissão para entrar no quarto e pegar o balde de Nikki, que esvaziava no banheiro do andar térreo e voltava correndo para devolver enquanto a mãe montava guarda na porta. Também tentava manter contato jogando pinhas na janela da irmã enquanto a mãe cochilava durante o dia.

Nikki sabia que estava sendo mantida prisioneira. Mas a prisão tinha suas vantagens. Ali, ela mantinha distância das palavras cruéis da mãe. Não precisava pisar em ovos e ainda ser acusada de fazer algo errado. De certa forma, se sentia livre. E o melhor de tudo era o enorme acervo de livros que a mãe guardava no armário de seu quarto.

"Naquele verão descobri o quanto adorava ler. Li todos os livros da Nancy Drew que encontrei, depois passei para a coleção de John Saul e Dean Koontz da minha mãe. Ela adorava literatura de terror. Tinha caixas inteiras de edições em brochuras, e li cada uma delas."

Quando a cadela da família, Freckles, teve filhotes, Sami avisou a Nikki jogando uma pinha na janela.

"São oito!", sussurrou.

"Eu quero ver", respondeu Nikki, levando o indicador aos lábios para lembrar a irmã de fazer silêncio.

Sami assentiu com a cabeça.

Freckles e sua ninhada proporcionaram momentos felizes.

Nikki descia o balde usando dois cintos de roupão de banho que amarrou do jeito que viu em um filme de fuga. Sami dava uma boa lavada no balde e, quando se certificava de que a mãe não veria, mandava dois cachorrinhos para cima, morrendo de medo de ser pega.

Nikki ficava acariciando os filhotinhos no colo pelo tempo que sua coragem permitia, e então os descia de volta para a irmã.

Nikki acabou recebendo permissão para sair, porém não demorou muito até que a mãe começasse tudo de novo. Shelly era assim: um vulcão adormecido, que de repente entrava em erupção e saía em busca de um alvo. E costumava ser Nikki.

Da varanda coberta, Sami viu sua mãe perseguir Nikki pela casa até chegar à cozinha. Shelly estava gritando para ela parar e receber seu castigo.

"Eu vou arrebentar você!"

Shelly empurrou Nikki em cima do vidro da porta da cozinha. Os cacos voaram para todos os lados, e a menina soltou um ganido como o de um animal ferido. Shelly largou o cinto que estava levando e correu para acudir a filha ensanguentada, com dezenas de cortes pelo corpo. Havia lascas afiadas de vidro grudadas na camiseta e no short ensanguentados. Nikki começou a chorar, mas não dizia nada. Estava em choque. Sami, também aos prantos, foi ajudar.

Os olhos de Sami encontraram os da mãe. Nesse momento, ela se permitiu acreditar que não tinha sido de propósito. Mas a primeira coisa que Shelly falou foi uma admissão de culpa disfarçada de acusação.

"Olha só o que você me obrigou a fazer", disse ela.

Um instante depois, enquanto o sangue escorria pelo corpo da filha, Shelly de repente mudou de tom.

Palavras estranhas saíram de sua boca, quase como se fossem de um idioma estrangeiro.

"Me desculpa."

De certa forma, as palavras provocaram um choque equiparável ao do rastro de sangue que se estendia da cozinha até o banheiro.

Sami e a mãe correram com Nikki para o banheiro, onde Shelly preparou um banho para ela. Não com a água escaldante — um bom banho morno. Com cuidado, removeu as roupas ensanguentadas enquanto a ajudava a entrar na banheira.

A água ficou toda vermelha.

"Me desculpa", repetiu.

As meninas torceram para que a mãe estivesse *mesmo* arrependida. Talvez finalmente tivesse percebido que foi longe demais? Havia motivos para manter a esperança. Shelly foi gentil com Nikki depois do incidente. Mais tarde a levou para jantar fora e até a um salão de beleza para cortar os cabelos.

"Só eu e ela", lembrou-se Nikki mais tarde. "Minha mãe nunca fazia isso."

Apesar de ser só uma criança quando viu tudo isso acontecer, Sami sabia que a mãe precisava levar a irmã ao hospital, considerando a gravidade dos cortes espalhados pelo corpo de Nikki.

"Mas ela não podia fazer isso", teorizou Sami. "Não ia ter como explicar todos os cortes, e os vergões das cintadas e os hematomas espalhados pelo corpo da minha irmã. E no meu também. Mas no caso da Nikki era sempre pior. Tínhamos há anos as marcas dos maus-tratos que a minha mãe nos impunha."

Mesmo assim, Shelly não se opunha totalmente à ideia de procurar tratamento médico para as meninas quando necessário.

No entanto, às vezes, ela própria resolvia tudo.

Passou a vida toda rodeada de enfermeiras, e tinha até feito alguns cursos na área de saúde no Clark College, em Vancouver. Muitas vezes comentava que gostaria de voltar a estudar e se formar em enfermagem, porém dizia que a criação das filhas tinha prioridade em relação a seus sonhos e ambições. Shelly possuía uma pilha de livros de medicina e primeiros socorros e, quando não estava lendo um romance de Stephen King ou Dean Koontz, se dedicava a esse tipo de leitura.

Dave Knotek contou sobre uma ocasião na qual a esposa removeu um cisto de suas costas.

Shelly o fez beber várias doses de uísque para se anestesiar, e então usou uma pequena faca para cortar a pele e remover o cisto. Foi um procedimento dolorido, mas ele tinha certeza de que a esposa sabia o que estava fazendo.

"Não foi nada de mais. O pai de Shelly cortava as verrugas das mãos dela, e coisas do tipo", explicou. "Ela lancetou e meio que estourou o cisto, e depois arrancou. Foi tranquilo."

Apesar da magnitude absurda e da frequência aterradora com que os maus-tratos ocorriam na casa dos Knotek, Lara Watson nunca ouviu as netas dizerem nada de ruim sobre a mãe. Em nenhum momento deixaram transparecer o que acontecia.

"A mãe é estranha", era o máximo que Nikki ou Sami diziam.

Certa vez, Lara fez uma visita para comemorar o aniversário de Nikki. Era uma noite quente de verão, e ela dormiria no quarto da neta mais velha no segundo andar, onde o calor se acumulava. Mas, quando tentou abrir as janelas, descobriu que estavam pregadas. As meninas contaram que foi a mãe quem tinha feito aquilo, por algum motivo que não conseguiam lembrar.

Na manhã seguinte, Lara notou que as portas dos quartos tinham trincos do lado de fora.

Perguntou às meninas a respeito deles, mas elas se limitaram a dizer que era coisa da mãe delas.

Afinal, Shelly era *mesmo* estranha.

13

Para um menino que tinha passado metade da vida nas ruas de Tacoma, uma cidade como Raymond não devia ter muito charme. Shane Watson era sobrinho de Shelly, filho de seu irmão Paul, que vivia entrando e saindo da cadeia. Shelly voltou sua atenção a Shane com a justificativa de ajudá-lo a sair de uma situação intolerável. Durante anos, Shelly vinha discutindo com o marido a possibilidade de acolher o garoto, e talvez até adotá-lo, mas Dave era resistente à ideia. Já estava sofrendo o bastante para manter os gastos excessivos da esposa.

Shelly ignorou-o completamente. Era assim que se comportava quando qualquer coisa — ou pessoa — ficava em seu caminho. Estava sempre certa, e se alguém discordava, o fazia por ser idiota, covarde e egoísta.

Embora Shane morasse longe, Shelly sempre lhe dirigia palavras amorosas. Em outubro de 1985, quando o sobrinho tinha 10 anos, ela escreveu falando em nome de toda a família:

"Você foi embora faz pouco tempo, mas já estamos com saudade. Vamos nos ver antes do que você imagina. No fim de semana, antes do próximo, com certeza. Nós amamos muito você. O tio Dave mandou dizer: 'Oi, meninão! Estou com saudade!'"

Na verdade, Shane não tinha para onde ir quando chegou a Raymond, em meados de 1988. Paul Watson, seu pai, tinha fugido de Battle Ground aos 15 anos, quando pensou que havia engravidado uma garota. Foi só um alarme falso, mas Paul não voltou mais, mergulhando de cabeça em uma vida de crime em meio a gangues de motociclistas, voltando para casa apenas uma vez, e por um curto período de tempo, com a namorada grávida, uma moça descendente de indígenas do Alasca. Shane nasceu em 1975. Teve uma vida difícil e itinerante, cercada de violência e integrantes de facções, com um pai ausente e uma mãe com problemas seríssimos, que incluíam uma grave dependência química, mas de alguma forma Shane conseguiu se virar.

Podia ser só encenação ou uma coisa sincera, mas Shane agregou ao lar dos Knotek um sopro de esperança e otimismo. Ele não havia se deixado derrotar pela vida. Com certeza era bem mais malandro que as irmãs Knotek — a essa altura, Nikki tinha 14 anos, Sami estava com 10 e Shane, com 13 —, mas também tinha um lado gentil.

Shane era parecido com a maioria dos outros garotos de Raymond. Gostava de heavy metal e de Bon Jovi. Seus olhos e cabelos escuros remetiam a seus antepassados indígenas. As meninas o consideravam uma graça, não só por ser uma novidade na cidade mas também por ter um jeito divertido e engraçado que conquistava a amizade de todos. As irmãs Knotek o acolheram desde o começo. Ele era mais que um primo para elas — parecia mais um irmão. Estava sempre sorrindo e fazendo piadinhas. Shelly entrou com um pedido de auxílio financeiro no Departamento de Serviço Social e de Saúde para cuidar dele. Comprou roupas novas para mandar o sobrinho à escola e preparou um quarto confortável no porão, com roupas de cama novinhas, e o ajudou a pendurar algumas coisas que o garoto tinha trazido de casa para que se sentisse em casa.

Quase de imediato, Shane começou a chamar Shelly e Dave de "mãe e pai".

Shane era um bom garoto, mas vinha de um bairro violento, de uma cidade bem maior que Raymond. Quase não falava a respeito da vida que levava antes de se mudar para lá. Certa vez, em uma viagem em família, ele e as meninas dormiram em sacos de dormir na caçamba da picape. Foi a única vez que o primo se abriu de verdade e contou como foi ser criado por um pai motoqueiro e uma mãe viciada em drogas. Ele sentia muita raiva por causa de tudo o que tinha acontecido em Tacoma, e pela maneira que foi jogado de um lado para o outro até ser acolhido pelos Knotek. Depois de se instalar em Raymond, quase nunca era procurado por ninguém da família, com exceção de seus avós maternos e, como não poderia deixar de ser, de Lara.

"Shane não tinha nada a ver com a família dele. Jamais criaria problemas para a polícia ou se viciaria em drogas. Nada disso", garantiu Nikki. "Eu nunca me perguntei se ele acabaria seguindo o mesmo rumo dos pais. Shane era bonzinho."

Logo depois da chegada do sobrinho, Shelly lhe deu uma lista gigantesca de afazeres, que só fazia crescer.

"Minha mãe explorava Shane até não poder mais", contou Nikki anos depois. "Ele fazia de tudo. Meio de má vontade, mas acabava obedecendo."

Shane passava a maior parte do tempo cumprindo seus afazeres. De vez em quando, arrumava tempo para pegar sua moto de trilha e dar uma volta pela mata. Às vezes levava Sami junto, mas na maioria das ocasiões recorria a Nikki, sua confidente apenas alguns meses mais velha. Ela entendia como era se sentir uma pessoa sempre deslocada — tanto na escola quanto em casa. E, assim como Shane, entendia a responsabilidade da mãe dela por essa situação.

O garoto tinha medo de Shelly. Assim como as meninas, fazia de tudo para não a irritar. Shelly não demorou a arrumar ainda mais tarefas para ele, dentro de casa e no jardim. Se as coisas não ficassem como ela queria, Shane pagava um preço alto. Objetos de seu quarto no porão começaram a desaparecer. O travesseiro. O cobertor. Depois até a cama. Ele passou a dormir no chão. No começo se queixou, mas logo percebeu que fazer objeções só tornavam a punição ainda mais severa.

Em seguida, Shelly o proibiu de tomar banho a cada duas semanas e o obrigava a ir à escola sempre com a mesma roupa. Com o tempo, Shane deixou de ser o aluno novo divertido e virou o garoto sujo, fedorento e esquisito da turma.

Logo depois que Shane foi morar com os Knotek, Lara Watson fez uma viagem a Raymond. Essas visitas sempre implicavam um certo risco. Às vezes, chegava carregada de presentes e precisava deixar tudo na porta, porque não havia ninguém em casa. Em outras ocasiões, parava o carro e ficava esperando pelo que pareciam ser horas até as meninas e a mãe aparecerem, com um pretexto nada convincente de que Shelly tinha confundido a data da chegada da sogra e teve que ir a Aberdeen ou Olympia para um compromisso de última hora. Naquele dia, porém, Shelly, as meninas e Shane estavam em casa quando ela chegou. Enquanto Shelly via TV, Lara ficou com as meninas no andar de cima. Tudo ali parecia uma beleza. Os quartos de Nikki e Sami eram limpos, organizados e arrumados — o oposto de como Shelly mantinha seu espaço em casa quando era criança e adolescente em Battle Ground.

Lara queria ver o quarto do neto no porão. Com Shelly inesperadamente em seu encalço, se aventurou a descer a escada de madeira para o cômodo inferior da casa. Na metade do caminho, mal conseguia respirar. O cheiro do diesel usado na caldeira antiga da casa era pungente e fortíssimo. Fez seus olhos se encherem de lágrimas.

"É que eu acabei de mandar encher o tanque", justificou-se Shelly. "O pessoal que faz a manutenção vai vir resolver esse problema."

Lara passou pela portinha da caldeira para a parte da frente do porão, onde Shane dormia em um colchão no chão frio de cimento.

Ela se virou para Shelly, perplexa. Aquilo era inaceitável.

"Onde está a cama dele?", questionou Lara.

Shelly não respondeu.

Incomodada, Lara a encarou com uma expressão incrédula. "Ele precisa de uma cama, Shelly. O que está acontecendo aqui? Se vocês estiverem sem dinheiro... eu posso arranjar."

Shelly ficou em silêncio.

Lara deu uma rápida olhada no quarto.

"Ele precisa de um armário também."

Shelly deu uma desculpa qualquer, dizendo que não providenciou tudo para Shane porque andava ocupada demais, mas aceitou o dinheiro mesmo assim.

Pouco depois, Lara ficou sabendo que Shelly enfim tinha comprado uma cama para o menino. Ela desconfiou que, caso não houvesse insistido tanto na questão, sua enteada não teria sequer pensado em fazer isso.

Talvez para Shelly não fizesse a menor diferença.

14

Nikki via como eram as mães nos programas de TV, que escutavam e reconfortavam os filhos com palavras carinhosas. Também observava as outras mães da cidade, e como interagiam com os filhos e maridos. Não havia gritarias e surras. Elas não obrigavam as crianças a fazer coisas estranhas que, além de fisicamente dolorosas, eram humilhantes, a ponto de não conseguirem nem falar a respeito. Nikki *sabia* que sua mãe *não* era normal. Quando Shane chegou, os dois passavam horas conversando sobre como Shelly era esquisita.

Ele não era nem de longe tão tolerante quanto a prima.

"Ela é uma sacana, isso, sim", disse.

"Eu sei", concordou Nikki. "Mas existem momentos..."

"Que momentos?", interrompeu Shane.

"Momentos em que acho que ela ama a gente de verdade. Quando faz todo mundo se sentir amado e toda essa loucura é deixada de lado."

"Só por um tempo, Nik", lembrou-lhe Shane. "Depois volta tudo ao normal."

Nikki concordou. Podia ser difícil para Shane entendê-la de fato. Ela se sentia amada de verdade pela mãe. Era uma coisa instável e que no momento parecia distante, que ela torcia com todas as forças para que um dia voltasse a acontecer.

Apesar de tudo o que Shelly fazia.

Anos depois, Nikki teve que se esforçar para encontrar as palavras para fazer as pessoas entenderem como poderia amar uma abusadora do calibre de sua mãe.

"Acho que quando criança eu dependia dela, por ser a minha mãe. Não existia opção. Tinha que viver com ela. Depois de adulta, me arrependi de não ter feito nada para ajudar a mim mesma na época. Minha mãe sabia mostrar afeição e dizer coisas gentis quando queria... ela me maltratava, mas no dia seguinte me abraçava ou me chamava de sua bebezinha e dizia que me amava e blá, blá, blá. Acho que a dinâmica era como a de qualquer outro relacionamento abusivo... a pessoa se sente aprisionada, sem ter para onde correr... os abusos acontecem, e então a pessoa abusadora dá um passo atrás, e quem sofre o abuso aceita, sem nunca saber quando vai vir a próxima surra, mas se sente aliviada porque os maus-tratos pararam (por enquanto). Minha mãe era uma bomba-relógio... Nunca saberia dizer quando iria explodir. Tudo ficava bem durante alguns dias, e então 'bum'. Eu amava minha mãe porque não sabia que tinha escolha. Me sentia obrigada a amá-la."

Algumas coisas que Shelly forçava as crianças a fazerem eram vergonhosas, outras, dolorosas. E havia as que eram claramente ridículas. Agia como se estivesse conduzindo uma série de testes para ver até onde poderia ir. Shane era surrado e obrigado a chafurdar. Era xingando com todos os palavrões existentes no mundo. Como prisioneiros de guerra, ele e Nikki juntaram forças e se tornaram conspiradores inseparáveis.

Shelly tinha uma capacidade desconcertante de encontrar novas formas de humilhar a dupla. Fazia os dois tirarem as roupas no meio da sala de estar por transgressões que ninguém era capaz de se lembrar de ter cometido. Sami ficava vendo a irmã e o primo dançarem músicas lentas sem roupa.

"Até eu mandar parar", avisava Shelly.

Sami via tudo, morrendo de vergonha e contente por não ser ela, pois era muito tímida e mal suportava ficar de maiô. Aquilo seria mais do que humilhante.

O que, claro, era o motivo pelo qual sua mãe escolhia os dois mais velhos.

Às vezes, Dave estava presente durante a dança.

"Meu pai ficava lá parado, sem fazer nada", contou Sami. "Minha irmã e Shane choravam o tempo todo. Sabe como é, eles eram obrigados a fazer. Não dava para desobedecer a minha mãe."

Anos depois, Lara Watson ainda não era capaz de compreender o fascínio singular de sua enteada pela nudez. Era uma coisa que parecia vir do nada. Lara não conseguia estabelecer um vínculo causal entre a infância de Shelly e esse tipo de comportamento.

"Nenhum dos meus filhos nunca me viu de calcinha e sutiã", garantiu Lara. "Eu estava sempre de penhoar. O pai deles não andava pela casa sem roupa, e não se despia nem para nadar. Les tomava banho com os meninos quando eles iam acampar, mas nunca com Shelly."

Ela não fazia ideia de onde vinha aquele impulso.

Talvez algo estranho tivesse acontecido quando Shelly estava na casa da avó Anna. Era possível, mas improvável.

"Acho que Shelly teria dito alguma coisa na época. Tenho certeza. Não sei de onde vieram essas ideias."

A vida de Shelly com a mãe biológica — antes de Sharon Watson abandonar os filhos e voltar à Califórnia — era envolta em uma certa dose de mistério.

"Se aconteceu alguma coisa com ela? Não sei. Sharon era viciada em álcool. Pode ter acontecido alguma coisa, sim. Mas acho que nunca vamos saber", especulou Lara.

Durante a infância e a adolescência, Shelly era bastante recatada. Só se trocava no quarto, com a porta fechada. Não tinha o costume de desfilar por Battle Ground com roupas provocantes. Não fazia nada disso.

Do ponto de vista dos filhos, a nudez era mais uma questão de poder do que de sexualidade. Sami via esse ritual como uma forma de que sua mãe se valia para humilhar suas vítimas e também de impedir que fugissem. A nudez forçada era um componente da metodologia bizarra e degradante que Shelly usava para destruir a personalidade das pessoas.

E sua capacidade de fuga.

15

Era inverno, e o sol já se escondia por trás dos abetos que cercavam a Casa Louderback por todos os lados. Pingentes de gelo se formavam nos beirais cheios de folhas e agulhas de abetos. A neve se acumulava sob os pés. A atmosfera na casa estava pesada desde que Nikki e Shane chegaram da escola. Shelly, que estava sentada comendo chocolates e vendo TV, sempre tinha uma emboscada a caminho, ruminando um novo plano para obrigar as crianças a pagarem por um erro qualquer.

Era palpável que alguma coisa estava prestes a acontecer, como se uma energia estranha no ar deixasse todos com os pelos da nuca eriçados.

"Tirem a roupa! Agora!", gritou Shelly.

Isso, não.

De novo, não.

Por quê?

Às vezes Nikki e Shane resistiam aos castigos. Mas isso não adiantava muita coisa. Servia apenas para deixar Shelly mais irritada, com o rosto todo vermelho e os olhos arregalados, parecendo um monstro prestes a aniquilar suas vítimas. Na maioria dos casos, eles simplesmente aceitavam. Assim como não conseguia se lembrar ao certo o que tinha feito para irritar tanto a mãe, Nikki nunca entendeu a razão pela qual ela e o primo não se recusavam a ser punidos.

"Devia ter algum motivo", especulou ela anos mais tarde, enquanto se esforçava para determinar uma razão específica para ela e Shane terem sido escolhidos para o castigo naquele dia. "Mas sinceramente não lembro qual era."

Eles tiraram as roupas, imaginando que seriam obrigados a chafurdar juntos, mas Dave não estava em casa. O marido de Shelly era quem executava essa punição, no escuro, com a mangueira em punho, obedecendo às ordens da mulher. Seria um outro tipo de castigo, e nenhum dos dois sabia ao certo o que viria pela frente. Shelly disse a Nikki e Shane para irem até um determinado local no morro atrás da casa e se sentarem lá de costas um para o outro.

"Vocês vão ficar lá até eu mandar sair."

Em seguida, voltou para casa e ficou vendo TV com Sami.

Shane tremia, morrendo de frio. "Estou cansado disso tudo, Nikki", disse ele.

Nikki, também sem roupa e quase congelando, concordou. "Eu também."

A respiração de Shane se condensava em nuvens de vapor. "Quero dar o fora daqui."

"Eu também", respondeu Nikki.

Eles ficaram de olho na casa, se perguntando se Shelly reapareceria com a mangueira para encharcá-los.

Seria a cara dela fazer isso.

Ou talvez Sami fosse a encarregada. Ela era a escolhida, a favorita do campo de trabalhos forçados, capaz de transitar entre os dois mundos, dedurando os outros para conquistar algum tipo de vantagem.

E sobreviver.

Havia momentos em que Nikki e Shane se sentiam capazes de rir do que Shelly fazia, mas aquele dia congelante no morro atrás da casa não foi uma dessas ocasiões.

"Isso é um puta de um absurdo", comentou Shane. "Porra, eu odeio a sua mãe."

"Eu também."

Nikki não estava só concordando com Shane. Ela realmente detestava a mãe. Mas uma parte dela acreditava que, apesar do tratamento que recebia de Shelly, aquilo era melhor do que não ter mãe nenhuma. Shane não tinha família. Será que ele não entendia que aquilo era melhor do que nada?

Shelly se debruçou sobre o gradil da varanda algumas vezes, para ver os adolescentes sentados de costas um para o outro. Nenhum dos dois disse nada. Falar não serviria como distração para Shelly — só tornaria ainda mais rígida a disciplina que imaginava estar aplicando.

"Ela é louca", falou Shane quando Shelly voltou para dentro de casa.

Quanto a isso, não havia o que discutir. "Pois é", disse Nikki. "Eu sei."

Enquanto estavam lá, se dedicaram a seu jogo favorito: matar a mãe. Não era um jogo de verdade, claro. Era só uma maneira de extravasar fantasias de vingança.

Como na hora do banho. Com o roupão sempre entreaberto, Shelly recrutava Shane e Nikki para lhe preparar um banho quente.

"Preparem um banho para mim", ordenava ela quando lhe dava vontade.

Os dois iam encher a banheira. Enquanto Shane vigiava, Nikki colocava a espuma. Sua mãe não tinha uma marca favorita, comprava a que estivesse em promoção. De lavanda. Rosas. Jasmim. Ela se sentava na beirada da banheira enquanto uma montanha de bolhas se formava. A temperatura precisava estar perfeita.

Quente, mas não muito.

Shane via as bolhas subirem e sorria.

"A gente devia levar um rádio para lá", comentava.

Nikki percebia imediatamente qual era a ideia. E sorria para ele.

Shane assentia com a cabeça. "E jogar na água quando ela entrar."

"Boa ideia", dizia ela.

Era brincadeira, mas nem tanto. Era o tipo de interação que fortalecia o vínculo entre Nikki e Shane.

Eles paravam de falar quando Shelly voltava. Ela tirava o roupão e entrava na banheira. A fantasia de encerrar o tormento com um choque elétrico fatal terminava. Apesar de tudo, eram incapazes de feri-la.

Já era noite fechada quando Shelly enfim mandou Shane e Nikki descerem do morro e entrarem para se aquecer.

"Espero que tenham aprendido a lição", falou.

Eles responderam que sim, apesar de não fazerem ideia do motivo da ira dela.

PARTE III

KATHY, A MELHOR AMIGA

16

Para Sami, o lugar favorito onde morou na infância sempre foi a Casa Louderback, em Old Willapa. A reclusão da residência, no final de um caminho que não era uma via pública, a fazia parecer um destino especial, escondido na floresta, em meio a enormes e antigos abetos que no fim acabariam sucumbindo ao som e à fúria da motosserra de um lenhador.

Aos 6 anos, Sami tinha feito os dois primeiros anos no jardim de infância em meio período, porque a mãe queria companhia para assistir a todas as novelas da tarde da emissora ABC. O vínculo entre mãe e filha foi formado no sofá, acompanhando histórias melodramáticas na TV e comendo sanduíches de atum com picles.

Nikki, por sua vez, não tinha boas lembranças de seus tempos na Casa Louderback.

Tinha 9 anos quando a família se mudou e, embora fosse castigada pela mãe nos outros lugares onde moraram, ainda eram coisas dentro dos limites do que poderia ser considerado aceitável por alguns. Mas o que Shelly começou a fazer na Casa Louderback ia além do rotineiro. E a dinâmica familiar também mudou com a chegada de novas pessoas para dividir a casa.

Primeiro foi Shane, depois Kathy.

Kathy Loreno surgiu em cena primeiro como uma conhecida da família, depois como babá. Era cabelereira e amiga de Shelly, a pessoa que assinou como testemunha a certidão do casamento dela com Dave. Kathy tinha uma presença imponente com seu quase 1,80 m de altura. Seus cabelos eram castanhos, na maior parte do tempo compridos, caindo em uma cascata de cachos, mas, assim como muitos em sua profissão, ela mudava o corte de tempos em tempos. Mais curto, mais comprido. Enrolado. Liso. Levava isso como uma brincadeira, e muitas vezes oferecia seu modelador de cachos para que as meninas também pudessem fazer novos penteados.

Sami, sempre disposta a seguir a corrente para ser aceita, logo se tornou próxima dela. "Kathy era mandona. Era isso que eles [Shane e Nikki] pensavam. E era mesmo. Mas eu a adorava. Ela era como uma mãe para mim, no bom sentido. Antes de ir morar lá em casa, costumava fazer visitas e fazia permanentes em mim e nas minhas amigas. Trazia as coisas do salão e fazia o nosso cabelo. Ela era ótima."

Os dois mais velhos ficavam irritados por ter mais uma pessoa interferindo em suas vidas. De início, Nikki e Shane não a suportavam, embora a culpa não fosse dela. Kathy não pediu para ser colocada nesse papel de figura materna deles, que por sua vez achavam que não precisavam de mais uma mãe ou de uma babá.

No Natal de 1988, Shelly, então com 34 anos, estava grávida pela terceira vez, o que elevou o astral das festas de fim de ano. Nikki, Sami e Shane estavam animados com a chegada de um novo membro à família. O que ninguém sabia era do plano de Shelly de colocar mais uma pessoa a cargo da casa.

"Kathy vem morar aqui", informou.

A impressão foi de que o anúncio veio do nada, e não só para as crianças. Dave sabia que Shelly era amiga de sua cabeleireira, mas morar na mesma casa? Isso o pegou completamente de surpresa.

"Por que ela vem morar aqui?", questionou.

"A família dela não a quer mais por lá", respondeu Shelly. "Ela precisa de um lugar para morar. Além disso, vai me ajudar com o bebê. Como uma parteira."

Dave não discutiu, apesar de querer. Tinha tentado impedir que Shane fosse para lá, mas o pai do garoto estava na cadeia e ele precisava de um ambiente estável, onde pudesse ter a esperança de não entrar no mundo do crime. No caso de Kathy, dava para ver que Shelly estava decidida e que não lhe daria ouvidos, de qualquer forma.

Shelly e Dave colocaram a cama de solteiro e a cômoda de Kathy no espaço aberto entre os quartos de Sami e Nikki no andar de cima. Decoraram a parede com algumas coisas de Kathy e arrumaram um espaço para sua cesta de tricô e os demais objetos que tinha trazido consigo. Ela estava com 30 anos e desempregada depois de ter sido demitida do salão, e se sentia grata por poder contar com amigos tão bons.

Para as crianças, a impressão era a de que Shelly estava resgatando a amiga de uma vida que não queria mais, e que Kathy aceitava isso sem fazer objeções. E até estava gostando. Desde o primeiro dia, Shelly avisou que ela não precisava arrumar outro emprego, e que a família cuidaria dela.

"Você tem que vir morar aqui com a gente, Kathy", falou. "Vai ser divertido. Além disso, preciso muito de sua ajuda."

Essa última parte era o pretexto.

Shelly precisava mesmo de Kathy. A princípio para acompanhá-la nas consultas médicas do pré-natal, e depois com o bebê. Mais tarde, a justificativa passou a ser as quatro crianças bagunceiras, que precisavam do bom senso e do apoio de Kathy, que parecia estar à altura do desafio.

Nikki encarava a intrusa com ceticismo e preocupação, observando todos os passos da cabeleireira/melhor amiga mandona de sua mãe. A dinâmica que estava se estabelecendo entre as duas podia ser usada a seu favor. Kathy idolatrava Shelly. Não contestava uma palavra que ela dizia. Shelly se colocava em um pedestal, acima de todas as outras pessoas, quase como uma divindade. E Kathy parecia acreditar nisso.

"Sua mãe se mata de trabalhar", Kathy insistia em dizer. "Não sei por que vocês duas e Shane não ajudam mais em casa."

Se Kathy ouvia alguma conversa que considerava injusta com Shelly, repreendia quem falava.

"Você ouviu o que está dizendo?", sibilava. "Pare com esse desrespeito."

Provavelmente por ser favorecida pela mãe, Sami gostou de Kathy de imediato. Nikki e Shane, por sua vez, consideravam a cabeleireira bisbilhoteira e autoritária, alguém que tornaria suas vidas ainda mais difícil, com ordens incessantes. Era como ter duas mães dentro de casa. Sem dúvida Shelly tinha instruído Kathy sobre o que pensar a respeito dos dois mais velhos: Nikki era desobediente e Shane, incorrigível.

"Ela não era má conosco", relembrou-se Nikki. "Mas ela chegou em uma época em que a minha mãe vivia gritando com a gente o tempo todo. Devia nos achar terríveis. Sempre tinha algum problema acontecendo. Shane fumava cigarros de vez em quando, e uma vez foi pego com maconha. Kathy achava que Shane não prestava."

E se Kathy não sabia muita coisa a respeito das crianças da casa dos Knotek, os três sabiam ainda menos sobre ela.

17

Kaye Thomas, a mãe de Kathy Loreno, era uma mulher de presença marcante, sempre envolvida em casamentos de curta duração. Foi criada em North Hollywood, na Califórnia, onde seu pai trabalhava na rede televisiva NBC. Sua mãe trabalhou na companhia armamentista Lockheed durante a Segunda Guerra Mundial para sustentar a família. Quando Kaye cresceu, foi ser balconista em uma loja de cosméticos de luxo em Hollywood. Sua vida era uma mistura de trabalho pesado com um toque de glamour.

Sua filha mais nova, Kelly, se lembra da mãe como uma mulher infeliz que quase nunca sorria, mas sempre trabalhava muito e adorava ler. Em 1952, teve o primeiro bebê, um menino. Mais tarde, vieram mais três — duas delas meninas, Kathy e Kelly.

Quando Kathy nasceu, no início do segundo semestre de 1958, veio ao mundo com olhos azuis deslumbrantes que pareciam duas bolas de gude enormes. Os cabelos eram loiros. Era parecida com a mãe, que havia sido modelo de um anúncio de pão da marca Langendorf na década de 1930.

Os maridos chegavam e partiam, e a família ia se mudando de um lugar para o outro — Lompoc, Moorpark, Simi Valley. Kelly veio quatro anos depois de Kathy, e houve mais um irmão depois dela. Apesar do orçamento quase sempre apertado, Kathy e os irmãos foram criados durante a maior parte da vida em bairros de classe média, lugar onde os pais trabalhavam como encanadores e impressores e as mães cuidavam da casa. Durante as férias de verão, as crianças saíam para brincar e só voltavam na hora do jantar. Kathy e Kelly sempre dormiram no mesmo quarto, com as camas separadas por uma cômoda. As bonecas Barbie e as roupas costuradas pela própria mãe estavam por toda parte. Elas liam as histórias dos livros infantis herdados da mãe quase todas as noites. E havia sempre muitos dramas familiares, claro. Essa era a sina de Kaye. Mas seus filhos eram felizes.

Depois que o padrasto de Kathy morreu, sua mãe comprou um trailer, com o qual viajou para acampar com as crianças em várias regiões da Califórnia. O trailer se tornou uma fonte de memórias indeléveis. Kathy fez sacolas usando calças jeans velhas, que as duas irmãs enchiam de guloseimas e comiam em cima do teto do trailer, passando horas vendo o movimento dos carros e conversando sobre a vida. Kathy gostava do menino que morava do outro lado da rua, mas só o que tinha com ele era amizade. Sua vida girava em torno dos lançamentos mensais dos romances açucarados das editoras Harlequin e Silhouette. Ela comprava todos, e terminava de devorá-los antes mesmo da chegada do lote seguinte. Também adorava música country, e tinha Dolly Parton e os Gatlin Brothers como artistas favoritos.

Quando Kathy tinha por volta de 18 anos, Kaye comunicou aos filhos que a família ia passar as férias mais ao norte, em South Bend, no estado de Washington. Depois de vários dias na estrada e noites em quartos baratos da rede Motel 6 — as crianças sonhavam com uma estadia nos hotéis com piscina da rede Howard Johnson —, chegaram ao condado de Pacific.

"Era verão, mas o tempo estava cinzento e escuro", lembrou-se Kelly. "Aquela coisa típica do litoral de Washington."

Pouco depois da viagem de férias, Kaye pediu demissão do emprego de cozinheira na Thousand Oaks Steakhouse e fez um grande anúncio aos três filhos que ainda moravam com ela:

"Vamos nos mudar para Washington!"

A informação caiu como uma bomba. Ninguém gostou da ideia. A família morava de aluguel em uma espaçosa casa de esquina em Simi Valley, com quatro quartos e seis nogueiras no terreno — uma fonte de renda extra muito necessária na época das festas de fim de ano. Era considerado um lar em diversos sentidos, em especial em uma família em que pais viviam entrando e saindo de suas vidas.

Eles não sabiam para onde estavam indo, mas entendiam muito bem o que estavam deixando para trás.

Kelly, a irmã mais nova, não via nenhum sentido na mudança para Washington. Kaye tinha pouco dinheiro e nenhuma fonte de renda. Mesmo assim, foi com os filhos e a mãe para South Bend no início do segundo semestre de 1977. Aos 19 anos, Kathy estava no meio de um curso de esteticista, e transferiu os créditos das disciplinas que tinha cursado em Simi Valley quando se matriculou em uma escola de beleza em Aberdeen. A família se instalou em uma casinha de madeira do início do século XX, pela qual Kaye pagou apenas 25 mil dólares.

Ela não trabalhava e, depois de comprar o imóvel, ficou com pouquíssimo dinheiro.

"Eu não entendia o que a minha mãe tinha na cabeça", Kelly fez questão de enfatizar. "Como é que a gente iria sobreviver?"

Kathy continuou os estudos e conseguiu um emprego em um salão de beleza na cidade. Mas era difícil estabelecer uma clientela em lugares como o condado de Pacific. A maioria das cabeleireiras eram amigas de suas clientes. E a maioria dessas amizades remontavam a anos e anos de convívio próximo.

O condado tinha uma população pequena, mas enormes obstáculos para os recém-chegados. Para Kathy, uma garota com um temperamento às vezes um tanto retraído, eles se revelaram insuperáveis.

Entre as duas filhas de Kaye Thomas, Kelly era, de longe, a mais durona. Tinha uma noção mais clara do que a irmã mais velha a respeito do que queria ou não da vida. Em primeiro lugar, precisava ir embora de South Bend. Queria fazer faculdade e arrumar um casamento feliz e satisfatório.

Mas Kathy estava empacada. Também tinha sonhos, mas não sabia como persegui-los.

"Minha mãe se aproveitava de Kathy, que não gostava de desagradar ninguém", recordou-se Kelly. "Quando Kathy conseguiu o emprego no salão, abriu uma conta conjunta com a minha mãe. Ela também trabalhava, mas era o salário de Kathy que pagava as contas."

Quando Kelly, que só começou a dirigir aos 21 anos, precisava de uma carona para algum lugar, era Kathy que a levava. Ela apreciava a disponibilidade da irmã, só não entendia por que ela era sempre tão solícita e gentil.

Na adolescência, quando ficava de babá para os filhos de alguém, Kathy trabalhava de graça se a família fosse pobre. Certa vez, se lamentou com uma vizinha que sua família estava sem dinheiro para as festas de fim de ano, e várias pessoas apareceram com doações. Por mais que Kaye tivesse ficado com vergonha, a ajuda era *mesmo* necessária. Kathy tinha dado duro para economizar um dinheirinho para comprar um anel para a mãe de Natal. No aniversário de 55 anos de Kaye, foi Kathy quem teve o desejo e a iniciativa de fazer uma festa surpresa.

Era uma pessoa sempre generosa.

Muitos anos depois, quando foi visitar Kelly em Seattle para ver um show de Neil Diamond, as irmãs passaram por um pedinte ao lado da arena, e Kathy levou a mão à bolsa sem pensar duas vezes para lhe dar uns trocados.

"Eu pensei comigo: minha irmã nunca se daria bem aqui", comentou Kelly mais tarde, a respeito da vida na cidade grande. "Ela é boazinha demais."

Quando seu pai morreu em um acidente de trabalho durante uma produção televisiva, Kathy e a irmã ficaram com a indenização do processo judicial por negligência. Mais do que tudo, Kathy queria um carro novo, talvez um Camaro ou um Trans Am, mas, ouvindo os apelos da família, deixou seu sonho de lado e investiu o dinheiro em um imóvel não muito distante da casa da mãe.

Ela era independente e tinha um emprego em um salão em Aberdeen.

Estava avançando na vida.

Isso não durou muito.

Por mais que Kathy tentasse, não conseguia garantir a clientela que a direção do salão exigia. Ela foi demitida e entrou em depressão. Tudo saiu dos trilhos. Suas finanças decaíram a ponto de perder a casa e ser forçada a voltar a morar com a mãe. Foi uma reviravolta lamentável e atordoante. Não muito tempo depois de voltar, Kathy foi informada de que precisaria pagar aluguel para morar lá. Ela havia feito muita coisa pela mãe, mas dessa vez os papéis estavam invertidos. Era Kathy quem não tinha dinheiro. Mas tinha uma grande amiga. Tinha inclusive participado do casamento dela.

Seu nome era Shelly Knotek.

18

A época de espera pelo bebê do casal, e toda a expectativa que cerca esse acontecimento, foi o único momento em que Dave Knotek foi de fato feliz em seu casamento com Shelly. Mesmo assim, com Kathy e Shane já morando sob seu teto, mais uma criança significava outra boca para a alimentar. Dave se sentia sobrecarregado no papel de único provedor da casa, e vinha trabalhando mais do que nunca. Shane era da família e, embora precisasse de umas reprimendas às vezes para não negligenciar os afazeres em casa, Dave o considerava um bom garoto. Kathy, por sua vez, estava lá para ajudar Shelly na gestação e nos exames pré-natais, além de acompanhá-la nos tratamentos de câncer. Embora não tenha comentado com ninguém na época, Dave considerou extraordinário que sua esposa conseguisse engravidar em meio às sessões de quimioterapia. E quanto à criança? Um milagre, sem sombra de dúvida.

Quando chegou o momento de dar à luz no hospital em Olympia, Shelly disse para Dave que Kathy a levaria para lá.

Ele não estava sabendo de nada daquilo.

"Não sou eu quem vai levar você?", questionou.

"Não", respondeu ela. "Você vem atrás no seu carro."

Dave ficou perplexo. "Sério mesmo?"

Shelly tratou de encerrar logo o assunto.

"Já está tudo decidido, Dave."

Mas, quando Tori Knotek nasceu, na primeira semana de junho de 1989, a primeira pessoa a pegá-la no colo foi Dave, não Kathy. Estava toda embrulhadinha no cobertor, com a pele um pouco acinzentada, mas era a coisa mais linda que ele já tinha visto na vida. Os olhos eram azuis, e os cabelos eram loiros e abundantes.

"Nunca vou me esquecer daquilo", contou ele. "Ela abriu os olhos e a primeira coisa que viu fui eu."

Segundo Shelly, Tori tinha nascido prematura, com os pulmões não totalmente desenvolvidos. Na época, Dave achava que ter Kathy por perto para ajudar era um presente de Deus. Ele não acreditava que fosse possível encontrar alguém melhor que ela.

Pouco depois que todos voltaram para casa, Shelly contou de forma dramática que Tori tinha parado de respirar, mas ela conseguiu revivê--la. No dia seguinte, ela e Kathy levaram a bebê de volta para o hospital, onde permaneceu sob o olhar vigilante da equipe de pediatria neonatal por cerca de uma semana.

"Não sei se Shell a salvou mesmo ou não", declarou Dave mais tarde. "Mas ela disse que sim."

Por um tempo, apesar de todo o drama, as coisas pareciam melhores. Na época com 30 e poucos anos, Shelly parecia consumida pela preocupação de que acontecesse algo de errado com a bebê. Tori não era de fato prematura, mas Shelly disse a Nikki e Sami que o parto uma semana antes provocou um sério problema no coração de sua irmãzinha, que precisava de monitoramento constante. Ela voltou para casa com uma cama especial e um monitor cardíaco.

Todas as noites, depois que as meninas iam para a cama, elas eram acordadas com o som dos alarmes disparando e o pânico se instalando no andar de baixo. Desciam às pressas e encontravam a mãe aninhando a bebê com uma expressão apavorada no rosto.

"Está tudo bem com ela?", perguntava Sami, preocupada com a irmãzinha.

"Agora está. Ela está bem", dizia Shelly, embalando Tori no colo. Shelly era a presença tranquilizadora em meio à tempestade, o ponto de apoio para as preocupações das filhas mais velhas, que fazia de tudo para acalmar.

Certa vez, Nikki desceu do andar de cima e pegou a mãe segurando um travesseiro em cima do rosto de Tori.

"Agora está tudo bem", falou Shelly, com uma expressão de surpresa no rosto.

Os alarmes ainda não tinham disparado.

Nikki chegou cedo demais.

Mais tarde, ela se lembrou de uma ocasião em que a mãe entrou no seu quarto quando ela era pequena, quando ficou com a impressão de que Shelly a havia sufocado com um travesseiro.

Teria ela feito isso com todas as filhas?

Depois disso, Nikki e Sami começaram a ficar sempre de olho para ver se a babá estava por perto. Ninguém comentava a respeito de suas desconfianças. Era melhor não provocar Shelly. Ela parecia interessada na bebê, mas apenas de forma superficial. Com o passar das semanas, Kathy e as meninas mais velhas foram assumindo cada vez mais responsabilidades.

Shelly voltou a passar a maior parte do tempo vendo TV e ficando acordada até altas horas da noite.

Dave, porém, a via como a melhor mãe que já tinha conhecido.

"Shelly tinha muito jeito com bebês", falou mais tarde. "De verdade, era a melhor mãe que uma bebê poderia ter."

Ela gostava de dar banho nas meninas quando eram pequenas e de exibi-las para os outros. Parecia se deleitar com a atenção que vinha com o fato de ter um bebê. Mas, à medida que as filhas cresciam, Shelly ia perdendo o interesse nelas. Foi passando de uma filha para a outra, até que seu foco passou a ser Tori, o dia todo, todos os dias.

Anos depois, Danny, o pai de Sami, foi visitá-la e fez um comentário sobre a forma como Shelly cuidava de bebês que deu a Sami uma perspectiva bem diferente da proporcionada por Dave Knotek.

"Eu sempre achei que ela fosse melhor com bebês do que com as crianças mais velhas", dizia Sami a respeito da mãe, mas com o tempo passou a questionar até mesmo isso. "Meu pai biológico me falou que ela pulava do sofá e corria até o berço para me pegar. Queria fazer parecer que ficava comigo no colo o tempo todo. Mas não era verdade. Ele percebia que eu tinha passado o dia todo no berço. Estava com a fralda suja, com mamadeiras espalhadas ao redor. As assaduras provocadas pelas fraldas eram horrorosas."

Como uma pessoa com tanto a esconder, Shelly se tornou especialista em manter certas coisas longe das vistas. Era uma habilidade que mais tarde a ajudaria a ocultar seus podres da família.

E das autoridades.

19

As crianças estavam reunidas ao redor de Sami, a aniversariante, com velinhas brancas acesas espetadas no bolo cor-de-rosa. Shelly gostava de se exibir nas festas de fim de ano e nas ocasiões especiais. Os aniversários eram particularmente importantes. Não importava se o dinheiro estava curto ou até mesmo em falta — Shelly dava um jeito de montar uma pilha de presentes e de encher a geladeira de comida. Sami mergulhou na montanha de embrulhos sobre a mesa de piquenique da varanda. Shelly deu para a filha um Popple, um brinquedo de pelúcia que era o desejo de todas as meninas naquele ano. Kathy deu um colar de ouro com um pingente de coração. Sami adorou e o colocou na mesma hora. Era uma joia de verdade, um presente especial, porque Kathy era uma pessoa especial.

Estavam todos se divertindo, até que uma pergunta de sua mãe deixou o clima pesado.

"De qual presente você gostou mais?"

Sami abriu um sorriso de orelha a orelha e levou a mão ao colar. "O presente da Kathy. Eu amei muito esse colar! Não é uma graça?"

"É mesmo", comentou Shelly.

Mais tarde, depois que todos foram embora, Shelly tirou o cinto e deu uma surra na aniversariante.

"Sua ingrata, sua peste! Fui eu que dei essa festa. Eu que convidei suas amigas! Fui eu que fiz tudo isso acontecer. Comprei um monte de coisa bonita para você. Esse colar da Kathy não era nem novo! Ela encontrou jogado pela casa!"

Aos prantos e dolorida da surra que levou, Sami aprendeu uma lição valiosa — seu presente favorito deveria ser sempre o que viera da mãe.

Lara Watson tinha encaminhado a vida da maneira como queria, se estabelecendo na área de saúde como cuidadora de idosos — uma herança de sua época em Battle Ground, quando era casada com Les

Watson. Divorciada havia mais de dois anos a essa altura, vivia em uma casinha na NW Cherry Street, em Vancouver, quando recebeu uma ligação de Shelly Knotek, que estava abalada com uma questão bastante específica.

"Está confirmado", informou Shelly. "É um câncer no sistema linfático."

A notícia atingiu Lara feito um soco no estômago. Ela começou a chorar. Apesar de todas as suas diferenças, Shelly era da família, assim como a mãe de três garotinhas que dependiam dela. Era uma notícia de cortar o coração.

Shelly disse a Lara que estava se tratando, mas que sua condição era muito, muito grave.

Alguns dias depois, ela voltou a ligar. Dessa vez, falou que os médicos estavam enganados. Não era um linfoma e, sim, um tumor na glândula pituitária.

Lara nunca tinha ouvido falar nesse tipo de câncer. Ficou se perguntando como os médicos podiam ter cometido um erro tão grosseiro e mudado o diagnóstico no meio de um tratamento.

"Aquilo não fez o menor sentido para mim", declarou mais tarde. "E eu trabalhava na área da saúde."

Ela perguntou a Shelly a respeito do tratamento.

"É horrível", respondeu. "Não sei direito quanto tempo ainda tenho. Vou consultar um especialista."

Lara chegou a cogitar que, se Shelly não sobrevivesse, ela se encarregaria de criar as netas. Isso não seria problema. Ela amava as meninas.

Quando sua madrasta se ofereceu para ir a Raymond ajudá-la, Shelly disse que já tinha alguém que a auxiliava.

"Minha amiga Kathy está morando aqui."

"Quem é essa Kathy?", questionou Lara.

"Minha cabeleireira", explicou Shelly. "Minha melhor amiga. Ela é ótima com as meninas e pode ficar com elas enquanto eu faço o tratamento."

Lara ficou um tanto hesitante, mas não insistiu no assunto. Com câncer ou não, ninguém era capaz de fazer Shelly mudar de ideia.

Ao longo das semanas, Kathy telefonava para informá-la sobre o tratamento de Shelly e para dizer que as meninas estavam ótimas.

"Kathy era maravilhosa", lembrou-se Lara. "Isso foi bem no início. Minha nossa, ela era incrível. Que bênção ter alguém disposta a fazer tanta coisa. E, sempre que eu ligava, era ela que atendia."

"Shelly está muito cansada", falou Kathy para Lara em uma determinada ocasião. "Estou preparando o jantar e arrumando a casa. As crianças estão fazendo a lição de casa. Estou fazendo o melhor que posso."

Mas havia sinais de desgaste na relação das duas. Em um outro dia, quando estava conversando com Nikki ao telefone, Lara ouviu uma gritaria ao fundo.

"O que está acontecendo aí, Nikki?"

"Ah, a minha mãe está brava com a Kathy de novo", respondeu ela.

O tratamento de câncer de Shelly se estendeu por um bom tempo. Até demais. Lara Watson foi ficando cada vez mais desconfiada. Ela conversava com os oncologistas no trabalho sobre os sintomas da filha e o tratamento que vinha fazendo com sabia-se lá quem, e para os médicos aquilo também não fazia o menor sentido.

Certo dia, quando Shelly ligou, Lara insistiu no assunto, se valendo de um tom de voz que nunca tinha usado antes.

"Shelly, que saber de uma coisa?", falou Lara. "Estou cansada desse seu papo sobre câncer."

Shelly começou a gritar do outro lado da linha.

"Eu conversei com alguns médicos, e nós achamos que você está mentindo de novo."

Shelly desligou o telefone na cara dela.

Alguns minutos depois, Kathy ligou para Lara.

"Shell está muito chateada com você", informou.

"Kathy, isso é tudo papo furado. Não é assim que as coisas são com uma doença como câncer."

"Eu não sei do que você está falando."

"Estão se aproveitando de você", avisou Lara.

A seguir, era Dave quem estava do outro lado da linha.

"Que tipo de mãe é você, Lara? Shell está lutando pela própria vida. E você não está nem aí para ela."

Lara sabia que Dave acreditava em tudo o que a esposa dizia, sem questionamentos. No caso dele, seria necessária alguma prova para desmenti-la.

"Dave, você já conversou com o médico dela?"

"Já", respondeu ele.

"Já entrou no consultório?", insistiu Lara. "Você sabe que os médicos fazem questão disso. A família é uma parte fundamental do tratamento."

"Isso, não", respondeu ele. "Shell é muito orgulhosa. Ela me deixa esperando lá fora."

"Você nunca ficou por perto nem quando ela tomava o remédio na veia?"

"Não, mas isso não é motivo para dizer que ela está mentindo, Lara."

Lara continuou questionando. "Onde você fica esperando? No carro?"

Dave tentou se manter firme. "Na sala de espera. O dia todo."

"O dia todo", repetiu Lara.

"Pois é", disse Dave. "Durante oito horas."

"O tratamento não demora oito horas", retrucou Lara. "Você já recebeu o relatório de despesas do plano de saúde?"

Dave falou que era Shelly quem cuidava da correspondência, mas isso não fazia diferença. A verdade era que não havia como convencer Dave. Ele desligou o telefone na cara da sogra.

"Ele ficava mesmo na sala de espera", disse ela mais tarde. "Disso eu não duvido. Dave não é um mentiroso. Ela provavelmente saía pela porta dos fundos para ir ao cinema ou almoçar em algum lugar. Não sei ao certo. Mas é um bom palpite."

20

Com a presença de Kathy, a dinâmica na Casa Louderback continuava a mudar. Foi uma mudança lenta, quase imperceptível. Kathy não parecia entender quais eram as verdadeiras intenções de Shelly. Era uma pessoa solitária, afastada da maioria de seus familiares, sem nenhum dinheiro. Kathy era corpulenta. Ruidosa. Divertida. Jogava na liga de softball da cidade. Frequentava a igreja regularmente. Era capaz de juntar as meninas e fazê-las rir aos montes com as histórias de seus dias de cabeleireira no salão de beleza em Aberdeen. Depois de ir morar com os Knotek, o brilho de Kathy começou a se apagar. Sua personalidade começou a desaparecer diante de todos. Ela começou a se anular.

A essa altura, o desejo de Shelly era a lei.

Sim!

Agora mesmo!

Eu limpo de novo.

A animação habitual de Kathy foi se perdendo. Por mais que se esforçasse, Shelly nunca parecia satisfeita. Cuidar da bebê, limpar a casa e preparar o jantar não bastavam. Quando Kathy a desagradava, Shelly pegava o que estivesse mais à mão — um utensílio de cozinha, um livro da mesinha de centro — e a atacava. *Pra valer.* Kathy chorava, e às vezes até ameaçava ir embora. No fim, Shelly a convencia de que havia sido tudo por sua própria culpa.

"Você me obrigou a fazer isso", dizia. "Não me faça apelar de novo. Eu preciso conseguir confiar em você. Não discuta. Faça o que precisa ser feito."

Kathy mostrava arrependimento e prometia nunca mais repetir aquele comportamento.

Shelly a abraçava e depois lhe dava um punhado de comprimidos.

Tudo ocorria diante dos olhos das crianças, que ficavam sem entender o que estava acontecendo.

Shane e Nikki conversavam a respeito.

"Sua mãe é louca, e Kathy é muito burra por aguentar esse tipo de coisa", dizia Shane.

Nikki concordava, mas também sabia que, para o bem ou para o mal, ter Kathy por perto ajudava a tirar um pouco da pressão. Era ao mesmo tempo motivo de alívio e de tristeza. Ninguém merecia o tratamento que sua mãe dava a Kathy ou a qualquer um deles.

O padrão de maus-tratos foi se intensificando.

Certa vez, Kathy e Shelly chegaram às vias de fato, no declive do terreno perto da porta da cozinha. Embora Shelly estivesse grávida de Tori e Kathy fosse bem maior, foi ela quem levou a pior. Shelly a agarrou pelos cabelos e Kathy deu um berro. Em seguida, foi empurrada com força e acabou indo ao chão. Shelly começou a chutá-la na região do abdome e Kathy despencou ladeira abaixo.

Ela gritou pedidos de desculpas pelo que quer que tivesse feito para deixar Shelly tão furiosa.

Prometeu que nunca mais faria aquilo.

Incrédula, Nikki assistiu à briga da janela do quarto. Tinha visto sua mãe gritar com Kathy, humilhá-la, manipulá-la, mas aquela era a primeira vez que presenciava uma agressão física naquele nível. Nikki não conseguia acreditar que estivesse acontecendo, mas estava.

Em uma outra ocasião, Shane e as meninas presenciaram uma interação entre Shelly e Kathy na sala de estar. Shelly estava com os braços cruzados, sacudindo a cabeça.

Kathy proclamava sua inocência. "Eu não fiz isso", afirmava, negando a acusação de Shelly, fosse qual fosse.

Shelly parecia preocupada. "Você não *lembra* de ter feito, Kathy", corrigiu ela. "É isso que você está me dizendo. Que não se lembra."

Kathy deu uma boa encarada em sua acusadora. "Eu não fiz isso."

Shelly sacudiu a cabeça e lançou um olhar de tristeza para a amiga. As crianças já tinham visto Shelly em ação incontáveis vezes. Ela era capaz de distorcer a realidade a tal ponto que havia momentos em que as pessoas acabavam acreditando que suas próprias certezas não podiam ser verdadeiras.

"Kathy", falou ela. "Você sabe que eu te amo."

A determinação de Kathy se desfez, e ela começou a chorar.

"Sim", respondeu. "Eu sei. E também te amo."

"Você precisa acreditar em mim quando eu te falo as coisas", continuou Shelly. "Você estava sonambulando no meio da noite. Eu fiquei preocupada."

"Mas não me lembro."

"Pois é", respondeu Shelly. "Claro que não."

Era um exemplo de Shelly sendo "compreensiva" se revelando por completo.

"Eu me lembraria."

"Kathy, encontrei a torta de limão debaixo da sua cama mais cedo."

Kathy pareceu confusa. "Não fui eu que a coloquei lá."

"O que você está me dizendo é que não se *lembra* de ter colocado lá. Não foram as crianças." Ela se virou para a plateia. "Ou foram vocês?"

Nikki percebeu que a mãe estava recorrendo um de seus comportamentos abusivos de maior sucesso — a manipulação. A própria Nikki também já havia sido vítima desse mesmo artifício.

"Não", disseram eles. Era melhor não atrair a atenção de Shelly para si. Mas Nikki tinha visto a mãe pôr a torta embaixo da cama de Kathy. E também tinha visto Shelly esconder — e depois encontrar — embalagens de doces.

Shelly voltou a se concentrar na melhor amiga. "Olha aqui, Kathy. Você não consegue perder peso porque come demais durante o dia, e agora está fazendo a mesma coisa nos seus episódios de sonambulismo."

Kathy estava confusa, mas se manteve resoluta. "Eu não fiz isso."

Shelly insistiu na questão e, ao longo das semanas seguintes, continuou fazendo várias descobertas de alimentos consumidos pela metade escondidos sob a cama de Kathy ou em algum outro lugar no espaço aberto entre os quartos de Nikki e Sami. Em um determinado momento, obrigou Nikki a esconder coisas debaixo da cama de Kathy, para poder dizer a ela no dia seguinte que estava "comendo enquanto dormia" e "devorando toda a nossa comida durante a noite".

"Ouvi você assaltando a geladeira ontem à noite", falou Shelly em mais um confronto disfarçado de intervenção. "Você comeu que nem uma porca no meio da madrugada. Isso precisa parar!"

"Desculpa", disse Kathy. "Eu estou tentando."

Apesar de ainda serem bem novos, com o tempo, as meninas e Shane perceberam que Kathy foi perdendo a capacidade de se defender das investidas de Shelly. Assim como Dave. Assim como eles mesmos.

Nikki percebia a apreensão nos olhos de Kathy quando era confrontada por Shelly.

"Ontem à noite, você entrou pelada no quarto do Shane enquanto estava sonâmbula", declarou Shelly. "Ele me contou."

Kathy parecia assustada. "Eu não estava pelada, Shell."

"Estava, sim", insistiu ela. "Ele *viu* você, Kathy. Eu sei o que você quer com ele, mas isso precisa parar. Não quero esse tipo de coisa acontecendo na minha casa."

Kathy cambaleou um pouco para trás. Estava atordoada com aquela acusação. Shelly estava insinuando que Kathy, uma mulher de 30 e poucos anos, estava interessada em transar com um adolescente.

"Eu jamais faria isso", afirmou. "Eu juro. Juro que não fiz isso."

Shelly a encarou com olhos de solidariedade.

"Você não sabe o que faz, Kathy", disse ela. "Não sabe mesmo. Fique aqui um pouco."

Shelly saiu e foi buscar Shane.

"Diga para ela", mandou Shelly.

Com uma expressão bem séria, Shane confirmou a história contada por ela.

"Você estava mesmo", mentiu ele. "Ontem à noite, Kathy. Eu vi."

Kathy começou a chorar. Ela parecia extremamente confusa diante de seus acusadores.

"Não estava, não", repetiu. "Vocês estão enganados."

Shane se manteve firme. "Estava, sim", garantiu. "Eu vi você. Vi tudo."

Kathy subiu para o quarto aos prantos.

Shane revelou mais tarde para Nikki que a história era uma invenção.

"Kathy não entrou pelada no meu quarto", contou. "Fui obrigado a confirmar o que a sua mãe falou."

Nikki entendia a situação. Já tinha feito a mesma coisa também. Esse dois contra um era uma das modalidades de manipulação prediletas de Shelly. Em geral, eram ela e Dave. Às vezes, Shelly recrutava as filhas para suas torturas. Em outras ocasiões, usava Shane — na maioria das vezes, contra Kathy.

"Sua mãe é pirada, Nik", comentou Shane.

"É uma psicopata", concordou Nikki.

"Ela acha que todo mundo é burro a ponto de acreditar nessa merda toda."
"Kathy acredita."
"Eu não acredito em nada do que a sua mãe fala", garantiu Shane.
"Eu também não", respondeu Nikki. "Ela não sabe abrir a boca sem falar alguma mentira idiota."

Por mais duras que fossem suas palavras, nenhum dos dois contava com o apoio de alguém ou com a coragem necessária para expor o que Shelly fazia. Eles simplesmente faziam o que ela mandava. Os adolescentes sabiam do que eram cúmplices. Estavam em modo de sobrevivência. Se rebelar contra as exigências da mãe significava ter que tirar a roupa e chafurdar na lama ou então levar uma surra com um fio elétrico. Ou talvez sofrer algum outro castigo que ela inventasse na hora. O medo do desconhecido os mantinha na linha.

"Pois é, a gente faz o que ela manda, mas não acredita em nada", continuou Shane. "Ela iria ficar muito brava se descobrisse que a gente não acredita em nada disso."

Kathy tinha feito alguma coisa que irritou Shelly, mas Nikki não sabia o que era — da mesma forma que as crianças eram incapazes de entender o que haviam feito para receber os castigos que sofriam. Shelly usou o pé para empurrar Kathy do alto da escada e a fez descer rolando os degraus. Kathy caiu imóvel lá embaixo, enquanto Shelly a xingava por ser tão burra e desastrada. As crianças já tinham aprendido a manter a boca fechada. Se chamassem a atenção para alguma coisa que a mãe tivesse feito, se tornariam seu novo alvo.

Ela começou a impor privações a Kathy, que estava se comportando "muito mal e precisava aprender a se virar com menos regalias". Isso significava que Kathy não teria mais muitas das coisas que a levaram a morar na Casa Louderback. Seus pertences pessoais foram confiscados, a começar pelas fotografias, os discos de música country e os materiais de fazer tricô. Depois, Shelly começou a dar sumiço na maioria das roupas de Kathy, deixando-a apenas com uma calcinha, um sutiã e um vestido havaiano tradicional.

Alguns dias depois, o vestido se foi também.

E, depois disso, as roupas íntimas. Kathy realizava os afazeres de casa nua. Precisava pedir permissão se quisesse usar o banheiro. Só podia tomar banho com aprovação prévia de Shelly — o que, com o tempo, passou a acontecer do lado de fora da casa, com a mangueira do jardim.

Ver Kathy andar pela casa sem roupa e não fazer nenhum comentário virou uma coisa normal no lar da família Knotek. Enquanto as crianças viam TV, Kathy fazia o que quer que Shelly mandasse. Nem desviavam os olhos da tela, e muito menos diziam alguma coisa.

Às vezes, a mãe trancava Kathy no armário como castigo por alguma transgressão que ninguém sabia qual era. Sami chegou a ouvi-la sussurrando palavras tranquilizadoras através da porta, enquanto Kathy estava escondida lá dentro.

"Vai ficar tudo bem", dizia.

Kathy murmurava palavras ininteligíveis do outro lado da porta.

"Não está certo machucar você, Kathy. Eu jamais deixaria alguém fazer isso. Eu te amo, Kathy. Comigo você está segura."

Sami saiu de perto, se perguntando como sua mãe podia castigar Kathy daquele jeito e depois dizer que sempre estaria por perto para impedir que algo de ruim lhe acontecesse.

Era o que Shelly fazia com todos. Mas, com os abusos cometidos pela mãe concentrados em Kathy, também havia um certo alívio para Sami. Era melhor que Kathy fosse castigada em vez de suas irmãs. Uma parte dela se sentia grata por Kathy não ir embora. Se isso acontecesse, Sami sabia que as crianças voltariam a se tornar o alvo predileto da mãe.

Sami considerava Kathy uma mulher forte. Era maior que sua mãe. E era inteligente.

"Eu pensava: ela é adulta. Tem um carro. Essa não é a mãe dela. Ela não é uma criança. Se quiser, pode simplesmente levantar e ir embora", explicou anos depois. "Eu não conseguia entender tudo. Era só uma menina. Mas, na minha cabeça, pensava: 'Qual é o seu problema? Você devia ir embora daqui!'"

Nikki também achava a mesma coisa. "Tem alguma coisa errada com Kathy", comentou com Shane. "Devia ir embora logo de uma vez."

"Durante o tempo em que tudo isso aconteceu com Kathy", revelou Nikki, "eu parei de apanhar. Foi como se minha mãe tivesse passado a me ignorar por um tempo."

Essa pausa no comportamento abusivo contra as crianças veio a um custo altíssimo. Elas passaram a viver em um mundo em que fazer vista grossa era o que as mantinha a salvo da mãe, mas as obrigou a aceitar coisas que assombrariam seus pensamentos para sempre.

Shelly não demonstrava a menor misericórdia e, com o tempo, passou a recrutar as crianças para participar dos castigos que elaborava para Kathy. Tanto Nikki como Sami, por ordens da mãe, batiam com elásticos na pele de Kathy enquanto ela descia para realizar seus afazeres. Ela estava fraca e lenta demais para o gosto de Shelly.

"Acertem ela!", gritava Shelly do alto da escada.

Sami, que ficava tremendo e morrendo de medo de não obedecer à mãe, fazia o que ela mandava.

Mas era Shane quem era mais usado por Shelly.

Quando lhe dizia para chutar ou esmurrar Kathy, Shane obedecia. Não a agredia com gosto, mas batia mesmo assim, ciente de que Shelly podia se voltar contra ele a qualquer momento. Se não obedecesse às ordens, seria forçado a chafurdar ou acabaria preso na parede com fita silver tape, sem nenhuma roupa, ou teria que dormir no chão frio de cimento sem pijama nem cobertas. Shane era obediente por outro motivo também: por mais que a detestasse por causa do que fazia com ele e pela maneira como tratava todos ao seu redor, sua tia Shelly era a figura mais próxima que Shane tinha de uma mãe.

Ele queria agradá-la, cair em suas graças. Fazia o que Shelly queria, quando ela queria.

"Kathy tinha medo de Shane", lembrou-se Sami. "Ela o via como um carrasco a serviço da minha mãe. Ele batia nela. Dava pontapés. Mas fazia isso seguindo ordens."

Shelly atacava por todos os ângulos.

Certa vez, quando Kathy estava subindo a escada para fugir de Shane, Shelly apareceu e a abraçou para protegê-la, fazendo o papel de salvadora em vez de torturadora.

Em outra ocasião, Kathy desapareceu, e todos foram procurá-la. Dentro da casa. Do lado de fora.

"Ela deve estar em algum lugar por aqui", insistia Shelly.

Ninguém conseguia encontrá-la, até que Sami a viu escondida no armário da mãe.

No fim, tinha sido Shelly quem a escondeu lá. Sami ouviu a conversa da mãe com Kathy.

"Vai ficar tudo bem", ela a acalmou. "Estou aqui para te proteger. Comigo você está segura, Kathy. Eu prometo. Ninguém vai te machucar. Shane não vai te bater. Ninguém vai fazer nada com você."

Kathy estava chorando, abraçada a Shelly, agradecendo pela intervenção dela.

"Minha mãe passou o dia fingindo que não sabia onde Kathy estava. Mas ela sabia, e a obrigou a ficar no armário durante horas. O pretexto era que Shane não batesse nela, mas não era verdade. Era para parecer que a minha mãe estava do lado dela. Mas não estava", contou Sami.

Foi Sami quem libertou Kathy do armário.

E não foi a última vez.

Às vezes, quando a família recebia visitas, Shelly trancava Kathy no armário até as pessoas irem embora. Não importava quanto tempo levasse. Horas e horas, Kathy ficava sentada no chão do closet, esperando pacientemente para voltar a ver a luz do dia.

Kathy perdeu peso. Sua pele estava cheia de hematomas e arranhões. Suas obturações dentárias começaram a cair. E os cabelos — os cachos que ela mantinha sempre compridos e bonitos foram podados sem a menor consideração por Shelly. Nikki pensava no olhar de Kathy quando sofria os maus-tratos impostos por sua mãe. E sentia um nó na garganta ao perceber que era *Kathy* quem a olhava com empatia.

Empatia.

Kathy, que tinha se transformado no foco da necessidade que sua mãe sentia de ferir e humilhar os outros, olhava para as filhas dela com empatia.

Ela se recusava a aceitar ajuda. Sabia que, se as meninas tentassem ajudá-la — tentassem resgatá-la —, elas se tornariam as próximas vítimas da mãe e do pai.

"Eu queria que vocês pudessem me ajudar", falou Kathy certa vez. "Mas sei que não podem."

Não era que Kathy estivesse se sacrificando para salvá-las, Nikki percebeu. Ela simplesmente sabia, da pior maneira possível, que a situação era um beco sem saída.

Para ela.

"Antes eu ficava irritada quando Kathy mandava em nós", contou Nikki muitos anos mais tarde. "Teve uma época em que não gostava nem um pouco dela. Kathy era um pé no saco para nós. Minha mãe deu todo o poder para ela, fez com que se sentisse necessária e importante. Adolescente nenhuma quer uma desconhecida dando ordens pela casa. Mas naquele momento eu vi quem ela era de verdade. Ela era uma pessoa muito boa."

21

Mesmo se os Knotek tivessem dinheiro para fazer uma viagem de férias para outro lugar, seria pouco provável que alguma outra atividade tivesse mais apelo do que acampar ao ar livre no estado de Washington. Dave tinha sido criado em meio às florestas perenes e às praias pedregosas do Noroeste do Pacífico. Shelly também. As matas espalhadas pelo condado de Pacific e do condado vizinho de Grays Harbor eram úmidas, de um verde bem escuro e envoltas por diversos tons de cinza. Cores monótonas, sem dúvida, mas mesmo assim eram belas. Eles levaram uma barraca, cadeiras e caixas térmicas e partiram para a área de camping em Westport.

Não havia espaço dentro do Toyota cor de vinho dos Knotek, com Dave, Shelly, Shane e as meninas lá dentro, então Kathy foi no porta-malas. E, ainda que tivesse algum lugar sobrando, era lá que Kathy iria, porque Shelly e Dave a obrigariam do mesmo jeito. Por mais estranho que parecesse, ela não se opunha.

"Eu não me lembro de nem um tipo de resistência", contou Sami mais tarde. "Não me lembro de nenhuma reclamação. Minha mãe disse: 'Nós vamos acampar, Kathy. Entra no porta-malas'."

Em questão de um ano, Kathy passou a ocupar uma posição bizarra e servil dentro da família. Eles a incluíam em atividades como viagens de acampamento, contudo sua integração não era total. Era deixada de lado enquanto as crianças assavam marshmallows ou salsichas na fogueira. Não se sentava com Dave e Shelly quando eles bebiam café pela manhã ou cerveja no fim do dia. Ela levava as coisas e montava a barraca.

"Era sempre: 'Kathy, leva isso', ou 'Kathy, faz aquilo', e coisas assim. Ela estava lá para fazer tudo para a minha mãe, mas não era parte da viagem. Só ficava cumprindo ordens", recordou-se Sami. "E o mais esquisito é que na época isso não parecia estranho. Nós éramos crianças. Achávamos que as coisas eram assim mesmo."

Em vez de ficar na barraca durante a primeira noite, Kathy foi dormir debaixo do carro.

Na noite seguinte, Shelly já tinha outros planos.

"Vai ser divertido dormir no porta-malas, Kathy!"

Nikki contou que Shelly disse isso enquanto ajudava a amiga a entrar no compartimento de cargas do carro e o fechava pela metade.

"Lembro que a minha mãe achou graça nisso", recordou-se Nikki. "Na manhã seguinte, Kathy levantou e caiu do porta-malas. Se esborrachou feio no chão."

Shelly era inegavelmente preguiçosa, mas ninguém podia dizer isso. Deixava os pratos empilhados por perto de onde estivesse deitada, aonde quer que fosse. Às vezes, a comida ficava tão incrustada que os pratos acabavam grudando uns nos outros. As roupas iam se amontoando até virar uma verdadeira montanha e ninguém ter mais nada limpo para vestir.

Certa vez, Shelly disse para as meninas que estava ocupada naquele dia e que elas precisavam ir à lavanderia.

"Levem a Kathy", mandou. "Hoje ela não pode ficar sozinha."

As meninas colocaram vários sacos de lixo cheios de roupa suja no carro, e Kathy entrou no porta-malas.

Ela estava bem fraca a essa altura, e pelo menos Sami percebia que Kathy não iria se recuperar daquela condição. Era óbvio que ela estava indo ladeira abaixo, apesar de Shelly garantir que estava melhorando.

Depois de encherem várias máquinas na lavanderia, Sami ia até o carro para ver como Kathy estava. Era obrigada a falar com ela através da tampa do porta-malas, porque Shelly mandou que as meninas não a deixassem sair por motivo nenhum.

"Como é que você está?", perguntou Sami.

"Eu estou bem", respondeu Kathy. "E a lavagem das roupas, como está indo?"

"Está tudo certo, Kathy."

"Como é que está o tempo hoje?"

"Está bonito", disse Sami. "Muito gostoso."

Sami voltou lá para dentro com o estômago revirado e saiu um pouco depois para ver como estava Kathy.

"As roupas já estão secando", contou. "Agora não vai demorar muito."

"Sem problemas", garantiu Kathy, com a voz abafada pela tampa do porta-malas. "Daqui a pouco a gente se fala."

As conversas seguiam nesse tom. Casual. Nada confrontador. Kathy não estava esmurrando a lataria nem tentando dar um jeito de sair. Não tentou arrancar uma lanterna traseira aos chutes. Não reclamou que estava escuro, nem de calor ou desconforto. Ela se mantinha obediente. Tranquila. À espera de que voltassem para casa para poder sair dali e continuar ajudando Shelly.

E mesmo que Kathy aceitasse andar no porta-malas, trabalhar nua dentro de casa e tomar os comprimidos que Shelly lhe dava sem sequer perguntar o que eram, ainda assim, os maus-tratos se tornavam cada vez piores.

Shelly fazia isso apenas porque tinha esse poder.

Certa vez, horrorizadas, as meninas viram Kathy sentada na varanda com uma tigela na cabeça enquanto Shelly empunhava a tesoura de barbearia, cortando os cabelos longos e ondulados que Kathy, uma cabeleireira, exibia como cartão de visitas. As lágrimas escorriam pelo rosto dela, silenciosas, enquanto seus cabelos se acumulavam no chão.

"Meninas!", gritou Shelly depois de destruir a aparência de Kathy. "Vejam só o novo corte de cabelo da Kathy! Não ficou um chanelzinho fofo?"

Foi difícil olhar sem deixar transparecer uma opinião sincera. Não havia nada de fofo naquilo que sua mãe tinha feito. Para Nikki, era o pior corte de cabelo que tinha visto na vida. Tão horrível que só podia ter sido feito de propósito.

"Ah, sim", respondeu ela. "Adorei. Ficou muito fofo!"

Sami sentiu um nó no estômago, mas concordou mesmo assim. "Uma graça, Kathy!"

Elas sabiam que, se falassem qualquer outra coisa, as consequências seriam sérias, para Kathy ou para uma delas. Quando se tratava da mãe, não havia como prever o que viria. Talvez Shelly tivesse se inspirado no corte de cabelo humilhante que a avó Anna lhe fez certa vez, com a intenção de ensinar uma lição para Lara, sua madrasta: "Você não sabe pentear o cabelo da menina direito, então eu cortei!".

Assim como Lara, Nikki aprendeu a manter a boca fechada. Todo mundo voltou para dentro de casa.

"Por que Kathy deixa a mãe fazer esse tipo de coisa com ela?", perguntou Nikki quando se afastaram.

Sami não sabia. Mas a opinião de Shane se mantinha a mesma de sempre.

"Sua mãe é uma louca do caralho", falou. "É por isso. Kathy se caga de medo dela. Assim como todo mundo aqui."

22

Só podia ser por causa dos remédios. Kathy era uma pessoa normal antes de se mudar para lá. Tinha opiniões sobre as coisas que aconteciam no mundo. Tinha uma identidade. Não era um saco de pancada que aceitava um golpe atrás do outro.

Shane e Nikki decidiram descobrir o que estava acontecendo com ela. Eles entraram no quarto da mãe enquanto ela estava fora e Kathy estava cuidando da casa.

"Vamos ver o que a mãe está dando para Kathy", sugeriu Shane.

Shelly tinha vários frascos de comprimidos em cima da cômoda e na mesinha de cabeceira. O armarinho do banheiro do térreo também era uma verdadeira farmácia, com dezenas de remédios vendidos apenas com prescrição médica, como lorazepam, nitroglicerina, atelonol, ramipril e paroxetina.

Era impressionante.

A maior parte era composta de medicamentos que nenhum dos dois nunca tinha ouvido falar, receitada por médicos de todo o condado de Pacific e comprados em farmácias espalhadas por Raymond, South Bend e Aberdeen.

A fluoxetina, graças à marca comercial Prozac, era a droga mais reconhecível, com suas cápsulas verdes e brancas.

"É isso que ela anda dando para Kathy o tempo todo", comentou Nikki.

Shane pegou um comprimido e engoliu.

"Lembro que 20 minutos depois de tomar, ele ficou todo aéreo", contou Nikki mais tarde.

Kathy estava claramente sendo dopada por Shelly.

E, mais tarde, houve quem se perguntasse se não fazia o mesmo com Shane e as meninas de vez em quando.

Os laços entre Nikki e Shane se estreitaram. O que os aproximou foram os maus-tratos que sofriam e o fato de serem alvos mais frequentes do que Sami dos castigos humilhantes e dolorosos impostos por suas transgressões. Somente com a chegada de Kathy tiveram algum respiro.

Conspiravam juntos, como todos os adolescentes, imaginando formas de pôr um fim ao seu sofrimento e livrar o mundo de alguém como Shelly.

"O vão entre o piso e a fundação da casa", falou Shane certa vez. "A gente poderia jogar ela lá."

"Ou que tal no sótão?", sugeriu Nikki. "Qualquer lugar de onde ela não possa fugir."

"É", respondeu Shane. "Mas sério mesmo. Por que a sua mãe é tão louca assim?"

Nikki encolheu os ombros. "Como é que eu vou saber?"

Shane ficou pensativo por um instante. "Pois é. Algumas pessoas são assim mesmo. Mas eu vou cair fora daqui, sabe."

"Eu também."

"Não, estou falando sério."

Nikki queria ter a coragem de fazer o que Shane sugeria, mas alguma coisa a mantinha presa àquela casa. Ela conseguia falar a respeito, mas não criar coragem de colocar tudo em prática.

Mas Shane chegou a tentar algumas vezes.

Sempre que ele se preparava para cumprir a promessa de ir embora, Nikki dizia a si mesma que assim seria melhor e torcia para dar certo, apesar de saber que sua mãe colocaria as filhas no carro e sairia atrás do fugitivo. Nikki nunca deixou de manter a esperança de que seu primo enfim conseguisse escapar.

Shane tinha bons motivos para querer fugir da casa da tia.

Shelly parecia estar sempre em busca de novas formas de lhe fazer mal.

Certa vez, pegou fita silver tape na gaveta da cozinha e um spray analgésico no armarinho do banheiro. Era uma nova versão dos castigos que começaram com surras e foram se tornando cada vez mais grotescos. Ela o fez se despir e o prendeu pelos punhos e tornozelos sob as vistas das filhas. Ele protestou, mas não resistiu. Não fisicamente.

Em seguida, Shelly o colocou em um canto perto da entrada e passou um jato de spray em seu pênis até fazê-lo urrar de dor.

"Nunca mais faça isso", disse ela.

Anos mais tarde, ninguém era capaz de se lembrar o que ele tinha feito para ser punido dessa maneira. Shelly aprimorou o cantinho da disciplina. Shane se sentiu humilhado e furioso com ela, mas permitiu que fizesse aquilo.

Sua mãe e sua irmã mais velha tinham ido ao mercado, deixando Sami encarregada de Shane, que tinha feito alguma coisa que deixou Shelly muito, muito irritada. Ela o fez se despir, prendeu seus pulsos e tornozelos com fita e o deixou em um canto da sala, perto da porta.

"Não é para deixá-lo sair daí", falou Shelly a Sami antes de ir embora.

Assim que ouviu o motor do carro, Sami fez o que sempre fazia — o que *todas* faziam — quando a mãe saía de casa.

Ela foi ao banheiro.

Shelly nunca deixava as filhas usarem o banheiro sem permissão, nem com a porta aberta. Na maior parte das vezes, ela se mantinha por perto quando as crianças faziam suas necessidades e as observava como se fosse uma espécie de experimento científico.

Quando Sami voltou para a sala, Shane não estava mais lá.

Em pânico, procurou por toda parte, dentro e fora da casa, mas nada de Shane. Ficou irritadíssima por ele ter fugido. Sami ficou brava porque sabia que sua mãe colocaria todas elas no carro e ficaria à procura de Shane dia e noite. O que fosse preciso. Shelly era determinada. Uma caçadora implacável. Não descansaria enquanto não encontrasse o garoto, não importava se as filhas tivessem aula no dia seguinte, ou se a perseguição se estendesse até as três da manhã.

Quando Sami encontrou Shane em um barracão de madeira na vizinhança, já tinha escurecido.

"Você precisa voltar para casa, Shane", disse Sami. "A mãe está brava. Você sabe que ela vai te encontrar."

Shelly não disse uma palavra quando Shane voltou para dentro. Ele estava nu e morrendo de frio. E também chorando.

Ela o fuzilou com o olhar.

"Me desculpa, mãe, de verdade", falou ele. "Prometo que nunca mais faço isso."

Quando finalmente se pronunciou, Shelly perguntou onde o garoto estava com a cabeça. Seu tom de voz se tornou mais suave, reconfortante. Como se tivesse encontrado um filhote perdido e o estivesse atraindo para casa.

"Amamos você, Shane", declarou. "Nunca mais dê um susto desse na gente. Não sei por que você iria querer ir embora daqui."

Em outra ocasião, quando os Knotek estavam a caminho do Wild Waves Theme & Water Park, a norte de Tacoma, Shane fugiu de novo. Na mesma hora Shelly interrompeu a viagem e saiu à caça. Nikki e Sami já conheciam o procedimento padrão, e sentiram um tremendo aperto no peito. Elas perderiam o passeio ao parque aquático, e sua mãe não desistiria da busca enquanto não encontrasse o primo.

Elas procuraram por dois dias. Primeiro foram ao distrito de Tillicum, onde Shane morou antes de se mudar para Raymond. Procuraram em cada casa minúscula e caindo aos pedaços. Atrás de cada garagem abandonada. Passaram por todas as lojas do imenso shopping center Tacoma Mall. Nada de Shane.

Shelly procurou inclusive uma vidente em Tacoma, para ver se a mulher adivinhava onde Shane podia estar.

"Mãe", falou Nikki, já se preparando para o tapa na cara. "Ele não quer ficar com a gente. Deixa ele ir embora."

Shelly a ignorou e continuou à procura de Shane.

Durante o tempo todo, Nikki rezava para que não o encontrassem. *Por favor, Deus, deixa o Shane fugir. Minha mãe é uma pessoa do mal. Ele precisa ir embora. Ficar em segurança.*

Aparentemente, Deus não deu ouvidos às suas preces. Depois de várias horas de buscas no dia seguinte, Shelly encontrou o sobrinho e o atraiu para o carro com as palavras que para ele eram mais importantes do que tudo.

Shelly disse que o amava muito.

Palavras que ele já devia saber que eram falsas.

"Você quase mata a gente de susto, Shane", falou Shelly, com um tom de voz tranquilizador e uma expressão que parecia preocupada. "Nunca mais faça isso. Assim você me mata de aflição. E as meninas também. Nós amamos você."

23

Depois que Shelly decidiu que o berço de Tori não ficaria mais em seu quarto no térreo, mandou Kathy abrir mão do espaço que ocupava entre os quartos de Nikki e Sami.

"Tem um quartinho aconchegante para você lá embaixo."

A essa altura, a maior parte dos pertences de Kathy, como a mobília de seu quarto e as roupas que trouxe quando se mudou, já tinha desaparecido. Kathy não reclamou. Parecia incapaz de contestar o que quer que fosse. Estava completamente subjugada a Shelly.

E "aconchegante" não era nem de longe a palavra adequada para o lugar. O novo quarto de Kathy ficava à direita da escada: era a sala da caldeira, do outro lado do porão gelado onde Shane dormia. O espaço de 1,5×2,4m tinha piso de cimento e paredes com colunas de sustentação expostas. Era um lugar rústico, sem acabamento e, até mesmo no verão, sempre muito frio. O espaço era tão apertado que mal era capaz de acomodar um colchão.

Kathy parecia um pouco triste por ter que dormir lá embaixo, mas não protestou. Simplesmente aceitou, porque Shelly falou que assim seria melhor para Tori.

"Você vai adorar, Kathy."

Sami, por sua vez, não gostou nem um pouco. Ficou inconformada com o fato de Kathy ser obrigada a dormir naquele lugar horroroso. Pouco depois de Kathy ir dormir na sala da caldeira, Sami encontrou as caixas com as coisas que sua mãe tinha dito que havia doado porque Kathy fez alguma coisa que a desagradou. Sami levou alguns pôsteres lá para baixo e pendurou na parede. Kathy entrou em pânico quando se deu conta do que ela estava fazendo.

"Não faça isso", pediu Kathy.

"Não tem problema."

"Não", insistiu. "Por favor."

Sami continuou o que estava fazendo. "Vamos deixar isso aqui mais bonito. Um lugar melhor para você."

Kathy estava apavorada.

"Sami, por favor", implorou ela. "Não."

Sami não entendia aquele medo. Sabia que a mãe não ia gostar, mas aquele era o quarto de Kathy, e tinha um cheiro e uma aparência horríveis. Queria deixá-lo mais agradável. Não ótimo, só um pouco melhor.

Kathy conhecia Shelly melhor que a própria filha dela.

Quando Shelly viu o que Sami tinha feito, gritou com Kathy e arrancou os pôsteres da parede. Para Sami, disse que era uma péssima filha e que precisava aprender a não se meter nos assuntos dos outros.

"Nunca mais faça isso", avisou.

Era tarde da noite, alguns dias depois de uma nevasca, e Kathy tinha feito alguma coisa que deixou Shelly irritada. *Muito irritada.* Furiosa como as crianças nunca tinham visto. As meninas ficaram observando da janela do quarto de Nikki enquanto seus pais mandavam Kathy subir a pequena colina atrás da casa. Shane apareceu para ver também. A mulher estava nua e morrendo de frio. Era uma cena dolorosa de se ver. Nikki e Sami mantinham os olhos fixos na colina, enquanto Kathy implorava para que o casal a deixasse entrar, mas eles se recusavam.

"Trate de obedecer, Kathy", gritou Shelly para ela. "Por que você precisa dificultar tanto as coisas para mim?"

Dave, sem dizer nada, empurrou Kathy lá de cima, e ela começou a deslizar pela encosta, chorando e berrando. Quando chegou lá embaixo, Shelly voltou a lhe dar ordens.

"Levanta daí! Sobe de novo!"

Kathy se arrastou lá para cima de novo, chorando o tempo todo.

Isso pareceu se estender por horas. Kathy mal conseguia andar por causa do frio e da dor que com certeza estava sentindo. Subindo e descendo. Várias vezes, sem parar. Sob a luz fraca que vinha da janela da cozinha, dava para ver que suas nádegas estavam em carne viva por causa dos arranhões provocados pelos flocos de neve.

"Me desculpa", repetia ela sem parar. "Eu não vou mais fazer isso. Estou com frio. Com dor. Por favor, Shelly. Por favor!"

Era um pesadelo sem fim. Shane sacudiu a cabeça e desceu para o porão. Não precisou dizer uma palavra para expressar o quanto aquilo era doentio. As irmãs também não suportaram mais olhar e foram se deitar na cama de Nikki, onde ficaram abraçadas até o amanhecer.

"Nós fomos lá para fora de manhã", contou Sami mais tarde, com a voz embargada. "Eu, minha irmã, Shane... a neve estava ensanguentada e manchada de vermelho por toda a encosta da colina. Parecia uma faixa vermelha."

As lágrimas brotaram nos olhos de Nikki assim que viu a neve ensanguentada de manhã. Ela não deixou que escorressem pelo rosto. Sua mãe iria ver, e poderia gostar disso. Havia uma outra dinâmica em andamento e Nikki sabia. Era Kathy quem estava sendo torturada, não ela e sua irmã.

"Enquanto minha mãe se ocupava de castigar Kathy, esquecia da gente", explicou Nikki mais tarde. "Por mais doentio que isso fosse — e a gente sabia disso, mesmo na época —, era um alívio. Era um alívio que não estivesse fazendo aquilo com a gente."

24

Kaye, a mãe de Kathy, teria que fazer uma cirurgia cardíaca de grande porte em março de 1991, mas não conseguia localizar a filha mais velha em lugar nenhum. Sua família sabia que ela estava morando com Shelly Knotek, e tentou entrar em contato várias vezes, mas sem sucesso. O telefone tocava e tocava e ficava sem resposta. Quando Shelly finalmente atendeu, falou que Kathy tinha se mudado da região, com o tom mais casual e despreocupado possível.

"Foi morar com o namorado, Rocky", informou.

"Rocky?" Era um nome que parecia vagamente familiar para Kelly, a irmã de Kathy, mas ela nunca o tinha conhecido. Os irmãos dela também não.

Shelly não deu muitos detalhes, mas foi afirmativa e categórica. E logo desligou.

Kathy tinha ido embora. *Mas para onde?*

"Nós tentamos encontrá-la", contou Kelly mais tarde. "Mas não teve jeito."

Pouco tempo depois, Kelly recebeu um envelope com uma foto borrada de Kathy na frente de um caminhão, junto de um bilhete escrito com a caligrafia inconfundível da irmã. Kathy dizia lamentar não ter um relacionamento mais próximo com Kelly, mas garantia que estava bem.

"Ela mencionou Rocky", explicou Kelly mais tarde, puxando pela memória. "Era uma história plausível. Eu entendia o motivo para ela querer distância da família e, se isso significasse que nunca mais nos veríamos, tudo bem. Talvez tivesse encontrado alguém, como nos romances que gostava de ler. Estava vivendo a vida que queria, e não sendo infeliz em casa."

Um mês depois, em 15 de abril de 1991, os Knotek encheram o carro para uma viagem a Washaway Beach, litoral do estado de Washington, conhecido por seu estado avançado de erosão, com chalés abandonados e trailers estacionados em penhascos sobre o mar agitado, e surfistas pegando ondas cinzentas à distância. Era aniversário de Shelly, e Washaway Beach era um dos picos de surfe favoritos de Dave. Tori ia na frente com os pais, enquanto as três crianças mais velhas ocupavam o banco de trás.

Kathy, trancada no porta-malas, estava mais fraca a cada dia. As imagens feitas com a filmadora da família naquela tarde mostram uma mulher com a saúde em frangalhos. Os dentes da frente estavam escurecidos e, onde antes havia curvas, só restavam pelancas. Estava sentada sob o sol, olhando para a água com o rosto inexpressivo, enquanto Shelly comemorava seu dia especial.

Shelly fazia poses na areia varrida pelo vento e Dave a fotografava. Com os cabelos ruivos clareados pelo sol, olhos azuis que se acendiam quando ria, ninguém poderia negar que era uma mulher belíssima aos 37 anos. Tinha prometido guloseimas para as crianças, e falado para Dave que o amava muito.

Ninguém seria capaz de adivinhar o que havia por trás daquele rostinho bonito e daquelas palavras adocicadas.

Ou por quanto tempo ela seria capaz de manter aquela fachada.

25

Sami Knotek não sabia onde os pais estavam com a cabeça quando decidiram comprar aquela fazenda branca com telhado shingle na Monohon Landing Road, em Raymond, no início do segundo semestre de 1992. O imóvel não estava em muito bom estado, e Shelly não estava satisfeita com a ideia de morar lá. A mudança seria um retrocesso em relação à elegância e ao charme da Casa Louderback. Era uma residência rural da década de 1930, e precisava de várias reformas. Dave tinha as ferramentas e as habilidades necessárias, mas quase não parava em casa, por causa do trabalho.

A localização não era das piores. Havia árvores frutíferas, em sua maioria macieiras, que formavam um pequeno pomar particular, e um campo espaçoso que se estendia até a extremidade de uma mata reflorestada com abetos e cicutas. Os alces costumavam circular dentro da propriedade, e as garças-azuis faziam ninho ali perto. A casa ficava em uma estrada sinuosa que margeava o rio Willapa na zona rural da cidade, bem distante do perímetro urbano. A única vantagem que Sami via na casa da Monohon Landing era que ficava na estrada principal, e não enfiada no meio das árvores enormes com acesso por trilha. Tinha esperança de que as coisas melhorassem quando fossem para lá. Com uma propriedade mais exposta ao movimento da rua, quem sabe Kathy não sofresse tantos maus-tratos. Talvez sua mãe não a obrigasse a trabalhar nua no quintal, nem Nikki e Shane a chafurdar.

Mas, no fim, o lugar era mais isolado do que Sami esperava. Em seu primeiro ou segundo dia por lá, Shelly disse para Sami circundar a propriedade, dando uma volta pela estrada para vê-la de todos os ângulos e entender o que um passante ou um vizinho seriam capazes de enxergar de suas próprias casas.

"A privacidade é algo muito importante para a nossa família", falou para a filha do meio.

A menina, que estava prestes a começar o sétimo ano na escola, fez o que a mãe mandou: caminhou até a mata e uma clareira recém-aberta na propriedade da Weyerhaeuser. Quando voltou, contou à mãe o que viu.

"Nada", falou Sami. "Dá para ver um pedaço da casa, mas nada mais."

A propriedade tinha quase 20 mil metros quadrados, e era em sua maior parte bem cercada. Isso era bom. O lar dos Knotek tinha bichos de estimação — a princípio cães e gatos, mas, na nova casa, também foram acrescentados cavalos, galinhas, uma calopsita e um coelho chamado Buttercup. Apesar de dizer que amava os animais, Shelly parecia ser apenas uma acumuladora, e quase nunca dispensava algum cuidado a eles.

Havia também outras instalações, quase todas pequenas — um galinheiro, um barracão de ferramentas, um celeiro em ruínas, um poço com telhado e uma casa de máquinas onde ficava a bomba d'água, indicando que o lugar, na verdade, era uma espécie de minifazenda. As estruturas maiores eram um galpão de madeira do tamanho de uma garagem suburbana, com uma bancada de trabalho, prateleiras, uma despensa e um freezer. A apenas alguns passos da porta dos fundos, a construção com revestimento de alumínio proporcionava o espaço necessário para colocar todas as coisas que não cabiam no interior da residência.

A casa era pequena demais. Sami sabia disso. E as outras crianças também. Com pouco mais de 150 metros quadrados de área útil, dois quartos pequenos no andar superior separados pelo que a família começou a chamar de sala do computador e um quarto de casal para os pais no térreo, não havia espaço suficiente para as três irmãs, Shane e Kathy.

Além disso, só havia um banheiro — e ficava bem ao lado do quarto dos pais, o que fazia a casa parecer ainda mais apertada.

Tori dormia no quarto dos pais, no térreo. Shane passava a maior parte das noites no closet de Nikki, sem poder contar nem ao menos com um colchão.

"Só um cobertor", contou Sami mais tarde. "E mais nada. Durante todo o tempo que morou na Monohon Landing, Shane nunca teve um quarto."

Kathy também não. Ela dormia no chão da sala. A essa altura, todos os seus pertences cabiam em um saco de papel. Quase tudo o que levou quando foi morar com os Knotek tinha sumido. Os móveis para o quarto, a maior parte das roupas, seus livros e outros objetos pessoais — não restava mais nada. Dave estacionou o velho Plymouth Duster nos fundos da casa nova quando se mudaram. Depois de um tempo, o carro desapareceu também.

Shelly imediatamente começou a planejar as melhorias a serem feitas na residência — uma reforma na cozinha, a instalação de uma banheira de hidromassagem e a remoção de todas as porcarias deixadas para trás pelos antigos proprietários. Durante semanas, a família trabalhou dia e noite, principalmente à noite, arrancando o carpete e pondo a cozinha a baixo. Dave aparecia nos fins de semana, exausto depois de cinco horas de viagem da obra em que estava empregado em Whidbey Island, e fazia o melhor para deixar a casa de acordo com os padrões impostos por Shelly. Nikki e Sami receberam carta branca para decorar os quartos. Nikki pediu um papel de parede xadrez preto e branco, no estilo dos anos 1950 — e foi atendida. Sami, por sua vez, escolheu um carpete de um tom coral.

Depois que a casa estava mais habitável, Shelly disse para Nikki que iria pintá-la de vermelho-veneziano, como os celeiros tradicionais. Quando abriu a tinta, porém, percebeu que era um tom escarlate demais. Shelly ignorou o próprio erro, entregou um pincel de uma polegada na mão da filha e a colocou para trabalhar.

A adolescente demorou o verão inteiro para concluir a tarefa.

Sami, por sua vez, foi colocada para pintar o galpão. Para surpresa de ninguém, ela recebeu ferramentas melhores para o trabalho. Shane ficou encarregado de limpar o quintal negligenciado e juntar lenha. Shelly supervisionava o trabalho deles de vez em quando. Na maior parte do tempo, porém, ficava no sofá vendo novelas, comendo doces e enfiando as embalagens nas frestas entre as almofadas.

A nova localização e o trabalho pesado não alteraram a dinâmica da casa. Shelly continuava com seus ataques implacáveis, direcionados, em especial, a Shane e Kathy.

O comportamento abusivo e imprevisível de Shelly deixava todos em alerta máximo. Nikki se encolhia sempre que a mãe chegava perto. Shelly dava mordidas em sua cabeça. Tapas em seu rosto. Murros em seu corpo. Certa vez, Nikki apanhou porque pegou no sono no banco do passageiro, e a mãe queria que ela ficasse acordada.

Certa vez, Shelly se irritou com Nikki de manhã, mas esperou o ônibus da escola encostar na frente da casa antes de lhe dar um belo tapa na cara.

"Ela queria que todo mundo visse e depois tirasse sarro de mim."

Shelly apareceu no colégio de Nikki no meio do dia em uma ocasião, procurando por um rímel que tinha certeza de que a filha havia roubado de seu banheiro. Ela fez Nikki abrir o próprio armário e o revirou de cima a baixo, jogando tudo no chão, na frente de vários outros alunos.

"Ela pegou!", gritou Shelly na frente dos colegas da filha. "Ela roubou meu rímel. Isso não está certo. Uma filha não pode fazer isso! Uma boa filha não faria isso."

No entanto, por mais cruel que fosse com Nikki, sempre reservava o pior para Kathy.

Kathy não tomava banho com frequência nem antes nem depois de os Knotek se mudarem para a Monohon Landing Road. Como as meninas mais velhas e Shane, na maior parte do tempo não tinha permissão para isso. A princípio, o regime de banhos era o mesmo da Casa Louderback — com a mangueira do jardim, com ela nua no gramado atrás da casa. Não importava a época do ano, nem o frio que estivesse fazendo.

O sabão era considerado desnecessário. Em vez disso, Shelly jogava alvejante em Kathy.

"Você é uma porca imunda, e só assim vai ficar limpa!"

Kathy berrava quando o líquido cáustico penetrava nas feridas abertas espalhadas pelo seu corpo dos pés à cabeça. Quando gritava demais, ou tentava fugir, Shelly — ou Dave, quando estava em casa — prendia seus braços e suas pernas com fita adesiva. Quando Dave não estava, era Shane quem segurava Kathy enquanto Shelly dava um banho de mangueira nela.

Uma vez, Shelly colou um pedaço de fita na boca de Kathy, para que seus gritos não chamassem a atenção dos vizinhos.

"Você precisa calar essa boca! Qual é o seu problema? Estou te ajudando, sua porca imbecil!"

Depois do banho, Shelly imediatamente assumia sua personalidade mais gentil e bondosa. Ela abraçava Kathy pelos ombros.

"Você não está se sentindo bem melhor agora?"

Dave conversava com a esposa a respeito de Kathy, e Shelly garantia que só estava a ajudando a melhorar. Depois de um tempo, ele quase nunca a via. Quando voltava para casa nos fins de semana, Kathy nunca estava por perto.

As meninas contaram que a mãe prendia Kathy na sala de máquinas. Isso não parecia nada certo, então Dave foi falar com Shelly.

"Por que ela está na sala de máquinas, Shell?"

Shelly não parecia nem um pouco incomodada com a questão. Afinal, havia uma boa razão para isso.

"Ela precisa ser protegida", foi a resposta.

"Protegida? Do quê?"

Shelly balançou a cabeça como se soubesse o que estava fazendo. "Das crianças, Dave."

Das crianças? Aquilo não fazia sentido. As meninas e Shane eram ótimas pessoas. Ele estava tão cansado dos confrontos com Shelly que não discutia mais com a esposa — o que, mais tarde, admitiu que não conseguia fazer nem depois de ter uma boa noite de sono.

Dave aceitava a palavra de Shelly sem questionamentos. Ela garantia que era Shane o responsável pelos maus-tratos impostos a Kathy, e que colocou a melhor amiga na casa de máquinas apenas para protegê-la do sobrinho. "Uma vez, quando cheguei em casa, Shane estava arrastando Kathy pelos tornozelos no quintal", contou Dave. Apesar de ser bastante provável que Shane estivesse fazendo isso a mando de Shelly, depois de testemunhar esse incidente, Dave achou que sua esposa devia estar dizendo a verdade.

26

"Onde está Kathy?"
Shelly se levantou do sofá da sala de estar em Monohon Landing e começou a gritar. Estava só de roupão, com os cabelos embaraçados.
"Está limpando as ervas daninhas do jardim", respondeu Sami.
"Ela sumiu", berrou Shelly, olhando pela janela antes de ir para o quarto se trocar. "Vai procurar por ela na mata. Agora!"
Nem seria preciso falar duas vezes. Tudo o que Shelly dizia era uma ordem que exigia cumprimento imediato. Sami saiu correndo porta afora e atravessou o campo rumo à mata atrás da casa. Sabia que sua mãe não ficaria satisfeita se ela não procurasse pelo menos até o anoitecer. As meninas e Shane percorreram as trilhas usadas pelos animais da floresta.
"Vai ver ela conseguiu fugir", comentou Shane.
"Tomara", disse Nikki.
Shelly saiu de carro e, duas horas depois, estava de volta com Kathy, que trazia duas sacolas com roupas novas, compradas no Wishkah Mall, em Aberdeen. Ela disse que encontrou Kathy com uma amiga, e que conseguiu resolver as coisas em uma conversa a sós no banheiro do shopping. Kathy tinha decidido voltar para casa. Ganhou uma calça verde e uma vermelha, com camisas listradas combinando. Também estava vestindo uma roupa nova, o que deixou Sami e Nikki surpresas. Fazia tempo que

não viam Kathy com uma aparência tão boa, apesar de ter perdido uma parte dos cabelos e dos dentes. Parecia limpa, e mais contente.

Nikki ficou incrédula. Não conseguia entender por que Kathy tinha voltado. Por que não aproveitou a chance de contar para alguém. Para a amiga do shopping, talvez? Para a polícia?

Qualquer um.

"Fiquei em choque quando ela voltou", declarou Nikki anos depois. "Fiquei em choque que a minha mãe saiu impune. Não conseguia acreditar. Aquilo era um crime. Kathy podia procurar a polícia e dizer que sofria maus-tratos. Por que ela estava de volta? Porra, ela só podia estar louca. Fora de si. Pirada. Eu pensava isso do meu pai também. Por que ele não se divorciava dela?"

Anos mais tarde, Sami choraria ao pensar em como Kathy estava contente. Era uma coisa tão terrível e injusta. "Ela pôde passar um tempo dentro de casa depois que foi capturada por Shelly no shopping. Não muito. Mas um tempinho."

Alguns dias depois, Kathy voltou para a casa de máquinas, como castigo por ter fugido.

Ninguém nunca mais viu suas roupas novas e bonitas de novo.

Kathy tentou fugir outra vez. E mais outra. Em uma das ocasiões tentou escapar mesmo estando nua.

Um aluno da escola de Sami apareceu um dia com uma história para contar a esse respeito.

"Ha, ha! Viram a sua mãe do ônibus", falou ele. "Ela estava correndo pelada pelo quintal! Parecia uma ursona velha!"

Sami sentiu vontade de morrer.

"Duvido", retrucou, apesar de ser totalmente possível.

"Foi a mãe da Erin que viu."

A mãe de Erin era a motorista do ônibus escolar.

Sami tentou esquecer essa história, mas a conversa continuou circulando feito uma bolinha em uma máquina de *pinball*. Tinha sempre alguém trazendo a coisa à tona de novo.

Quando chegou em casa, Sami contou a situação para a mãe.

"Merda", falou Shelly. "Era Kathy! Ela estava tentando fugir! Mas não conseguiu."

Era uma explicação já meio que esperada. "Eu passei muita vergonha, mãe", comentou Sami. "Pensaram que era você."

Shelly surtou. Era Kathy! As pessoas ficariam curiosas sobre o que acontecia na casa se começassem a ver Kathy correndo nua pelo jardim. Ela não demorou muito para elaborar um plano.

"Convida Erin para vir aqui", pediu para a filha. "Vocês podem usar a hidromassagem."

Erin apareceu mais tarde naquele dia e, quando as meninas estavam na banheira, Shelly foi até lá.

"Ai, meu Deus", disse Shelly. "Que vergonha. Eu estava na banheira, sem roupa, e de repente o motor deu um estouro, e eu pulei e saí correndo pelo jardim. Estava morrendo de medo! Pensei que fosse morrer!"

As meninas ouviram a história fazendo comentários como "ah, nossa" enquanto Shelly mostrava uma parte queimada na banheira e explicava como aconteceu o curto-circuito.

"Minha mãe era uma boa mentirosa", contou Sami mais tarde. "Ela queimou aquela parte da banheira antes da Erin chegar, para a história parecer mais plausível. Não sei se Erin acreditou, mas eu quase acreditei."

Nikki ouviu gritos e olhou pela porta aberta do galpão, onde estava cuidando dos seus afazeres. Kathy estava fora da casa de máquinas naquele dia, limpando o jardim, e parecia que Shelly não estava satisfeita com o trabalho. A mando dela, Dave arrastou Kathy pelo gramado que ela limpava como forma de castigo. Quando Nikki a viu, Kathy estava nua e aos prantos, deitada sobre um trecho cimentado do quintal.

"Dá um chute nela, Dave!", mandou Shelly.

Dave não disse nada. Quase nunca dizia. Calçava as botas com biqueira de aço que usava para derrubar árvores e deu um pontapé na cabeça de Kathy.

"Ela estava gemendo, largada no chão", contou Nikki mais tarde. "Acho que a acertou em cheio. Mas depois parei de prestar atenção. Simplesmente voltei para o galpão.

27

A casa de máquinas era a menor das construções da propriedade, que contava com um velho celeiro, um galpão, um galinheiro e alguns barracões. Era escura, úmida e fria. Shelly considerou um bom lugar para Kathy pensar no que tinha feito de errado. Nikki e Shane também foram moradores ocasionais da estrutura de 1,2x1,2 metros.

Kathy era forçada a passar dias e até semanas por lá.

Sami levou algumas almofadas de um sofá marrom, que estavam guardadas no barracão, para deixar o lugar mais confortável para Kathy. Quando Shelly descobriu, mandou Sami tirá-las de lá imediatamente.

"Nós queremos que ela melhore!", justificou-se Shelly. "Não queremos que tenha conforto! Ela precisa entender que está sendo castigada, e por quê. Queremos que ela volte para dentro de casa, não que fique vivendo lá!"

Sami não via como o sofrimento poderia ajudá-la, mas resolveu não se meter. Ajudar Kathy poderia atrair mais violência para si.

A mãe muitas vezes era uma abusadora passiva, obrigando Dave ou Shane a fazer suas vontades. Às vezes, era o que deixava de fazer que mostrava sua indiferença pelos outros.

Certa vez, Sami estava seguindo ela e Kathy pelo caminho que passava no galpão, e, por algum motivo, do nada, sem nenhum aviso, Shelly deu um empurrão em Kathy, que caiu de cara no chão de cimento. Ela nem tentou amortecer a queda. Simplesmente despencou. Em seguida começou a gritar, levando as mãos à cabeça e se contorcendo de dor como um animal ferido. Sami notou que a mãe hesitou por um tempo antes de ajudá-la a se levantar e trancá-la de novo na casa de máquinas.

Nikki tinha uma teoria sobre por que sua mãe a trancava lá. Não era por algum deslize que Kathy houvesse cometido. Na verdade, não era um castigo coisa nenhuma. Era porque Shelly estava cansada de precisar vigiar Kathy depois da sua fuga. Sua mãe nunca disse isso, mas Nikki achava que ela temia o que Kathy poderia resolver contar.

Assim como tinha feito com Sami, Shelly tentava fazer parecer que aquilo tudo era positivo para Kathy. O banimento para a casa de máquinas, por exemplo, era para o bem dela.

"Acho que ela vai ficar melhor lá na casa de máquinas", anunciou Shelly enquanto atravessava o quintal, levando Kathy pela mão. "Ela precisa de um pouco de tranquilidade."

Sempre havia uma falsa justificativa para tudo o que fazia com Kathy.

De vez em quando, Nikki ajudava a mãe a levá-la até a casa de máquinas e colocá-la ali dentro. A saúde dela estava se deteriorando rápido. As mentiras de Shelly eram absurdas. Kathy precisava de cuidados médicos, não de isolamento em um cubículo frio e úmido.

Shane e Nikki também não precisavam ser trancados lá por motivo nenhum, mas era o que acabava acontecendo quando Shelly se cansava de bater neles e queria lhes aplicar um castigo mais longo.

Uma punição que mostrasse até onde ia o seu controle sobre todos.

"Isso tirava a gente — eu, Kathy e Shane — do caminho dela", explicou Nikki mais tarde. "Assim ela não precisava monitorar ninguém nem se preocupar com o que a gente podia fazer. Principalmente Shane e Kathy."

Com o tempo, porém, Kathy pareceu se resignar com a situação. Assim como se acostumou a andar sempre no porta-malas do carro.

Um dia, Sami estava perto da casa de máquinas quando ouviu a voz de Kathy. "Olá?"

Ela se aproximou da porta trancada, mas não ousou abri-la. E Kathy sabia que não adiantava pedir. Shelly deixava claro que aquilo era um castigo, mas também afirmava que era uma forma de fazê-la melhorar.

"Está chovendo aí fora?", quis saber Kathy.

"Estava até agora há pouco. Mas já parou."

"Ah", falou ela com a voz fraca e rouca. "Pensei que tivesse ouvido barulho de chuva."

Como quase sempre acontecia, Dave estava trabalhando em Whidbey Island quando, um dia, Shelly precisou ir à cidade fazer alguma coisa. Antes de sair, deixou Shane encarregado de Kathy. Ele precisava se assegurar de que ela não iria gritar ou pedir socorro a ninguém.

"Ou fugir", complementou. "Ela precisa ficar na casa de máquinas, que é o lugar dela, Shane. Nós não confiamos mais nela. Kathy não está bem da cabeça."

Shane fingiu concordar.

"Nem fodendo", falou para Nikki depois que Shelly saiu. "Vou deixar Kathy sair."

Nikki detestava a ideia de trancar Kathy na sala de máquina. Sabia que ela precisava de cuidados médicos, que estava ficando mais fraca a cada dia. Seu rosto estava inchando, e os poucos dentes que lhe restavam estavam marrons, gastos e pareciam prestes a cair.

Shane tirou o cadeado e abriu a porta.

A luz invadiu o espaço, e Kathy se encolheu. Ela ficou imóvel por um tempo antes de enfim olhar para ele.

"Pode sair", disse Shane.

Ela não se mexeu.

Nikki sabia por que Kathy tinha medo de Shane, apesar de não haver motivo para temê-lo quando sua mãe não estava por perto.

Shane primeiro pediu com educação, mas foi se irritando com a falta de reação dela.

"Vai logo, Kathy, sai daí. Você precisa sair."

Kathy começou a chorar. Ela estava pálida. Maltratada. Sangrando. Seus cabelos tinham caído quase por completo. Estava usando um vestido havaiano tradicional fino e esfarrapado, e mais nada.

"Qual é o seu problema, caralho?" Shane ficava mais irritado a cada minuto que passava. "Você precisa sair daí! Cai fora, porra! É a sua chance."

Kathy parecia apavorada. "É mentira sua!", respondeu.

"Não é", garantiu Shane. "Estou falando sério. Pode ir. Some daqui."

Kathy se encolheu dentro do cubículo. Quando falou, foi com uma voz bem fraca. "Se eu for embora, eles vão me achar. Você sabe disso. Eles vão me achar. Ela vai me achar."

Shane não conseguia acreditar. Kathy não querer fugir era uma coisa incompreensível. A porta estava aberta. Ele e as primas eram adolescentes sem ter para onde ir. Mas ela era uma mulher adulta.

"É a sua única chance, Kathy. Não seja idiota!"

Kathy pediu para ser deixada em paz.

Shane bateu a porta, deixando-a na escuridão outra vez. "Ela vai morrer se não sair daí", falou para Nikki.

"Eu sei."

Mais tarde, os dois passaram um tempão no quarto de Nikki. A sensação era de que o que estava acontecendo com Kathy não tinha mais volta. Quando Shane abriu a porta para deixá-la fugir, provavelmente foi a sua última chance. Porém Kathy não tinha mais forças. Já havia desistido de viver.

PARTE IV

DAVE, O MARIDO

28

Shelly dizia o tempo todo a Dave que ele era um péssimo marido.
"O pior possível!", falava, minando sua autoestima.
Ela nunca devia ter se casado com ele.
Podia ter escolhido qualquer outro homem.
Tinha cometido um erro terrível.
Dave só aceitava. No fundo, sabia que Shelly estava certa a respeito de tudo. Um bom marido estaria sempre com a família, ajudando nas coisas da casa, cuidando das crianças, mostrando à esposa que não servia somente pelo seu salário. Ele estava trabalhando dezesseis horas por dia e viajando de Whidbey Island para casa apenas nos fins de semana, quando não conseguia fazer tudo o que precisava ser feito. Trabalhava em uma construção, um serviço braçal que o deixava exausto de corpo e alma. O dia todo, bebia litros de cafés e ainda tomava pílulas de cafeína para se manter acordado.
"Eu operava uma escavadeira. Para um lado, para o outro. Subindo e descendo morro para a obra avançar. Era um trabalho bem físico mesmo", contou Dave, anos depois. "Ficar acordado era uma luta. A coisa piorou tanto que eu pegava aqueles sais de amônia dos kits de primeiros socorros só para conseguir ficar acordado na escavadeira."
Mais vezes do que era capaz de se lembrar, Dave se via impossibilitado de fazer a viagem de volta para casa. Não sabia como nunca tinha atravessado o canteiro central e matado alguém. Houve vezes em que dirigia

tão devagar pela estrada que percebeu que todo mundo o estava ultrapassando, mas não entendia por quê. Às vezes ouvia, em sua própria cabeça, o que começou a chamar de "os gritos maldosos".

Sempre que os gritos surgiam, parava no acostamento e tirava um cochilo para se recompor. Às vezes conseguia resistir e chegar até Raymond. Ou, se acontecesse quando estava mais perto, parava a Old Blue, sua picape, em Butte Creek, uma área de piquenique a cerca de cinco quilômetros de sua casa, na rodovia U.S. 101. Eram momentos nos quais se sentia incapaz de manter o pé no acelerador por muito tempo. Estava arrebentado. E, para ser sincero, exausto demais para enfrentar Shelly. Precisava de um tempinho para descansar, se acalmar.

Calar o turbilhão em sua cabeça.

Mas, para sua esposa, isso não queria dizer nada. Uma vez, ele acordou com uma batida na janela da picape.

Era Nikki.

"Nós sabemos onde você está, pai", falou ela, antes de voltar para o jipe novo que Shelly tinha comprado.

Shelly nem se deu ao trabalho de descer do veículo ou dizer alguma coisa para Dave. Mandou sua filha mais velha o flagrar em uma situação vergonhosa e, ao mesmo tempo, lembrá-lo que, não importava aonde fosse, nem o que fizesse, sempre conseguiria encontrá-lo.

Sua esposa era assim: implacável como um cão de caça. Tinha uma energia infinita e uma capacidade inata de encontrar quem quer que fosse.

A qualquer hora.

Se Dave pensava que podia ter uma folguinha do que estava à sua espera em casa e ficar um pouco em paz, estava muito enganado.

Lara Watson achava que o genro tinha sérios problemas com bebida, mas não era nada em comparação a Shelly. Afinal, ele sempre podia parar de beber. Mas se livrar de Shelly não era assim tão fácil.

Como tinha acontecido com Randy e Danny antes dele, Lara estava convicta de que Dave acabaria indo embora. E, apesar de admitir mais tarde que não tinha coragem de simplesmente abandonar Shelly, Dave confessou que sempre torcia para chegar em casa um dia e não encontrar a esposa.

"Ela podia dar no pé. Voltar para Vancouver ou coisa do tipo", contou ele. "Não sei direito qual era a minha esperança. Mas ela estava sempre lá."

Observando tudo à distância, o que Lara via era algo parecido com o precedente estabelecido pela avó Anna, que não deixava o marido dormir dentro de casa. Randy, primeiro marido de Shelly, costumava dormir no carro depois de brigar com a mulher. E o mesmo estava acontecendo com Dave.

"Ele não queria ir para casa", lembrou-se Lara. "Ou então ela não deixava. Dave trabalhava dia e noite e dormia na picape. Shelly ficou com o carro melhor. Ele tinha aquela picape, né? E dormia lá, ou então voltava para o escritório depois que o resto das pessoas saía do trabalho. Dormia no chão do escritório."

Mais tarde, Dave colocaria a culpa pelo que aconteceu na casinha vermelha da Monohon Landing no fato de ter pedido demissão de seu emprego na Weyerhaeuser. Shelly tinha feito questão disso. Dizia a ele que era explorado pela gigante madeireira, e que podia ganhar mais trabalhando em outro lugar. Mas o trabalho o afastava de casa, e em sua opinião era isso que o impedia de ser um pai presente e um bom marido.

"Estava tudo bem", falou Dave ao se referir à vida na Casa Louderback. "Só eu e Shell e Nikki e Sami, e estava tudo bem. Eu voltava para casa toda noite — como deve ser. Um casamento depende dos dois, e eu estava fazendo a minha parte. Criar filhos não é fácil. Não dá para a mãe fazer tudo sozinha, sabe, ser a disciplinadora, ajudar com as lições de casa. E eu não estava lá. E, quando estava, era para dormir. Não conseguia ficar acordado nem para ver um programa de TV."

Em sua opinião, Shelly estava se desdobrando.

"Ela se dedicava 100% a ser mãe, e até mais. Enfim, as crianças tinham festas de aniversário, e os amiguinhos iam lá comer churrasco, sabe. Essas coisas. Shell sempre ia às competições de atletismo da Sami. Porque o pai nunca estava lá para as coisas da escola. Eu realmente deixei de ser um bom marido."

Ao tentar garantir sua sobrevivência fazendo a coisa certa, Dave tinha a certeza de que havia feito o contrário e decepcionado todo mundo. Não cumpriu seu papel. Nem de longe, de acordo com seu ponto de vista.

"Meu pai me sustentava e, sabe como é, ele trabalhava muito, muito mesmo. Meu avô também. E eu fracassei com a minha família Knotek. Deixei todo mundo na mão. Isso é parte de mim, sabe, ser um fracasso."

As despesas médicas estavam corroendo sua conta bancária. Shelly exigia que Dave trabalhasse ainda mais para pagar as contas. Era uma questão de vida ou morte, segundo ela. Dave, no entanto, não tinha como trabalhar mais. Mal conseguia aguentar o ritmo atual, fazendo horas extras para dar conta da avalanche de cobranças que não parava de chegar.

Em um determinado momento, Shelly lhe disse para pedir dinheiro à sua família. Dave ligou para a irmã, que os Knotek consideravam ser bem-sucedida, para dizer que estava mal das pernas.

"O câncer da Shelly está acabando com a gente", explicou.

A irmã disse que o ajudaria.

Alguns dias depois, Shelly foi buscar a correspondência, e voltou furiosa como Dave nunca tinha visto.

"Trinta dólares?", esbravejou ela. "Dá para acreditar? Que mão de vaca do caralho! Eu tenho câncer, e é assim que eles ajudam a gente?"

Dave tinha detestado ter que pedir dinheiro, e ficou ainda mais incomodado com a reclamação da esposa ao receber a ajuda.

"É para a ajudar a gente, Shell", falou.

"Isso não é suficiente."

Aquele valor foi o máximo que ele conseguiu. Dave sempre ficava ao lado dela. Pedia dinheiro. Trabalhava mais. Dava explicações à família a respeito do que Shelly fazia.

O padrão se repetia: Shelly diminuindo o marido sempre que a ocasião surgia, dizendo que era um homem fraco e incapaz de ser um bom provedor. Enquanto isso, Dave aproveitava cada oportunidade para dizer que sua esposa era tudo para ele.

Ao contrário de muitos maridos, que têm sempre uma desculpa esfarrapada na manga, Dave era atencioso. Em vez de comprar um cartão na papelaria, escrevia, com sua caligrafia impecável, mensagens para Shelly que expressavam como ele se sentia. Ou alguma versão romantizada da verdade.

"Lembra das palavras que me disse anos atrás? Uma vez você falou que os anjos tornam tudo mais leve. Eu me casei com um anjo. Seus olhos são os mais bondosos que já vi. Sua alma lança uma onda de amor caloroso onde quer que você esteja [...] Você ama suas filhas e faz tudo por elas, e também pelas outras pessoas, pelos animais, pelas plantas. Você é realmente sincera de corpo e alma."

Se ele acreditava ou não nas próprias palavras, não faz diferença.

Sua mensagem representava um desejo e uma esperança. Era nisso que Dave precisava acreditar enquanto fazia as longas viagens entre Raymond e Whidbey Island.

29

Shelly não era médica, mas gostava de bancar a doutora — ou pelo menos essa era a impressão que transmitia à família. Sami se lembrava de ocasiões na infância em que acordava com a mãe passando uma ampola de vidro aberta diante de seu rosto. Ela tossia e sentia ânsias de vômito por causa do que quer que estivesse inalando.

E também viu a mãe fazer a mesma coisa com Kathy.

"Kathy desmaiava por causa dos maus-tratos que sofria, e a minha mãe a reanimava", contou Sami. "Para poder começar tudo de novo."

Certa vez, em Monohon Landing, Sami teve dor de cabeça. Shelly disse que o paracetamol tinha acabado e que lhe daria outra coisa.

Eram comprimidos estranhos, que a menina não conhecia, mas tomou mesmo assim. Quando se deu conta, estava caída de quatro na varanda, sem conseguir nem levantar a cabeça. Shane tentou ajudá-la, sem sucesso.

"Sua mãe te deu relaxantes musculares. Um negócio forte pra caralho. Ela já fez isso comigo também", explicou ele.

E, apesar do considerável estoque de medicamentos na casa, Shelly ainda estava em busca de algo de que não dispunha na época. Ela havia tirado uma cópia de um informativo que exaltava os benefícios do haloperidol, um antipsicótico que estava interessada em adquirir.

Por algum motivo. Para dar a alguém.

O tratamento de câncer estava se arrastando por tanto tempo que Lara não aguentou mais. Para ela, Shelly estava submetendo as meninas a um pesadelo por fazê-las acreditar que a mãe poderia morrer a qualquer momento. O marido deveria dar um basta na situação, mas Dave era ingênuo demais. *Bonzinho demais.* Lara assumiu para si a responsabilidade de confrontar Shelly.

Lara ligou para sua filha Carol, meia-irmã de Shelly, e disse que elas iriam a Raymond tirar a limpo essa história de câncer de uma vez por todas. Não avisariam Shelly de antemão. Todas as vezes em que haviam marcado uma visita, Shelly dava um jeito de fazer com que ninguém estivesse em casa no horário combinado.

Mãe e filha pegaram a estrada com o Chevrolet Blazer 1992 preto de Lara para descobrir o que estava de fato acontecendo. Quando Shelly abriu a porta, a cena com que Lara se deparou poderia ter feito ela cair na risada, se não fosse tão grotesca.

Shelly estava parecendo uma marionete de teatro kabuki — e bem malfeita, aliás.

"Estava com a cara pintada de branco e tinha raspado as sobrancelhas", recordou-se Lara. "O rosto dela. Uau. É como se estivesse na minha frente agora mesmo. Juro por Deus. Inacreditável."

Shelly não ficou muito contente de ver a madrasta e a mãe na porta de sua casa. Depois de um momento sem dizer nada, deixou que elas entrassem.

"Que bom que vocês vieram", falou.

Lara já vira Shelly mentir inúmeras vezes, então foi direto ao assunto.

"Nós queremos conversar sobre o que você está passando, para ajudar mais", disse de modo firme.

Shelly se acomodou em uma poltrona. "Ah, obrigada."

Lara estava determinada.

"Precisamos do nome dos médicos e da clínica", avisou ela. "Isso está se arrastando por tempo demais. E precisamos analisar as despesas também."

Shelly fugiu da pergunta. Provavelmente não tinha muita coisa a dizer.

"Você se sente mal depois do tratamento?", quis saber Lara.

Shelly olhou bem para ela. "Muito mal."

Em um determinado momento, Shelly se levantou e foi ao banheiro. Lara e Carol trocaram olhares, mas não disseram nada. As meninas estavam lá a essa altura, sentadas em silêncio e dando apoio à mãe. Não havia nem sinal de Kathy Loreno.

Alguns minutos depois, Shelly apareceu com um tufo de cabelos ruivos na mão.

"Ah, mãe", falou ela, jogando os fios no chão. "Meu cabelo. Meu cabelo está caindo."

"Ai, meu Deus", comentou Lara. Ela pegou os cabelos caídos e deu uma boa olhada. Examinou os fios por um tempo antes de confrontar Shelly mais uma vez.

"Nunca ouvi falar de ninguém que faz tratamento de câncer e perde cabelos pela metade", disse ela por fim. "Em geral cai pela raiz. Os seus estão arrebentando."

Lara foi até o banheiro para investigar o que tinha acabado de acontecer.

"Tinha um monte de lenços de papel acumulados na parte de cima da lixeira", recordou-se ela, ainda mantendo as lembranças vívidas anos depois. "Eu remexi no cestinho e encontrei cabelos compridos e uma tesoura. E ainda tinha cabelos na tesoura. Cabelos ruivos. Eu saí com a tesoura na mão. Shelly estava de costas para mim. Carol estava no sofá e ficou sem reação. As meninas não disseram uma palavra."

E, mesmo assim, Shelly se recusou a admitir a verdade.

Na viagem de volta para casa, Lara foi conversando com a filha.

"Deus do céu, essa menina está doente", comentou. E não estava falando de câncer.

Carol, ainda chocada, concordou.

Mas nenhuma das duas sabia até que ponto.

Mais ou menos nessa época, Lara começou a receber alguns telefonemas de madrugada. Levantando-se da cama, Lara atendia às duas ou três da manhã e só ouvia gritos do outro lado da linha. Às vezes o telefone era desligado na sua cara. Várias vezes, sem parar. Nunca teve dúvidas de que Shelly estava por trás disso. Se não ligava pessoalmente, estava mandando alguém fazer isso.

Sua meia-irmã Carol também recebeu ligações semelhantes.

Carol estava fazendo alguns trabalhos de modelo fotográfico para a rede de lojas Nordstrom na época, e mencionou isso para Shelly, que pareceu se interessar pelo assunto. Por acaso, algum tempo depois, a agência que cuidava da carreira de Carol a avisou que tinha recebido um telefonema anônimo, certa noite, dizendo que ela era uma ladra e ninguém deveria contratá-la.

Aquilo era a cara de Shelly. A maior parte de sua ira era despejada no meio da noite, quando o resto do mundo dormia.

"Ela sempre foi assim", recordou-se Lara. "Uma pessoa noturna. Não conseguia dormir, mesmo quando era mais nova. De manhã, ficava com olheiras enormes. Ninguém conseguia tirá-la da cama. E, quando precisava ir a algum lugar, era uma luta, todos os dias. Era sempre uma briga, não importava o motivo."

Shelly estava furiosa. Tinha descoberto que haveria uma macarronada solidária para arrecadar dinheiro para o familiar de um colega de Nikki, na época no ensino médio, que tinha câncer.

"Por que você não fez isso por mim?", questionou Shelly. "Você não me ama de verdade."

Você não tem câncer, mãe, pensou Nikki.

"Desculpa, mãe", foi a resposta que deu.

Shelly sacudiu a cabeça, amargurada. "Não sei por que ainda me preocupo com você, Nikki. Só o que você faz é me decepcionar. Você é uma puta de uma decepção para mim."

30

Com pouco menos de 16 anos, Shane Watson estava sucumbindo à exaustão. Ele ia à escola, trabalhava no jardim até anoitecer e dormia no closet de sua prima Nikki. Estava física e mentalmente desgastado. Nada do que acontecia ao seu redor, as coisas que Shelly e Dave os forçavam a fazer, era certo ou normal. Ele odiava tudo aquilo. Queria ir embora. Mas, no fundo, Shane sabia que, assim como Kathy, não tinha como escapar. Seria irônico, se não fosse tão trágico. Os Knotek tinham sido seu plano B, sua grande esperança. Foram eles que o resgataram da vida nas ruas, mas para quê?

Em sua opinião, Shelly era mais do que uma doida varrida, mas Dave não era muito melhor. Talvez fosse até pior. Era um homem adulto, o que tornava incompreensível que fizesse tudo o que Shelly mandasse, sem pensar duas vezes. Obrigar Shane e Nikki a fazerem exercícios sem roupa. Polichinelos ao ar livre no meio do inverno. Correr em volta da casa no meio da noite até desabarem de cansaço. À medida que foi ficando maior e mais velho, Shane passou a resistir e dizer o que pensava. O nível de loucura que as coisas tinham assumido antes e depois de Kathy. Ele e Dave discutiram mais de uma vez, enquanto Shelly se mantinha sempre por perto, incentivando o marido a dar uma lição em Shane.

"É para o bem dele, Dave!"

Algumas vezes, em Monohon Landing, houve altercações físicas.

Em determinada ocasião, Shane agrediu Dave durante uma discussão na lavanderia. Anos depois, Dave sequer se lembrava o que tinha acontecido para levá-lo às vias de fato com o sobrinho naquela noite. Poderia ter sido algum ato de desrespeito de Shane relatado por Shelly.

"Ele foi ficando cada vez mais cheio de opiniões", lembrou-se Dave. "Vivia fugindo. Era um garoto rebelde. Desafiava todo mundo."

Mesmo assim, Dave gostava de Shane.

"Ele chamava Shell de mãe e a mim de pai", contou mais tarde. "E trabalhava bastante. Tentava ser bom na escola. Shelly tentou ajudar porque ele era desprezado por todos, e era sobrinho dela. Parente de sangue. Era uma luta, porque Shane era difícil. Vivia arrumando problema na escola."

O baixo desempenho escolar de Shane era uma consequência das coisas que aconteciam em casa. Mas Dave não entendia isso, porque nunca estava lá. Shane escreveu, em um trabalho da escola, algo que aludia a uma fissura na fachada que Shelly e Dave tentavam criar em casa.

"O homem-bom está se tornando mais civilizado, mas ao mesmo tempo está se tornando mais selvagem [...] bom, provavelmente é porque eu não gosto da qui [sic] e porque não gosto das pessoas da qui."

Em outra tarefa, Shane fez uma lista das coisas que eram mais importantes para ele.

"A família vem sempre antes de mim.
Nada de álcool ou drogas.
Nunca denunciar nem entregar ninguém."

Shane entendia seu papel na família. Certa vez, chutou Kathy com uma bota, porque Shelly mandou. Ele viu que Kathy estava com dificuldades para se levantar, como um animal atropelado na estrada perto da casa. Kathy estava chorando e gritando e implorando por piedade.
"Dá mais um chute nela, Shane!"
Ele obedeceu. Mas não era violento. E, embora adorasse empurrar Tori no balanço, ou jogar com Sami, sua maior confidente continuava sendo Nikki. Quando não estava falando sobre seu ódio por Shelly ou sobre jogar um secador ou um rádio quando ela estivesse na banheira, tramavam tentativas de fuga. Shane estava certo de que, por mais disfuncional que fosse sua vida familiar antes de ir morar com os Knotek, era muito melhor do que o que estava enfrentando ali.
"Qualquer coisa seria melhor", disse para Nikki. "Porra, eu preciso sumir daqui. Todo mundo, aliás."
Nikki também queria ir embora, mas só faltavam dois anos para ela terminar o ensino médio.
"Eu preciso me formar, e depois ir para a faculdade", falou.
Shane sacudiu a cabeça. "Eu não posso esperar tudo isso."
"Se você for, não me deixa aqui, por favor", pediu ela.

Shane prometia que sim. "Tudo bem. Vamos embora juntos. Mas, se eu precisar fugir de uma hora para outra, volto para buscar você."

"É melhor voltar mesmo."

No fundo, Nikki sabia que jamais conseguiria ir embora. Tinha que pensar nas irmãs. E sabia que sua mãe detinha um poder estranho e implacável sobre ela. Além disso, não importava para onde fosse, Shelly a encontraria, por maior que fosse a distância. Achou Kathy no shopping. E conseguiu até localizar Shane no meio de Tacoma.

Ela era uma caçadora.

31

Dave Knotek era um participante ativo nos maus-tratos cometidos contra Nikki e Shane, mas Shelly garantia que os dois estavam fora de controle e precisavam da disciplina rígida que os colocariam no caminho certo quando se tornassem adultos. De certa forma, isso fazia sentido para Dave. Os filhos precisavam ser criados com pulso firme.

Ele não condenava seu pai por surrá-lo com o afiador de navalha.

Mas Kathy? Era mais difícil justificar o que estava acontecendo com ela — uma mulher adulta, não uma menina. Além disso, ela fazia tudo o que lhe era pedido. Lavava as roupas. Limpava a casa. Alimentava os animais. Nem sempre do jeito que Shelly queria, mas pelo menos se esforçava.

Dave estava sentado em sua picape à beira do rio, assustado, cansado — como uma folha sendo arrastada pela correnteza. Se sentindo incapaz de pôr um fim ao tormento de Kathy. Ele não tinha como simplesmente fechar os olhos, porque era impossível de não ver. Mas não conseguia criar coragem para enfrentar Shelly, e nem mesmo para lhe pedir que parasse com aquilo.

Quando Shelly punha a culpa da situação na própria Kathy ou ridicularizava as tentativas da amiga de se reerguer, Dave nunca contestava para apontar que tudo o que estava acontecendo era responsabilidade dela. Quando Shelly culpava Shane pelos problemas cognitivos que Kathy estava enfrentando, Dave não retrucava. Não comentava que era Shelly quem forçava Shane a chutar Kathy.

Dave conseguia ver para onde as coisas estavam caminhando, e sua participação em tudo aquilo. O declínio físico de Kathy só se acentuava, e era óbvio para ele que, se nada mudasse, a mulher poderia morrer. Ele conversou com Shelly em uma de suas viagens a Raymond e ofereceu uma solução que imaginou que poderia funcionar.

"Me deixe levar Kathy para algum lugar", pediu.

Shelly não entendeu a sugestão. "Como é?"

"Eu poderia ir ao Oregon ou algum outro lugar e deixá-la por lá."

Shelly não aprovou. Para começo de conversa, Kathy poderia acabar contando para alguém o que tinha acontecido. E, além disso, ela iria se recuperar.

"Não se preocupe", falou Shelly. "Ela vai melhorar."

Dave não acreditava nisso, mas, como sempre, não contrariou a esposa. Mesmo assim, continuava preocupado com o que iria acontecer.

Além de cumprir as ordens de Shelly, ele não parecia ser capaz de fazer mais nada além de se preocupar.

No que dizia respeito a demonstrar raiva, Shelly Knotek era como uma bomba-relógio. Podia estar dormindo tranquilamente no meio da noite e, de repente, sair da cama gritando furiosa com uma das meninas ou com Shane. Se transformava em uma vilã em um piscar de olhos. Ia de zero a cem por hora, da calmaria à fúria, em menos de cinco segundos.

Anos mais tarde, as filhas também contariam que, apesar de ser difícil haver no mundo alguém mais preguiçoso que sua mãe — que passava a maior parte dos dias deitada no sofá com os olhos grudados na TV ou em um livro —, quando alguma coisa a levava a agir, era como se um gato visse um rato passeando no chão da casa.

Só que naquele dia o problema não foi um rato.

Foi um Tupperware.

Shelly estava deitada no sofá da sala quando olhou para a cozinha e viu um Tupperware com fezes no chão da cozinha. Ela correu até lá e pegou o cabo de um eletrodoméstico no balcão. Kathy, que tinha permissão para entrar na casa naquele dia e trabalhar na cozinha, ficou com medo e tentou fugir. Shelly avançou nela na mesma hora, surrando-a com o fio elétrico. Kathy começou a chorar e implorar para Shelly parar, mas isso não a deteve.

Shelly era como Cujo. Freddy Krueger. Pennywise, o palhaço assustador de *It: A Coisa*.

"Puta que pariu, Kathy!"

Kathy era a mocinha no chuveiro. A mulher presa no carro. A vítima que implora por mais uma chance antes de ser liquidada por seu agressor.

"Eu nunca mais vou fazer isso", disse ela.

Shelly continuou atacando, e começou a arrastar Kathy pelos cabelos no chão da cozinha. Kathy havia perdido muito peso, mas ainda era uma mulher corpulenta. Shelly a jogava de um lado para o outro como se fosse uma boneca de pano. A raiva lhe dava uma força sobre-humana.

Shane e as meninas já tinham visto isso antes. A adrenalina.

"Não quero ver uma coisa dessas na minha cozinha nunca mais. Nunca mais! Está me ouvindo? Você é uma imunda, Kathy! É isso o que você é!"

O fato de ter sido Shelly que proibia Kathy de usar o banheiro não parecia fazer diferença. O fato de Kathy precisar pedir permissão a ela para urinar ou defecar também era ignorado. E o fato de que Shelly estava dormindo e Kathy ter ficado com medo de acordá-la para pedir autorização também não foi levado em conta.

Estava na hora de pensar em alguma coisa diferente. Um castigo que fizesse Kathy entender de uma vez por todas que precisava seguir as regras da casa.

Shelly contou ao marido o que Kathy tinha feito.

"Um Tupperware cheio de merda no meio da cozinha, Dave! Que porra é essa? Dessa vez ela passou dos limites, e você precisa fazer alguma coisa."

Dave concordava que Kathy tinha feito uma coisa extremamente nojenta, mas não tinha nenhuma sugestão quanto ao que fazer além de trancá-la na casa de máquinas.

Ele gostava de Kathy, assim como todo mundo. Sim, ela se comportava mal, mas não queria surrá-la, chutá-la. Aquilo não fazia sentido, era *loucura* — embora Dave nunca tenha ousado dizê-lo em voz alta.

Shelly já tinha uma ideia do que fazer para pôr um fim aos maus hábitos de Kathy.

"Afogamento simulado."

Ela mandou o marido construir um instrumento que se movia como uma gangorra, com uma tábua larga apoiada sobre uma base de metal feita de um velho tanque de combustíveis encontrado no galpão. Sem dizer uma palavra, Dave cumpriu as ordens gritadas por Shelly. Era disso que eles precisavam para punir Kathy. Um balde d'água foi posicionado em uma das extremidades da tábua.

"Vocês tratem de ver", disse Shelly para Nikki e Shane, que murmurou para a prima que, apesar de achar que os maus-tratos cometidos contra Kathy não tinham como ficar piores, aquilo era "um outro nível de crueldade".

Shelly levou Kathy, agora nua, para fora da casa de máquinas. Precisou ajudá-la a andar, porque a essa altura Kathy estava com dificuldades de locomoção. Tinha perdido muito peso, e vê-la sem roupa fez o estômago de Nikki se embrulhar. Ela estava coberta por hematomas de vários tons, e sua pele pendia com feridas vermelhas e viscosas.

"Me desculpa", repetiu Kathy. "Por favor, não faz isso."

"Cala essa boca, caralho", esbravejou Shelly. "Você é uma imprestável de merda, e agora vai aprender a me ouvir!"

Kathy fez apelos e súplicas. Olhou para Nikki e Shane com uma expressão de quem dizia: *Alguém pode me ajudar?*

Dave colocou Kathy deitada de bruços na tábua de compensado. Ela tentou resistir, mas estava fraca demais. Então ele a prendeu com fita silver tape para mantê-la no lugar, fazendo-a parecer uma múmia.

Shelly deu o sinal para o marido, e ele abaixou o rosto de Kathy no balde com água. E continuou segurando-a ali por um tempo. A intenção não era afogá-la, só fazê-la obedecer às ordens de Shelly.

Para ser uma pessoa melhor.

Quando a sessão começou, Shelly mandou Nikki vigiar a estrada, o que ela fez na mesma hora. Shane foi mandado à entrada de carros para garantir que os vizinhos não ouvissem os gritos de Kathy. Sami foi colocada de vigia no quintal.

Todos ouviram a mãe rindo de Kathy. Chamando-a de idiota. Gorda. Feia.

"Você é uma inútil, Kathy! Precisa tomar jeito!"

Nikki tentava não ouvir os gritos de Kathy quando sua cabeça era tirada e recolocada na água. O tom de voz de Kathy era mais grave, e seus berros pareciam mais um gorgolejar enquanto ela lutava para respirar e implorava misericórdia. Nikki manteve seu posto enquanto a mãe dava ordens e o pai executava o afogamento. Era uma cena chocante, um show de horrores, incongruente com aquele cenário bucólico: macieiras, cavalos pastando nos campos e uma mulher nua presa a uma tábua, tendo a cabeça submergida na água repetidas vezes.

A tortura não durou muito. Uns dez minutos, talvez. Mas foi suficiente para a mente de Nikki gravar para sempre a imagem de Kathy, sem roupa, amarrada com fita e gritando por ajuda.

Mais tarde, Shelly se referiu a esse castigo como uma "ducha" ou um "banho". Sua melhor amiga não sabia se manter limpa, então ela e Dave fizeram aquilo para lavá-la.

Mas nenhuma das testemunhas considerou que foi isso o que aconteceu, claro. Aquilo não era nem de longe parecido com um banho.

"Minha mãe gostou de fazer aquilo com Kathy", recordou-se Nikki certa tarde em sua casa nos arredores de Seattle, enquanto os filhos brincavam do lado de fora e ela voltava para a sua adolescência em Raymond. "Não sei como, nem por que, mas ela gostou de verdade. Só aconteceu daquela vez. Deram sumiço na tábua. Nós nunca mais vimos aquilo."

Surras. Afogamento simulado. Dias ininterruptos na sala de máquinas. Shelly ia além de qualquer limite quando o assunto era assediar e torturar Kathy. Era como se Kathy não fosse mais um ser humano aos seus olhos. Shelly a tratava como um veículo para seu sadismo. A alimentava com comida estragada da geladeira, que batia no liquidificador.

"Beba a vitamina, Kathy."

As mãos de Kathy tremiam quando ela pegava o copo e examinava o conteúdo marrom e cinzento.

Shelly mantinha os olhos fixos nela. "Não está bom?"

Kathy bebia a mistura de hambúrgueres vencidos e legumes e verduras podres.

"Uma delícia", dizia. "Obrigada, Shelly."

Em outra ocasião, Nikki a viu encher um copinho infantil com o sal que pegou no armário da cozinha. Não entendeu o que a mãe faria, mas aquilo lhe despertou uma curiosidade mórbida. Shelly chamou Shane para ajudá-la com seu plano, fosse qual fosse, e ele obedeceu. Nikki seguiu os dois até a sala de máquinas, mas ficou um pouco mais para trás e manteve distância enquanto sua mãe destrancava a porta.

Shelly entregou o copo a Kathy, que, àquela altura, mal conseguia ficar de pé sem ajuda.

"Come a porra do sal."

Kathy espremeu os olhos por causa da luz forte do dia. "Não."

Shelly falou que o sal lhe faria bem. "Vai ajudar com o inchaço dos seus pés."

"Eu não era médica, claro, mas acho que qualquer um saberia que comer sal não faria bem nenhum para Kathy", lembrou-se Nikki. "Minha mãe agia como se aquilo fosse um tratamento. Ela sempre tinha a razão para todos os absurdos que fazia com a gente e com Kathy."

Kathy tentou se negar, o que não era normal. Ela costumava ser sempre muito obediente.

"Eu não quero."

Shelly não quis saber de ouvir.

"Come!", berrou. "É para comer tudo, Kathy!"

Kathy impôs certa resistência. Mas, como sempre, não era páreo para a determinação inabalável de Shelly.

De onde estava, Nikki não conseguia ver Kathy o tempo todo, mas a ouviu recusar o sal enquanto sua mãe e Shane gritavam com ela.

"Como essa merda desse sal! Eu não tenho o dia todo!"

Nikki ouviu o som de Kathy cuspindo enquanto era forçada a engolir o copo de sal. Shelly e Shane ficaram lá até não sobrar mais nenhum grão.

"É para comer tudo!"

Depois, Shelly deu alguns comprimidos para Kathy e a mandou tomar também. E, por fim, trancaram a porta e foram embora.

32

Ninguém pareceu notar o que vinha acontecendo na casinha vermelha de fazenda em Monohon Landing Road. Algumas pessoas diriam, mais tarde, que imaginavam que houvesse algo de estranho por lá, mas, além do vizinho que denunciou uma negligência no cuidado dos cavalos, nenhuma acusação foi feita. Mesmo depois que os alunos no ônibus viram uma mulher nua correndo pelo jardim, o raciocínio rápido de Shelly para arquitetar o incidente na banheira criou um pretexto convincente.

Ninguém ouviu os gritos de Kathy enquanto ela era chutada ou afogada no quintal.

Ninguém notou as poças de lama onde Shane e Nikki eram obrigados a chafurdar.

Ninguém.

Mas, dentro da casa, a atmosfera pesava tanto quanto aqueles aventais de chumbo que os pacientes vestem ao tirar raio-x. Os adolescentes Nikki e Shane falavam a respeito disso enquanto compartilhavam um cigarro na mata atrás da casa. Mais do que nunca, eram aliados, unidos pelo que Shelly havia feito com eles.

E ainda mais por testemunharem o que ela vinha fazendo com Kathy.

A coisa estava feia.

"Ela precisa ir embora", falou Shane a respeito de Kathy.

"Ela não tem como", respondeu Nikki.

E tinha razão.

Kathy respirava com dificuldade até quando estava sentada. De pé, então, era ainda pior. Mal conseguia se levantar sozinha. Seus olhos pareciam anuviados, e sua pele era como um mapa de riachos vermelhos e ilhas azuis. Cada marca era um testemunho de alguma coisa que ela havia feito e que irritou Shelly. Um dia Shelly disse para Sami que trariam Kathy da casa de máquinas para tomar um banho.

"Isso vai fazer bem para ela", foi a justificativa.

Sami ficou feliz ao saber que Kathy voltaria para a casa. O fogão a lenha estava sempre aceso, e o calor lhe faria bem, com certeza. Kathy estava sofrendo em isolamento havia semanas. Talvez meses. Era difícil para Sami estabelecer uma sequência cronológica das coisas que a mãe fazia. A frequência dos maus-tratos era errática — qualquer coisa poderia acontecer a qualquer momento, e todos ficavam sempre alertas.

"Certo, mãe."

Kathy gemia a cada passo enquanto era levada pelo gramado e para dentro da casa, atravessando a sala de estar até o banheiro, que ficava ao lado do quarto principal. Seu corpo estava coberto de hematomas horríveis, e as pelancas eram abundantes por causa da grande redução de peso. Ela havia perdido quase cinquenta quilos desde que foi morar com os Knotek, mas os comentários de Shelly sobre Kathy estar "ótima" por ter ficado mais magra eram coisa do passado.

Shelly agia como se o banho de chuveiro fosse um grande privilégio, e era mesmo. Fazia meses que Kathy não tinha permissão para usar o banheiro da casa. Seus "banhos" se resumiam a jatos de mangueira e alvejante direto na pele.

"Vai ser bom, Kathy", disse Shelly para a amiga. "A água quente vai fazer você se sentir melhor."

Kathy dava apenas respostas ininteligíveis. Por mais estranho que parecesse, Sami ficou com a impressão de que ela se sentia grata pelo banho. Quando ficou claro que não conseguiria se manter de pé sozinha, Shelly mudou de tática e resolveu encher a banheira.

Enquanto tentavam colocar Kathy lá dentro, ela escorregou, a porta de vidro do box saiu do trilho e se espatifou no chão. Os cacos de vidro temperado se espalharam pelo piso. Kathy estava chorando, e Sami tentou impedir que ela se ferisse, mas a mulher acabou rolando sobre o vidro e sofrendo cortes no abdome e nas pernas.

Muito tempo depois, Sami ainda ficava com lágrimas nos olhos ao se lembrar do acontecido.

"É difícil", comentou enquanto sua mente se voltava para o passado. "Tento não pensar nela, mas vejo sua imagem. É difícil. Tantos machucados pelo corpo. Tudo feito pela minha mãe. Ela era como um enorme hematoma ambulante."

Sami sentiu o clima do recinto mudar. A essa altura, Nikki tinha se juntado a elas. Shelly despejava em Kathy as palavras gentis e os gestos afetuosos de uma boa amiga.

Sami percebeu na hora que sua mãe estava assustada. Shelly estava agindo como se quisesse convencer Kathy de que tudo ficaria bem, entretanto ela sabia que não tinha mais volta. Kathy precisava ser levada ao hospital, mas Shelly insistia que era capaz de ajudá-la sozinha.

De curá-la.

De salvá-la.

"Vamos deixar você aqui dentro de casa agora, Kathy", falou Shelly. "Você vai gostar disso, não é?"

A fala de Kathy estava arrastada, mas ela parecia concordar com Shelly.

As três a colocaram sentada no vaso sanitário, onde tentaram estancar o sangramento com toalhas e papel higiênico.

Nikki se retirou aos prantos, profundamente abalada. Quando voltou a ver Kathy, sua mãe havia feito o possível para conter o sangramento, mas alguns dos cortes exigiam cuidados médicos.

"Minha mãe a enfaixou inteira. Acho que o sangramento não era tão grande, mas Kathy precisava ter ido para o hospital levar pontos."

Nikki contou ao primo o que aconteceu, e Shane ficou indignado.

"Ela precisa ir para o hospital", opinou ele. "Isso não está certo. E todo mundo aqui sabe disso."

Dave estava ampliando a lavanderia, nos fundos da casa. Era um cômodo apertado e sem acabamento, mas, ao contrário da casa de máquinas, era seco e aquecido. Shelly colocou um colchão de solteiro, um travesseiro e alguns cobertores. Depois deitou Kathy na cama improvisada e lhe disse que tudo ficaria bem.

Era mentira. Sami achou ter visto alguma coisa no olhar de Kathy.

Medo. Descrença. Confusão.

Pouco depois de os Knotek instalarem Kathy na lavanderia, as meninas e Shane a levaram para assistir TV na sala de estar. Seus passos eram instáveis, e foram necessárias duas pessoas para ampará-la. Eles a sentaram no sofá enquanto Tori assistia a desenhos animados. Kathy estava acordada, mas não lúcida. Sami lhe deu um dos brinquedos da irmãzinha — um telefone de plástico com dois fios que se uniam. Kathy segurou os fios com os dedos feridos, mas não conseguiu fazer o que uma criança de 3 ou 4 anos saberia. Ela tentou várias vezes, mas não conseguiu conectar as duas peças. E os adolescentes notaram. Naquele momento, os três se deram conta de que havia algo de errado com o cérebro de Kathy.

Mais tarde, Sami encontrou uma tábua de bom tamanho para prender sobre o colchão de Kathy, um apoio para ela se levantar. Ela a pregou na armação de madeira da parede sem revestimento. Logo em seguida, Shelly a mandou tirar aquilo dali.

"Por quê?", questionou a menina. "É para ajudar."

Shelly olhou feio para Sami.

"Você não entende", falou a mãe, tratando o ato de gentileza de Sami como um erro inocente. "Kathy é preguiçosa e precisa se fortalecer. Você só está incentivando a preguiça dela, Sami. Nós queremos que Kathy melhore, não é mesmo? Ela precisa melhorar sozinha."

Sami não discutiu com a mãe, mas sabia que Kathy estava muito doente, que não era uma questão de preguiça. "Ela não conseguia andar. Caía, levantava e caía de novo. O equilíbrio dela estava afetado. Ela não tinha mais dentes. Os cabelos tinham caído."

Um dia, depois da escola, Sami esperou um momento de distração da mãe e foi até a lavanderia. Ela se ajoelhou ao lado do colchão e colocou a mão sobre a de Kathy. Estava fria.

"Kathy", murmurou Sami. "Eu vim ver se está tudo bem."

Ela ajeitou o cobertor e o travesseiro de Kathy, que gorgolejou, mas não respondeu nada com palavras. Seus olhos pareciam acompanhar o que Sami estava fazendo. Fora isso, ela permaneceu inerte.

"Kathy", repetiu Sami. "Você está me ouvindo?"

Kathy assentiu, e seus olhos se reviraram nas órbitas.

Sami começou a chorar.

Ela está mal de verdade. Kathy precisa de ajuda.

33

Dave Knotek estava dirigindo sabia-se lá fazia quanto tempo para voltar de Whidbey Island. Até a balsa. Pela via expressa. Atravessando o trânsito de Seattle. Pela U.S. 101. Estava demorando um tempão. Ele já tinha tomado litros de café e várias pílulas de cafeína. Sua mente estava naquele estado turvo em que as coisas nem sempre fazem sentido. Estava mais estressado do que nunca. Shelly vinha reclamando ainda mais por causa de dinheiro e das dificuldades de cuidar das crianças e de Kathy.

E ainda havia *Kathy*.

Dave ficou sabendo do incidente no banheiro, que provocou lacerações no abdome e nas pernas de Kathy. Shelly falou que tinha feito curativos e que tudo iria cicatrizar direitinho. Ele duvidava disso.

Quando chegou em casa depois da longa viagem, em julho de 1994, Dave ouviu um som vindo da lavanderia, diferente de tudo que já tinha escutado na vida. Ele sabia que não era um bicho, mas também não parecia totalmente humano. Era um gemido baixo pontuado por um gorgolejar estranhíssimo.

"Que barulho é esse?", perguntou.

Shelly, que estava se preparando para buscar Nikki no restaurante Sea Star, em Grayland, onde ela trabalhava lavando pratos, não parecia muito preocupada.

"Ah, é Kathy. Ela está bem. Só está descansando."

"Ela não parece nada bem."

Shelly ignorou Dave e chamou as meninas. "Sami! Tori! Vamos lá!"

"O que está acontecendo aqui?", questionou Dave. Em sua última visita, ele tinha comentado com a esposa sobre o declínio da condição de saúde de Kathy. Um lado do rosto dela estava meio caído. Estava toda machucada. Não parecia entender o que estava sendo dito, nem era capaz de manter o olhar voltado para ele. Dave estendeu o dedo perto de seu rosto, mas os olhos dela não conseguiram acompanhar a trajetória do movimento. Ela precisava de ajuda para se levantar e até para se manter de pé. Não tinha mais equilíbrio.

"Kathy está melhorando", garantiu Shelly na ocasião.

Ela e as meninas saíram para buscar Nikki, deixando Dave lá, atordoado. Shane estava lavando a louça na cozinha.

Mais ruídos guturais vindos da lavanderia fizeram com que Dave fosse até Kathy, que estava deitada na cama improvisada que Shelly havia montado no início do verão. O ar quente de julho preenchia o recinto.

Dave se aproximou de Kathy, que tinha vomitado. Todos os sons emitidos por seu corpo indicavam que ela estava se engasgando. O cheiro também era nauseante, e o coração de Dave acelerou a ponto de achar que teria um enfarte. Os olhos de Kathy se reviravam nas órbitas. Ela estava com dificuldade para respirar e quase imóvel, largada, soltando apenas ruídos incoerentes.

"O que está acontecendo com ela?", gritou para Shane, sacudindo Kathy pelos ombros. Ela não reagia.

Shane ficou imóvel, apavorado. "Não sei."

"Deus do céu", falou Dave, olhando para o garoto. "Isso não é nada bom."

E não era mesmo. Era gravíssimo.

"Kathy?" Dave ergueu um pouco o tom de voz. "Você está bem? Kathy, me responda."

Kathy gorgolejou mais um pouco, e Dave começou a entrar em pânico.

"Ela não está respirando, Shane!"

Dave se ajoelhou e conseguiu deitar Kathy de lado. Ele começou a arrancar o vômito acumulado na boca dela. Havia secreção acumulada em seu nariz também, que ele limpou com os dedos.

"Ela não está respirando!"

Dave estava tremendo enquanto tentava administrar as manobras de ressuscitação. Ficou um bom tempo tentando reanimá-la, talvez cinco minutos. Fez massagem cardíaca também, mas não teve jeito.

Mais tarde, ele se recordaria do que estava pensando no momento.

"Eu sei que devia ter ligado para a emergência, mas com tudo o que estava acontecendo em casa eu não queria a polícia por lá. Não queria que Shell tivesse problemas. Nem que as crianças passassem por aquele trauma... Não queria destruir a vida delas nem a nossa família. Eu entrei em pânico. De verdade. Não sabia o que fazer."

Kathy continuava inerte. Dave tentou levantá-la, mas ela era pesada demais. De alguma forma, tentou fazer a manobra de Heimlich. Nada funcionava. Ele não sabia quanto tempo passou tentando salvá-la, mas foi em vão. Shane estava agitado a essa altura, falando que aquilo tudo era loucura. Seu olhar encontrou o de Dave, e eles se viram em um estupor, sem saber como lidar com a situação.

Tudo indicava que um desfecho assim era possível, mas, naquele momento, não parecia real.

Kathy Loreno estava morta.

Dave ligou para ver se ainda conseguia pegar Nikki ou Shelly no restaurante, mas elas já estavam no estacionamento. O rapaz que atendeu a ligação chamou Shelly de volta.

As meninas lembraram que a mãe estava pálida quando voltou para o carro.

"Está tudo bem com a Kathy?", Sami se recordava de ter perguntado várias vezes a caminho de casa. Shelly estava estranhamente quieta, e nem olhou na direção da filha do meio.

Em vez disso, manteve os olhos voltados para a estrada. "Ela está bem."

Nikki percebeu que alguma coisa terrível tinha acontecido.

Só não sabia o quê.

Quando chegaram, Dave puxou Shelly de lado na mesma hora, pedindo às meninas um tempo para ter uma conversa muito importante com a mãe delas. As irmãs e Shane ficaram na sala de estar por um breve momento antes de ele mandar todos subirem para ver TV.

"Ela se foi", contou para Shelly quando as crianças se retiraram.

"Como assim, 'se foi'?"

Dave a puxou mais para perto. Shelly precisava entender o que ele estava tentando dizer.

"Ela não está mais aqui! Shelly, a Kathy morreu. Vá até lá ver."

Shelly se afastou do marido. Com uma expressão de irritação e perplexidade no rosto, foi até onde estava o corpo de Kathy, caído sobre o colchão em uma lavandaria pequena e abafada. Era como se ela não tivesse a menor ideia de como Kathy poderia ter morrido.

As meninas e Shane foram para o quarto de Nikki. Eles ouviram o que estava acontecendo no andar de baixo — uma discussão, uma gritaria. Mas não dava para escutar exatamente o que os pais estavam dizendo.

"Fica aqui com a Tori", Nikki enfim falou para Sami. "Shane e eu vamos lá descobrir o que está acontecendo."

Sami começou a chorar. Havia alguma coisa grave acontecendo.

Nikki e Shane desceram a escada até a sala de estar. Aproveitando que Dave e Shelly estavam discutindo no quintal, os adolescentes foram para o pequeno cômodo onde Kathy se encontrava. Estava escuro, mas eles não acenderam a luz.

Embora Shane soubesse do acontecido, não falou nada para Nikki na hora. Eles chamaram o nome de Kathy, que não respondeu. Shane puxou o pé dela, mas não houve reação. Por fim, ele levantou o braço dela, que caiu imediatamente. Seu rosto estava imóvel. Inchado. Ferido. Sem vida.

"Pois é, ela morreu", falou Shane. "Ela morreu mesmo. Puta merda."

Nikki ficou apavorada. Ela estava trêmula quando voltou ao quarto com Shane para contar a Sami.

"Sami começou a surtar", lembrou-se Nikki. "De verdade. Ela amava muito a Kathy."

Ao ouvir a comoção, Shelly foi consolar Sami e depois voltou para baixo. Mas, um minuto depois, já estava de volta.

"Ela voltou e falou para a gente ir para o carro... minha mãe estava sendo legal nessa hora, dizendo que ia ficar tudo bem e que a gente não podia deixar ninguém separar a família", recordou-se Nikki.

"A gente precisa chamar uma ambulância", disse Shane.

"Não vamos fazer nada disso." Shelly estreitou os olhos. "Não tem necessidade. Ela já se foi."

A casa estava em polvorosa. Os três adolescentes estavam histéricos. Shelly estava chorando também. Alternava entre dizer que estava tudo bem e soluçar e enxugar os olhos. Dave também estava em prantos, com os nervos em frangalhos e o coração disparado no peito feito uma britadeira.

Nesse momento, o que passou por sua cabeça foi que deveria ter sido mais firme e tomado uma atitude.

Mas não tinha feito isso. E nem fez naquele momento.

Em vez disso, quem agiu foi Shelly, colocando as meninas no carro e as levando para um hotel de beira de estrada perto de Westport.

Depois de registrá-las como hóspedes e deixar dinheiro e alguma comida, prometeu que voltaria em breve com Shane. Enquanto isso, elas não deveriam conversar com ninguém. Ninguém mesmo. Não deviam falar nada relacionado ao que havia acontecido em casa. Era uma situação confusa demais, Shelly justificou. Ela precisava apurar algumas respostas sobre o ocorrido. Eles precisavam entender tudo primeiro.

Você matou Kathy, mãe, foi o que Nikki pensou na hora. Não havia nada além disso para entender. A situação não era nada confusa. Era simplesmente inacreditável de tão perversa.

Shelly e Shane chegaram perto da meia-noite.

Na manhã seguinte, Shane foi nadar com Tori e Sami na piscina aquecida do hotel. Em qualquer outro momento, aquele seria um ponto alto das férias de verão. Enquanto brincavam na água, nenhum deles sabia por que estavam lá, nem o que estava acontecendo em Raymond.

Quando Shelly chegou para buscá-los mais tarde naquela manhã, mandou Nikki ligar para o Sea Star.

"Avisa que você não vai trabalhar hoje", falou. "Emergência familiar."

34

Dave Knotek analisou os detalhes sinistros da situação diante dele.

Chegou a passar por sua cabeça que aquilo não tinha acontecido; não era real. Tentou se convencer de que ele e Shelly eram pessoas normais, surpreendidas por uma tragédia que destruiria sua família caso fosse interpretada do jeito errado.

A morte de Kathy havia sido acidental. Por causas naturais. Não era culpa de ninguém.

Ele precisaria se desfazer do corpo.

Shelly estava ao seu lado, dizendo o que fazer e como proceder.

Mais tarde, Dave lembraria que queimou o corpo de Kathy Loreno durante "as horas mortas da madrugada", sem se dar conta da ironia de sua escolha de palavras. A casa da Monohon Landing ficava perto da estrada, e o espaço para fogueiras ficava a apenas alguns passos do balcão. Queimar coisas ali não era nada incomum. Era onde se incinerava o lixo.

Dave forrou o buraco no chão com chapas grossas de latão e aço "para manter o calor" quando o fogo fosse aceso. O ar estava um pouco úmido naquela noite, e a escuridão era total. As tábuas do antigo celeiro forneceram a madeira para a empreitada. Embora nunca tivesse feito isso antes, Dave sabia que precisava de um fogo de calor intenso para uma cremação. Ele e Shane carregaram o cadáver de Kathy, a deitaram na fogueira e depositaram mais madeira sobre o corpo. Por cima da pira, foram acrescentados pneus velhos e óleo diesel. Mais tarde, Dave relataria sentir que estava fazendo aquilo por razões "humanitárias", e que essa foi a única forma que encontrou de levar a coisa adiante. O processo como um todo foi macabro e sinistro. Foram necessárias mais de cinco horas para fazer os restos de Kathy desaparecerem sob a luz fraca da alvorada.

Quando amanheceu, Dave examinou a pilha de cinzas e ossos. Depois que tudo esfriou, enfiou os restos mortais de Kathy em uns baldes comprados na Home Depot e foi até Washaway Beach para despejá-los no mar. Os conhecimentos acumulados no surfe foram úteis nesse momento — ele conhecia o movimento das marés, e sabia que as cinzas seriam carregadas pelo mar, levadas para sempre. Dave não fez nenhuma prece para Kathy. Não fazia ideia do que dizer. Ainda teve que voltar à Washaway mais três vezes. Também levou parte das cinzas e dos restos da fogueira para Long Beach, onde ele as descartou.

Shelly, por sua vez, juntou as roupas de Kathy e mandou Dave queimá-las. Em seguida, pegou outras coisas que havia tomado da mulher — documentos pessoais e joias — e atirou ao fogo. Restou pouquíssima coisa de Kathy para ser encontrada mais tarde.

O cheiro que pairava no ar era forte e inconfundível. Quando as meninas e Shane voltaram do hotel no dia seguinte, era possível sentir o odor acre de pneus queimados e óleo diesel no quintal.

E também de algo mais que havia sido incinerado junto.

Nikki olhou de longe para o local onde seu pai havia feito a fogueira.

"Eu não fui para trás do galpão", relatou mais tarde. "Shane me contou o que aconteceu. Tinha um monte de pneus em casa, e eles sumiram também."

As irmãs e o primo entraram. Sami ainda estava chorando por causa de Kathy. Tori era pequena demais para entender o que tinha acontecido, e os demais resolveram se concentrar em entretê-la. Shelly andava pela casa, e Dave estava largado em uma cadeira junto à mesa da cozinha, com olheiras pesadas e fumando um cigarro atrás do outro.

A morte de Kathy, e o que ele fez para se livrar do cadáver, pesava como uma bigorna sobre seus ombros. Sabia que jamais conseguiria apagar o que fez. Pensou na família de Kathy, que ficaria para sempre sem saber onde ela estava ou se era feliz. Ele não sabia como reagiria quando visse Kaye, a mãe dela, na cidade. O que diria se perguntasse pela filha? Por causa do que ele e Shelly fizeram, a família de Kathy nunca teria uma resposta e uma despedida. Isso era algo que o atormentava desde o momento em que começou a carregar o cadáver para a fogueira.

Shelly falou que se sentia da mesma forma, que estava arrasada pela perda da melhor amiga — porém, parecia encarar tudo de forma bem mais pragmática, dizendo que aquilo que estava feito não podia ser mudado; que deveriam se recompor e seguir em frente.

Falou aos adolescentes que era necessário tomar muito cuidado com o que diriam dali em diante.

"Todo mundo vai para a cadeia", avisou Shelly, "se alguém descobrir o que aconteceu com Kathy."

Shelly jogou um verde para ver se alguém diria alguma coisa no dia em que voltaram do hotel.

"Ela se suicidou, e nós não queremos que a família fique sabendo", foi a explicação falsa que Shelly contou.

Ninguém disse nada. Simplesmente deixaram a justificativa ridícula de Shelly pairar no ar. Nikki e Shane sabiam que ninguém acreditaria naquela ideia. *Suicídio?* Nikki duvidava. *Ninguém demora cinco anos para se matar.*

Kathy tinha sido surrada, desnutrida e torturada até a morte.

Com Dave de volta a Whidbey Island, Shelly incumbiu Shane e Nikki de uma tarefa alguns dias depois que o fogo esfriou. Ela levou os dois para trás do balcão e entregou um balde nas mãos deles.

"Seu pai queimou umas placas de isolamento junto com o lixo, e eu preciso que vocês encontrem os pedaços que sobraram e coloquem aqui", ordenou.

Ambos sabiam que não era nada disso que Shelly estava procurando.

Ela voltou para dentro de casa, e eles foram até a pilha de cinzas. Era uma tarefa duríssima, e os dois remexeram no meio da fuligem quase sem trocar palavras.

"Você acha que isso aqui é alguma coisa?", perguntou Shane, apontando um graveto para uma lasca branca.

Nikki deu uma boa olhada.

"Sim", concordou, sentindo o estômago se revirar. "É um pedaço de Kathy."

Shane encontrou vários fragmentos daquilo que ambos sabiam ser pedaços de ossos, e não de isolamento de paredes. Também se deparou com algumas joias derretidas. Nikki, que mal conseguia se concentrar no que estava fazendo, achou algumas peças sólidas. No final do dia, entregaram o balde a Shelly, que enfiou tudo em um saco de lixo.

Ela obrigou Shane a revirar as cinzas uma segunda e uma terceira vez ao longo dos dias seguintes.

Em uma de suas viagens de volta para casa, Dave conseguiu uma retroescavadeira emprestada. Ele foi até a pilha de material incinerado e escavou mais ou menos meio metro até encontrar terra limpa. Em seguida, levou as cinzas a uma trilha remota usada por lenhadores perto da Ward Creek Road e as despejou em uma nova estrada que os madeireiros tinham aberto, para misturar o material com a terra.

"Mais tarde", contou Dave alguns anos depois do episódio da pira funerária montada no quintal, "nós plantamos uma horta ali."

35

O desaparecimento de Kathy Loreno precisava de uma boa explicação. Suicídio não faria sentido. Afinal, não havia mais um corpo.

Shelly, cujo humor tinha melhorado um bocado desde os dias seguintes à cremação no quintal, testou sua ideia primeiro com Dave. Era como uma história dos thrillers policiais que tanto gostava de ler. Ela estava empolgada. Exultante. Como se estivesse prestes a levantar a cortina para uma grande revelação, esperando uma reação de surpresa e admiração da plateia.

"Vamos continuar dizendo para todo mundo que ela fugiu com Rocky. Que eu apresentei os dois e eles se deram bem. Kathy queria recomeçar a vida em outro lugar e nunca teve namorados, então Rocky se tornou muito importante para ela", disse Shelly, testando a viabilidade de sua história.

Dave não contestou, mas não sabia se as outras pessoas acreditariam. Pelo que todos sabiam, Kathy não tinha namorado nenhum. Afirmar que havia fugido com um cara — ainda mais considerando sua condição debilitada — era forçar a barra, para dizer o mínimo.

"Não sei se alguém vai acreditar nisso."

"Nós vamos fazer as pessoas acreditarem", respondeu Shelly.

Em seguida, ela convocou uma reunião familiar. Chamou todos para a sala de estar e os fez se sentarem no sofá. Dave não falou muita coisa. Ele se acomodou ao lado da esposa e apenas assentiu diante das afirmações dela.

"Lembram do meu amigo Rocky? Que estava todo interessado em Kathy? Que queria namorar com ela?"

Ninguém se lembrava de nada daquilo. Nenhum dos três o havia conhecido, embora se lembrassem vagamente de terem ouvido a mãe mencionar esse nome na Casa Louderback.

"Vocês gostaram muito dele."

Era típico de Shelly sugerir uma lembrança compartilhada, como se dessa forma pudesse torná-la real.

Ela foi em frente com seu plano. "É muito importante mantermos o mesmo discurso, certo? Eu preciso que vocês entendam isso e que saibam que Kathy fugiu com Rocky."

"Mas ela não fugiu", retrucou Shane.

Shelly o encarou. Era o tipo de olhar intenso que tentava te fazer acreditar no que estava sendo dito, simplesmente porque era ela quem estava dizendo.

"Você não tem como saber, Shane", falou. "Você não sabe de nada."

Mas Shane sabia, claro. Tinha ajudado Dave a acender a pira e arrastar o corpo de Kathy até lá. Mesmo assim, ele não insistiu.

"Tudo bem. Se é o que você está dizendo, mãe."

Nikki também sabia que a mãe estava mentindo. Mas, de alguma forma, a adesão de Shane à história de Rocky acendeu uma pequena esperança dentro de Sami. Isso a fez pensar que, por algum motivo, talvez pudesse estar errada, no fim das contas.

Talvez Kathy estivesse *mesmo* viva.

Talvez tivesse sido só um pesadelo.

Uma história precisa de detalhes para soar convincente. Shelly já dispunha de um item em seu arsenal — uma foto borrada de uma mulher diante de um caminhão, ainda que só se *dissessem* que aquela era Kathy alguém poderia fazer essa associação. Em seguida, Shelly fez Nikki falsificar cartões-postais e cartas com a assinatura de Kathy para tornar a tal fuga amorosa com Rocky mais verossímil. Ela se sentou com Nikki à mesa da cozinha com papel, cartões e uma caixa de sacos plásticos Ziploc.

"Está quase lá, Nikki. Faz de novo."

E a filha obedeceu. Eram mensagens breves, relatando o quanto ela estava se divertindo na estrada. Passando pelo Canadá. Pelo México. Pela Califórnia. Kathy estava feliz e não pretendia voltar a Raymond nunca mais.

Era o mesmo que Nikki estava pensando. Ela mal podia esperar para terminar o colégio e se afastar de toda a loucura que acontecia naquela cidade.

Shelly analisou cada assinatura e elogiou a filha mais velha quando deu o trabalho como encerrado.

"Minha mãe nunca encostou naquelas cartas", lembrou-se Nikki. "Ela limpou os cartões um por um e guardou nos sacos plásticos. Estava colocando em prática seus conhecimentos sobre ciência forense, eu acho. Ou pelo menos achava que sim."

Quando as correspondências foram aprovadas de acordo com seus critérios, Shelly as entregou para o marido enviá-las.

"Ela me mandou ir até o Canadá para enviar o cartão à família de Kathy em South Bend. Então foi o que fiz", contou Dave mais tarde.

E essa não foi a parte mais estranha do plano de Shelly. Apesar de ter feito Nikki forjar as cartas e encarregado Dave de postá-las, ela mudou de ideia sobre mandá-las para a mãe de Kathy. Em vez disso, fez o marido ir às pressas para South Bend com a chave da caixa do correio que tinha encontrado nas coisas da amiga assassinada e roubar a carta antes que Kaye o pegasse.

E foi o que Dave fez. Ficou de tocaia feito um policial e, quando o cartão foi entregue, ele o pegou e o devolveu a Shelly. Ela então o colocou em um saco plástico e o guardou.

"Eu não sei o que ela queria com aquilo", relembrou-se Dave. "Um álibi? Uma distração? Nada daquilo fazia sentido para mim, mas eu estava em estado de pânico depois do que aconteceu com Kathy, então fazia tudo o que Shell mandava."

Mesmo com o plano envolvendo Rocky já em andamento, Shelly queria uma mudança de rumo. Ela ficou calada e preocupada. Não chegou a dizer que não achava que a ideia fosse funcionar. Simplesmente achava que era necessário ter um plano B. Passou semanas pensando a respeito.

As meninas, Shane e Dave perceberam que Shelly, que dedicava a vida a estar no controle de tudo, parecia um pouco insegura. Teria visto na televisão que um criminoso foi pego usando os serviços de um perito especialista em falsificações do FBI? Ou talvez algum caso em que um cão farejador foi capaz de localizar um cadáver?

O plano precisava de ajustes. Os olhos de Shelly se concentraram em Shane durante uma reunião em família.

"Se você contar", falou ela, "vamos colocar toda a culpa em você, Shane."

Os adolescentes se entreolharam, boquiabertos.

Shane ficou de pé. "Que puta absurdo", protestou ele. "Eu não fiz nada."

Shelly continuou pressionando o sobrinho. "É isso o que nós vamos fazer, Shane. Vamos dizer que ela foi morta por você. Que foi você quem matou Kathy."

"Que mentira", insistiu Shane. "Eu não vou falar nada. Jamais abriria a boca contra a minha família."

Shelly o olhou bem nos olhos.

"Que ótimo", respondeu. "Eu preciso acreditar em você."

"Pode acreditar", disse Shane. "Pode acreditar."

"Espero que sim."

Mais tarde, Nikki e Shane conversaram sobre a surpreendente ameaça de sua mãe. Mas não deveria ter sido surpresa. Os dois sabiam que ela era uma pessoa egoísta, que faria de tudo para se salvar. O que havia acontecido com Kathy — o sangue na neve, o afogamento simulado, o longo tempo passado na escuridão da casa de máquinas — era culpa da própria vítima. Shelly havia sido forçada a castigar a própria amiga. Era uma coisa aterradora e trágica, mas tudo o que fez foi pelo amor que sentia por Kathy.

Apesar de prometer manter a boca fechada, Shane era esperto o bastante para saber que Shelly se voltaria contra ele. Em algum momento, alguém desconfiaria do que tinha acontecido e bateria na porta fazendo perguntas.

"A gente devia contar", disse ele. "A gente devia ter levado Kathy para o hospital naquela noite."

Nikki concordava, mas estava assustada demais para dizer ou fazer o que quer que fosse.

"Mas e agora, o que a gente pode fazer?", perguntou.

Shane não sabia, mas estava pensando.

Shelly não fazia questão nenhuma de esconder sua desconfiança em relação ao sobrinho. Comentava a respeito o tempo todo com Dave, mesmo quando Nikki e Sami estavam por perto.

"Shane vai abrir a boca", falava Shelly sempre que o sobrinho não estava ouvindo. "Ele vai acabar com a nossa família."

O menino sabia que era só uma questão de tempo. Tinha somente duas escolhas: contar para alguém ou fugir.

Ambas eram viáveis.

36

Shelly continuava a espalhar mentiras e teorias conspiratórias sobre o que havia acontecido com Kathy, e colocar a culpa em Shane parecia a melhor resposta. Nas semanas que se seguiram, Shelly disse a Dave que seria bom descobrir se os familiares de Kathy tinham vontade de procurá-la. Afinal, não demonstraram nenhum interesse nela nos quase cinco anos em que viveu com os Knotek.

"Vou ligar para Kaye", falou Shelly. "E dizer que Kathy aceita vê-la se ela fizer uma visita."

Dave ficou alarmado e quase sem palavras.

Convidar a mãe dela para uma visita? Ao lugar onde sua filha tinha morrido e sido incinerada?

"Por que isso?", questionou.

"Quero ver a reação dela", explicou Shelly.

Na opinião de Dave, Shelly estava brincando com fogo, mas a apoiou mesmo assim e a observou enquanto telefonava para a casa de Kaye em South Bend. A conversa demorou menos de um minuto.

Shelly se virou para Dave com um sorriso de satisfação no rosto. Seu instinto estava correto.

Como sempre.

"Shelly contou que Kaye foi curta e grossa", relembrou-se Dave. "Não queria nem saber de conversa com Kathy." Ele voltou a pensar naquele momento mais tarde. De certa forma, havia sido uma aposta de tudo ou nada, algo que sua mulher estava sempre disposta a fazer.

Shelly havia comprovado a própria tese.

Não havia com quem se preocupar. Kathy tinha sido deserdada pela família, por isso não representava nenhum risco. Com os Loreno fora do caminho, Shelly direcionou sua atenção aos vizinhos que viviam do outro lado da Monohon Landing Road.

"Será que eles sabem de alguma coisa?", especulou com as meninas e Shane. "Eles podem ter ouvido alguma coisa, ou sentido o cheiro."

Nikki achava pouquíssimo provável. Para ela, se alguém tivesse visto ou ouvido alguma coisa naquela noite, já teria comunicado o xerife.

"Nós precisamos ter certeza", insistiu Shelly. "Isso pode destruir nossa família."

Nikki entendeu o que a mãe estava tentando dizer. Sempre existia a chance de a polícia descobrir o que havia acontecido com Kathy, e nesse caso seus pais provavelmente seriam presos e cumpririam uma longa pena. Ela e Shane não teriam onde morar. Sami e Tori seriam mandadas para instituições de acolhimento. A família deixaria de existir.

Os vizinhos em questão tinham três filhos pequenos e estavam com problemas financeiros seríssimos. Viviam da assistência social do governo e lutavam com todas as forças para se manterem. O quintal deles estava atulhado de brinquedos, e a casa precisava de uma reforma urgente. Como não tinham como pagar pela coleta de lixo, acumulavam os dejetos atrás e debaixo da casa. Mas ninguém podia dizer que não eram pessoas esforçadas. Os meninos estavam sempre limpos, alimentados e felizes.

Shelly vivia dizendo que tinha certeza de que aquela família estava tramando alguma coisa contra eles.

"Precisamos descobrir o que acontece naquela casa", falou ela. "Vocês precisam ir até lá e ficar de olho."

"Como assim?", questionou Nikki. "Ir até lá fazer perguntas e ficar espionando as pessoas?"

Aquilo era loucura. As meninas e Shane não conseguiam sequer imaginar como poderia ser a conversa.

"*Ei, vocês ouviram alguma coisa? Algum grito? Sentiram o cheiro de carne humana queimada?*"

Shelly sugeriu que os filhos espionassem a família que vivia ao lado da casa deles.

"E tratem de não ser pegos, seja o que for que fizerem."

Nikki e Shane partiram para sua bizarra missão de reconhecimento.

"Porra, a sua mãe está muito paranoica, Nikki."

Nikki não sabia o que pensar. Shelly podia ser bem convincente. Tinha uma mente afiada. Às vezes, Nikki e Sami achavam que ela era médium, pois simplesmente *sabia* que havia alguma coisa acontecendo.

"Mas e se ela tiver razão?", perguntou Nikki por fim.

Shane não via como a família do outro lado da rua poderia representar uma ameaça.

Mas os dois foram até lá espiar assim mesmo, e até tentaram ouvir alguma coisa pelas janelas. Horas depois, quando voltaram, Shelly quis saber o que tinham descoberto.

"Nada", disse Shane.

"Pois é, mãe", concordou Nikki. "Eles parecem estar bem tranquilos."

Shelly queria mais detalhes. "O que foi que vocês viram?"

Nikki contou sobre a disposição do terreno, sobre o lixo espalhado no quintal e que, com o freezer na varanda, não dava para ouvir nada pela janela do lado de fora.

"O vão embaixo da casa", falou Shelly, deixando as palavras pairarem no ar. "Vocês precisam rastejar para debaixo do assoalho e ouvir tudo. Isso é importante, Nikki. Nossa família depende de vocês. Precisamos ficar juntos."

"Rastejar para debaixo da porra do assoalho?" Shane não conseguia acreditar. "Eu não vou fazer isso, não."

"Ela disse que é importante, Shane."

Shane achava a ideia uma loucura.

"Não vou fazer isso."

Naquele verão, Nikki passou os dias deitada embaixo do assoalho dos vizinhos, no meio do lixo, espiando pelas frestas entre as tábuas e observando a rotina da família. Conseguia ouvir apenas algumas palavras de vez em quando. Ficava paradinha, morrendo de medo de ser descoberta, sem saber o que estava fazendo ali.

"Para a minha mãe, eu disse que conseguia ouvir tudo", contou Nikki mais tarde. "E falei uma porção de vezes que eles não sabiam de nada."

Shelly nunca parecia se convencer.

"Você precisa ir atrás deles da próxima vez que saírem", mandou ela.

Foi isso o que Nikki fez. Seguiu a família até o mercado, o correio, a sede do serviço de assistência social de South Bend. Observou a rotina mundana de uma gente comum. E relatou o que viu a Shelly.

"Mãe", falou a filha, quase em tom de súplica, "eles não sabem de nada."

"Você não tem como ter certeza, Nikki."

Não mesmo. Shelly sempre foi boa em fazer as pessoas duvidarem de si mesmas. Nikki *sabia* que Kathy estava morta, mas às vezes alimentava a esperança de que talvez tivesse *mesmo* fugido com Rocky.

Se Sami pode acreditar nisso, por que eu não?, pensava Nikki.

Sua mãe obrigou Shane a roubar comida dos vizinhos algumas vezes. E a passar spray de pimenta na maçaneta das portas.

"Acho que minha mãe pensava que podia fazer aquela família fugir da cidade. Estava querendo mexer com a cabeça deles", lembrou Nikki mais tarde. "Tentando de tudo para tirá-los de lá."

Depois do incidente com o spray de pimenta e das ordens frequentes para assediar os vizinhos, Shane falou mais uma vez que queria ir embora.

"Sua mãe não está bem da cabeça", comentou com Nikki. "Vou me mandar. Você vem comigo ou vai ficar aqui?"

Nikki queria ir com o primo. Sonhava com isso todos os dias. O dia todo.

Só não conseguia criar coragem. Shelly era um monstro, mas, apesar de tudo, era sua mãe.

"Eu não consigo", respondeu ela por fim. "Simplesmente não consigo."

Por mais de um ano depois da morte de Kathy, Shelly foi amplificando sua paranoia e as ordens bizarras que dava à família. Interrogava as meninas e Shane sobre a história de Rocky. Sami queria tanto acreditar naquilo, que a mentira substituiu a verdade em sua mente. Shelly mandou Nikki seguir os vizinhos. Obrigou Dave a vigiar a casa de Kaye Thomas em South Bend. Em meio a tudo isso, Dave ficou em Whidbey Island, trabalhando o máximo que podia — em parte porque Shelly precisava de dinheiro, mas também para ficar longe de Raymond. Sem Kathy por perto, ela intensificou os castigos impostos aos adolescentes mais velhos da casa, Nikki e Shane. O chafurdar foi deixado de lado por um tempo, mas as noites em claro em busca de sapatos, deveres de casa e escovas de cabelo continuavam.

Sami vivia em um mundo à parte. Era popular. Usava roupas bonitas. Detestava o que a mãe fazia com Shane e Nikki, e sabia que eles não mereciam.

Mas conseguia escapar.

Nikki ia à escola e fazia de tudo para permanecer invisível. Era calada. Não convidava ninguém para ir à sua casa. Não tinha namorado. Não sabia como conciliar a vida escolar e social à loucura que acontecia em casa, como Sami fazia.

Shane havia chegado ao limite. Queria terminar o colégio, mas estava disposto a fugir assim que a primeira oportunidade aparecesse. Mais uma noite na casa de máquinas ou sendo obrigado a correr pelado pelo quintal e ele se mandaria de lá.

Enquanto isso, Shelly continuava batendo na mesma tecla.

Shane vai abrir a boca.

Dave a contestava.

"Ele é sangue do seu sangue. É da família. Não vai fazer nada disso."

Dave tinha conversado com Shane. Embora estivesse revoltado com o que aconteceu, ele não denunciaria os pais, nem mandaria as primas para abrigos.

Shelly não queria saber.

"Eu não confio nele, Dave."

"É um bom garoto", garantia o marido, embora também alimentasse sua própria desconfiança. Era muito bem capaz de imaginar Shane enchendo a cara em um bar e contando tudo.

"Ah, vá. Você acha que a sua família não presta? A minha matou uma mulher e queimou o cadáver dela no quintal!"

Sempre que Dave vinha para casa, Shelly voltava ao assunto. Nunca parava. Continuava pressionando o marido, incomodando-o como um ruído constante. As palavras de acusação contra Shane ressoavam nos ouvidos dele mesmo quando Shelly não estava por perto.

Como não conseguiu o que queria, Shelly deu um jeito de fabricar provas falsas — da mesma forma que havia feito com a queda de cabelos por causa do suposto câncer, os hematomas de quando afirmou ter sido estuprada por um ladrão durante seu casamento com Randy, ou os cartões-postais forjados para a família de Kathy.

As provas eram importantes para Shelly, porque eram incontestáveis.

Certa vez, quando Dave chegou em casa, Shelly foi recebê-lo na porta. Ele estava morto de cansaço por causa da viagem, mas a expressão no rosto da esposa o despertou com a força de mil copos de café. Ela estava tão furiosa que até tremia.

"Eu encontrei isto aqui no barracão, Dave!", falou, segurando uma calcinha ensanguentada. "Shane deve ter escondido lá."

Dave entendeu na hora o que Shelly estava insinuando.

"Não", retrucou ele. "Não pode ser."

Shelly estava furiosa como ele nunca tinha visto.

"É da Tori", insistiu ela, curta e grossa. "Shane está abusando da nossa menininha! Você precisa fazer alguma coisa!"

Nem Nikki nem Sami acreditaram em uma única palavra daquilo. Elas conheciam Shane, e sabiam bem como era sua mãe. Tinham certeza de que ela havia forjado a descoberta da calcinha para deixar Shane em maus lençóis. Para Shelly, aquilo não passava de um jogo. Shane negou com todas as forças. Ele jamais faria nada contra Tori. A ideia de que Shelly pudesse sequer cogitar a hipótese o deixou transtornado. Ele seria incapaz de fazer aquilo.

Mesmo assim, instigado por Shelly, Dave deu uma surra em Shane naquela noite.

Na manhã seguinte, inchado e ferido, Shane renovou sua determinação em fugir. Disse para Nikki que, se ela não o acompanhasse, iria sozinho. Havia chegado ao limite.

Ela não?

37

De repente, Shane não estava mais lá.

Shelly e Dave reuniram as meninas na sala para contar que o primo delas tinha fugido. Era fevereiro de 1995, poucas semanas após o aniversário de 20 anos de Nikki.

"Ele vai aparecer", disse Dave.

"Ele sempre aparece", acrescentou Shelly. "Vamos procurar por ele."

"Vocês ouviram alguma coisa ontem à noite?", perguntou Dave.

Ninguém tinha escutado nada.

"Nenhum barulho?", questionou Shelly.

Nem Sami nem Tori tinham ouvido um pio. Mas Nikki lembrava que, quando foi para a cama, Shane não estava no closet, onde costumava dormir.

"Nikki, você ouviu quando ele entrou ontem à noite?"

"Não, mãe."

Mais tarde, Shelly apareceu na cozinha com uma casinha de passarinhos, que as meninas reconheceram como um trabalho de Shane para a escola. Ele tinha pintado um cachorro de um dos lados como decoração. A mãe delas estava com os olhos marejados quando colocou o objeto na mesa. Disse que Shane havia deixado a casinha de presente para ela.

"Ele me deixou um bilhete também. Estava escrito: 'Eu te amo, mãe'."

Ninguém nunca viu esse bilhete.

Nikki, pelo menos, se mostrou cética.

"Shane odiava a mãe", falou ela para Sami depois que Shelly fez toda a aquela cena com a casinha. "Sem chance que ele deixaria um bilhete desses."

Sami também não acreditava na possibilidade de um relacionamento afetuoso entre Shane e a mãe, mas não queria acreditar que a história toda era uma grande mentira.

"Shane vive fugindo", lembrou à Nikki.

Nikki não respondeu. Aquela cena na casa de passarinho a havia deixado incomodada; ela sabia que o primo jamais deixaria um presente ou um bilhete amoroso para sua mãe. Mas também não queria pensar que alguma coisa tivesse acontecido com o garoto que considerava um irmão.

Shelly e as meninas mais velhas pegaram o carro naquele dia e foram procurar Shane, mas a saída foi breve.

Estranhamente breve.

"Minha mãe costumava fazer a gente procurar por horas e horas. Dessa vez acho que rodamos pouco mais de uma hora", contou Nikki mais tarde. "Acho que saímos para procurar Shane só umas duas vezes."

Alguns dias depois, Nikki estava alimentando os cavalos e, por um breve momento, pensou ter ouvido a voz de Shane. Por instinto, ela se virou, mas ele não estava lá. Depois, falou sobre o episódio com Shelly.

"Mãe. Shane ainda está por aqui. Acho que ouvi a voz dele."

Shelly pareceu preocupada. "Como assim?"

Nikki amava Shane. Queria que o primo voltasse, como sempre acontecia. "Será que ele não fugiu?"

Shelly encarou a filha por alguns instantes, mas não disse nada.

Mais ou menos uma semana depois, Shelly levou as filhas para passar um fim de semana em um hotel de beira de estrada em Aberdeen. Foi uma viagem de última hora. Elas brincaram na piscina e comeram na lanchonete Denny's que ficava ali perto. As meninas mais velhas conversaram sobre Shane, torcendo para que estivesse tudo bem.

Onde quer que estivesse, devia ser um lugar melhor que a casa delas.

Finalmente, elas tiveram uma resposta. Shelly contou que Shane estava trabalhando como pescador em Kodiak Island, no Alasca.

Ele ligou quando vocês estavam na escola.

Um pouco antes de vocês chegarem.

Ele está ótimo! Com saudade de todo mundo.

Shelly disse que também tinha recebido várias ligações que eram desconectadas assim que ela atendia.

"Teve outra ontem à noite", anunciou ela, com absoluta convicção. "Eu tinha certeza de que era Shane."

Nikki não questionou por que Shane iria ligar para casa só para desligar em seguida, ou por que isso só acontecia quando não havia ninguém por perto. Nem ela nem Sami nunca tinham atendido nenhuma ligação desse tipo. No entanto, não viu motivo para questionar a mãe a respeito dessa mentira em específico.

Shelly também lembrou às filhas que, se alguém perguntasse sobre Kathy, era para darem apenas a versão oficial.

"O que vocês diriam se a polícia aparecesse perguntando sobre Kathy?"

"Que ela foi embora com o namorado", respondeu Nikki.

"Qual é o nome dele?"

"Rocky."

"O que ele faz da vida?"

"É caminhoneiro."

"Para onde eles foram?"

"Para longe?"

Shelly fechou a cara. Estava irritada.

"Use a cabeça, Nikki. Seja específica."

"Califórnia ou Alasca."

"Califórnia. Por que você nunca me escuta? É Shane quem está no Alasca."

Nikki só podia torcer que fosse verdade.

38

Nikki virou a maçaneta da porta da frente. Estava *trancada*. Sem Kathy e Shane por lá, ela havia sobrado. Literalmente. Passou a ser o alvo favorito de sua mãe. Nikki bateu de leve na porta. Uma pancada mais forte irritaria Shelly. Tocou na madeira com intensidade suficiente apenas para a mãe tomar conhecimento de sua presença, caso ainda restasse alguma dúvida.

"Por favor, mãe. Me deixa entrar."
Não houve resposta.
"Por favor, mãe. Está muito frio aqui fora. Vou me comportar. Prometo."
Shelly a ignorou e continuou vendo TV no sofá.
Aquilo virou um acontecimento quase diário. Uma vez, Shelly deu um cobertor para a filha. Em geral, ela ficava sem nada. Nikki chegou a esconder um saco de dormir e caixas de fósforos debaixo do celeiro dilapidado. Quando foi proibida de entrar de novo e foi buscá-los, não estavam mais lá.
Sua mãe tinha um faro aguçado para encontrar as coisas.
Em algumas noites, Nikki dormia em alguma outra construção da propriedade, mas na maior parte das vezes ia para a mata atrás da casa, onde tentava se manter aquecida enquanto esperava a noite passar, pensando em como escapar da situação em que estava metida. Conseguia ver os faróis do carro em que os amigos de Sami a traziam de onde quer que estivessem, e a luz acesa no quarto de Tori. Nikki amava as irmãs mais que tudo no mundo, mas também se perguntava por que sua mãe a tratava de uma forma tão diferente, com tanto ódio. Por que dizia o tempo todo que era um lixo, uma vagabunda, uma fracassada, uma vadia — qualquer ofensa que surgisse em sua mente e pudesse ser usada como um insulto ou uma alcunha.
"Ninguém nunca vai amar você, Nikki. Ninguém!"
De vez em quando, Shelly a deixava entrar. Não por causa dos apelos sussurrados e das promessas de Nikki. Simplesmente acontecia. Shelly preparava alguma coisa quente para ela comer e dizia para a filha que a amava muito.
"Ficava tudo bem por um tempo", recordou-se Nikki muitos anos depois. "Talvez um ou dois dias. Eu não confiava nela, mas torcia para durar um pouco mais."
Então, sem nenhum aviso, era preciso voltar lá para fora. E, com frequência, nua. Às vezes com uma muda de roupas, mas sempre coberta de insultos e demonstrações raivosas.
A violência se intensificou também.
Certa vez, quando Nikki estava do lado de fora trabalhando só com a roupa de baixo, sua mãe avançou sobre ela com uma faca. Shelly estava irritada por algum motivo. Devia ser porque Nikki não conseguiu

arrumar outro emprego depois de perder o trabalho como lavadora de pratos no Sea Star, ou talvez porque não estava realizando suas tarefas de maneira satisfatória. Fosse qual fosse o motivo, Nikki saiu correndo para o campo atrás do galpão, com a mãe em seu encalço a mandando parar.

"Mas que droga, Nikki! Não me desafie!"

Ela a alcançou, a derrubou e fez um corte em sua perna com a faca. O sangue começou a escorrer. Shelly percebeu o que tinha feito e a soltou. Nikki correu para a mata, com a perna sangrando por causa do ferimento de cinco centímetros que com certeza iria precisar de pontos, apesar de saber que não podia procurar atendimento médico, pelo mesmo motivo que Kathy.

Alguém iria saber.

Nikki dormiu na mata naquela noite. Quando voltou para casa na manhã seguinte, gelada e suja, mas já sem sangrar, a mãe não falou nada a respeito do ataque violento.

Era como se nada tivesse acontecido.

Por volta dessa época, o galinheiro se tornou um esconderijo para as irmãs. Na maioria das vezes para elas mesmas, mas também para coisas como cobertores e casacos, já que nunca sabiam quando iam ser colocadas para fora em meio a um frio congelante.

Em uma determinada tarde, Sami estava cuidando de seus afazeres — alimentando os cachorros, que ficavam amarrados às árvores, e depois os coelhos, que ficavam no galinheiro. Quando entrou, viu Nikki sentada em um fardo de feno, rindo e chorando ao mesmo tempo.

"Eu tentei me matar", falou para Sami.

Nikki apontou para uma corda de amarrar os fardos, com a qual tinha feito um laço que pendurou em uma viga no telhado. Mas a corda tinha arrebentado quando ela saltou de cima do feno para o chão.

"Nem isso eu consigo fazer direito", acrescentou. Apesar das circunstâncias, as duas irmãs caíram na risada.

Sami entendia por que Nikki tentou acabar com a própria vida. Ela fez o mesmo mais tarde. Tinha ficado até tarde com os amigos e, quando chegou em casa, sua mãe não a deixou entrar.

Era outono, estava frio, e Sami sentiu que tinha chegado ao limite. Estava cansada dos joguinhos da mãe e não via uma saída para sua situação, então correu para a mata, encontrou um arbusto com frutinhas vermelhas que sabia que eram venenosas e comeu. Primeiro uma, depois outra, então um punhado. Em meio à escuridão e às lágrimas, não dava para enxergar muita coisa. Ela não se importou. Simplesmente continuou colocando as frutinhas na boca e engolindo.

Mas a tentativa terminou em fracasso.

"Voltei para casa depois de comer tudo aquilo, e minha mãe fingiu que nada tinha acontecido", contou mais tarde. "Passava da meia-noite e ela nem estava me procurando. Simplesmente sabia que eu voltaria. Comi aquelas frutas venenosas para mostrar como eu estava me sentindo, mas ela não deu a mínima."

Sami sofreu com vômitos e diarreia por mais de uma semana. Se estava tentando dar um recado se submetendo a um pesadelo pessoal, ninguém captou a mensagem.

Em meados de setembro de 1996, mais de dois anos depois da morte de Kathy Loreno, Shelly se candidatou a um emprego de professora auxiliar no Distrito Escolar de South Bend. Apesar do estado deplorável das finanças dos Knotek, ela se apresentou como uma consultora fiscal autônoma que estava retomando sua paixão inicial de educar crianças.

> "Passei boa parte da vida criando minhas filhas, ajudando-as com os deveres de casa, com as atividades escolares, fazendo trabalhos voluntários na escola e até mesmo ajudando colegas delas de tempos em tempos."

Ela sentia ter a "paciência" necessária para trabalhar com crianças com deficiência.

39

Enquanto Nikki era forçada a trabalhar do lado de fora o dia todo, as duas irmãs mais novas iam à escola e se comportavam como todas as outras crianças. Tori, uma menina calada, era nova demais para entender o que Shelly tinha feito com Kathy, e havia sido poupada dos castigos pesados impostos a Nikki e Shane. Sami era a garota popular que usava o senso de humor para esconder o que sofria nas mãos de sua mãe. Ela não se queixava. O bom humor era o escudo que usava para tudo. Seus amigos sabiam que Shelly era uma tremenda megera, cheia de regras absurdas e castigos desproporcionais a qualquer transgressão real ou imaginária. Em razão disso, sabiam que precisavam ser persistentes. Quando iam buscar Sami e ninguém atendia, continuavam esperando. Os amigos de Nikki não eram assim; se ela não aparecesse, achavam que tinha mudado de ideia sobre sair com eles ou que estava em algum outro lugar. Os de Sami sabiam que a mãe dela era uma louca e a mantinha cativa.

Então batiam na porta de novo.

E esperavam.

Pelo tempo que fosse preciso.

Às vezes iam ao McDonald's em Raymond, depois voltavam e esperavam mais um pouco. A insistência das adolescentes era capaz de irritar Shelly, então era isso que elas faziam.

"Vai logo. Some daqui", enfim gritava Shelly para Sami no andar de cima, quando as batidas na porta e o cerco constante à varanda da frente não a deixavam ver TV com tranquilidade.

Sami sabia como lidar com essas situações. Entendia que a mãe queria ser vista como uma pessoa nada menos que maravilhosa, então saía e contava a mesma história inventada de sempre para os amigos.

"Minha mãe não sabia que vocês estavam aí", mentia ela. "Só ouviu vocês agora."

E então vinha a maior das mentiras:

"Ela ficou se sentindo até mal por isso."

Shelly nunca se sentia mal por nada. Pelo menos quando o assunto era os sentimentos de alguém. As meninas viam que ela derramava rios de lágrimas pelos animais de estimação mortos, mas nenhuma por outra pessoa.

Shelly analisava o relacionamento entre as filhas mais velhas. Tori não representava ameaça, claro. Ainda era novinha demais para entender as coisas, e podia ser facilmente intimidada.

Mas as outras duas? Elas estavam crescendo. Eram linguarudas. Passavam um tempão juntas. Assim como tinha feito na Casa Louderback, Shelly avisou Nikki e Sami que não queria conversas pelas suas costas.

E colocava a culpa de quase tudo em Nikki.

"Sami, sua irmã é uma má influência."

Má influência? Era uma ideia risível. Nikki trabalhava no jardim e no quintal do nascer ao pôr do sol. Não bebia nem usava drogas. Tinha fumado uns cigarros algumas vezes com Shane, mas não havia sequer gostado da experiência.

Olhando para trás, Sami teve dificuldade para se lembrar de uma única ocasião em que ela e Nikki ficaram juntas no quarto uma da outra depois da mudança para Monohon Landing. Sua mãe não permitia que ficassem sozinhas. O único contato entre as duas era enquanto realizavam seus afazeres. E, com o tempo, até essas ocasiões foram se tornando escassas.

Depois que Kathy morreu e Shane sumiu, simplesmente deixaram de existir.

"Nikki estava sempre lá fora", lembrou-se Sami. "Cuidando das tarefas dela até tarde. Até anoitecer. Eu tinha meus amigos e as coisas da escola, e só lembro que a minha irmã não estava presente. Estava por perto, mas sem marcar presença. No fundo do meu coração, acredito que a minha mãe estava preparando o terreno para tirá-la de cena."

Os amigos de Sami sequer sabiam que Nikki morava lá.

Certa vez, quando as meninas estavam lavando louça, Shelly apareceu e separou as duas.

"Nada de conversa!", avisou ela.

"A gente não estava falando nada", respondeu Sami.

"Eu não quero ouvir nada", insistiu Shelly. "Nada de conversa."
Sami deixou para a irmã a tarefa de terminar de lavar a louça.
"Na maior parte do tempo a gente estava falando mal *dela*", lembrou-se Sami. "Não era sobre lição de casa nem nada, com certeza."

Shelly começou a ligar mais para a própria aparência, o que era uma distração bem-vinda. Tinha ganhado peso nos dois anos anteriores. Como Dave continuava mandando o contracheque para casa, Shelly decidiu se divertir um pouco. Ela emagreceu, tingiu o cabelo e começou a frequentar bares de vez em quando. Certa vez, contou para as filhas que tinha feito uma nova amizade.

"Ele é um piloto de avião", disse Shelly. "E, meninas, nós somos só amigos. Nada mais. E eu o convidei para uma visita."

Sami tinha outro programa naquele dia, e Tori não acharia ruim ficar no quarto enquanto a mãe recebia o novo amigo.

Shelly se virou para Nikki.

"Você precisa ficar lá fora e não dar as caras."

Nikki prometeu que faria isso.

Mais tarde, viu o carro do sujeito, um Geo Storm. *Esse piloto não deve ser lá grandes coisas se tem um carro desses*, pensou ela. O homem ficou por lá umas duas horas e foi embora.

"Não sei o que aconteceu", lembrou-se Nikki. "Acho que ela estava meio hesitante com a ideia de ter um caso. Ou talvez até tenha rolado, e a coisa não foi para a frente."

40

Sempre que conversava com seu neto Shane, Lara Watson percebia que ele era um adolescente bem típico. Por outro lado, quase nunca conseguia falar com ele no telefone.

"Shane acabou de sair", Shelly costumava resmungar, afirmando que o rapaz havia saído com amigos da escola. Algumas vezes, porém, Shelly se colocou no papel de vítima e disse que estava perdendo a paciência com as fugas de Shane.

"Não se preocupe", dizia para Lara, fazendo questão de se mostrar no controle da situação. "Ele sempre volta, ou nós sempre damos um jeito de encontrá-lo e trazê-lo para casa."

Durante essas conversas, Lara agradecia aos céus por Shelly estar cuidando de Shane. Não fosse por Shelly e Dave, o garoto estaria à solta pelas ruas de Tacoma. Apesar de a princípio ter ficado preocupada com a influência que o menino um tanto rebelde poderia causar nas primas, estava feliz por ele ter em sua vida coisas como estudos, afazeres em casa e uma família que gostava de fazer viagens para o litoral. Shane nunca contou para Lara o que de fato acontecia na casa dos Knotek, sobre Kathy e as coisas que Shelly o obrigava a fazer. Jamais deu bandeira de nada. Não contou nem que dormia no chão de cimento em um porão gelado, ou no closet de Nikki ou, às vezes, do lado de fora da casa em Monohon Landing.

Quando o adolescente de sorriso fácil e sempre bem-humorado desapareceu, Shelly só contou para a madrasta muito tempo depois. Inclusive, quando Lara mandava um cheque como presente de aniversário ou Natal para ele, o dinheiro era sacado imediatamente — e com o endosso de Shane.

"Posso conversar com ele?", perguntava Lara a Shelly, que era especialista em dar desculpas.

Shelly suspirava, como se simpatizasse com a decepção da sogra. "Ele não está em casa."

"Ele nunca está em casa", reclamava Lara.

"Esses adolescentes", respondia Shelly com uma risadinha. "Fazer o quê, né?"

Sempre que isso acontecia, a avó de Shane desligava o telefone um tanto tranquilizada com a garantia da enteada de que ele estava bem, levando a vida de um garoto normal. Mais tarde, se arrependeria amargamente por ter se deixado levar. Ela devia ter pressionado mais, mas acabou engolindo o que Shelly dizia.

Esses adolescentes!

"Eu tenho certeza de que Shane adoraria conversar comigo", disse Lara, muitos anos depois.

Só que isso nunca acontecia.

Por fim, depois de uma série de conversas similares, Shelly enfim revelou para a madrasta que Shane não voltaria para Raymond tão cedo.

"Ele está no Alasca", falou ela com um suspiro. "Trabalha em um barco de pesca. Como você sabe, fazia tempo que ele queria fazer isso."

A história de Shelly era plausível, mas não muito convincente. Shane teria contado à avó se tivesse essa intenção.

"Acabei de conversar com ele", continuou Shelly. "Está tudo ótimo. Ele está adorando. Foi um sonho que virou realidade. Vou pedir que lhe telefone quando conversarmos de novo."

"Ele nunca me disse isso", afirmou Lara, insistindo um pouco.

Shelly pareceu incomodada. "Isso o quê?"

Lara resolveu pressioná-la um pouco mais. "Que ser pescador era o sonho dele."

"Você não é tão próxima dele quanto nós."

"Eu conheço esse menino desde que nasceu", retrucou Lara. "Ele sempre dizia que queria terminar o colégio, Shelly. Você sabe disso."

"Ele mudou de ideia."

"Não dá para entender."

"Olha só, Shane estava sempre pensando em formas de ganhar dinheiro", respondeu Shelly. "Por isso foi embora. Mas vai voltar. Eu tenho certeza."

Mas, assim como antes, Shane não ligou para a avó.

Nunca falava com ninguém além de Shelly.

41

Depois de se formar no ensino médio no Willapa Valley High School, em 1993, Nikki estabeleceu dois objetivos: conseguir um diploma universitário e se mudar para bem longe dos pais e de tudo o que conhecia ou que tinha visto. Matriculou-se na Grays Harbor College, uma faculdade comunitária em Aberdeen, com a ideia de se tornar advogada criminalista mais tarde. Ela até conseguiu uma bolsa de estudos. Tinha sido vítima de coisas que iam além de seu controle, mas ainda guardava uma dose de otimismo. Sim, era uma menina solitária que sequer ousava sonhar com um futuro que envolvesse felicidade, amor e liberdade. Contudo, mantinha a esperança. Sabia que merecia coisa melhor.

E então, de forma lenta e implacável, como o gotejar constante de uma torneira vazando, sua mãe foi destruindo seus sonhos.

Primeiro, as roupas que Nikki vestia para ir às aulas desapareceram. Só lhe restou a calça de moletom que ela usava para trabalhar no quintal e no jardim, rasgada e encardida. Aparecer no campus daquele jeito destruiria todo o orgulho próprio que adquiria quando passava os dias longe de Monohon Landing.

Em seguida, Shelly comunicou que Nikki não tinha mais um quarto. Ela apontou para um canto na sala. "Você vai dormir ali no chão."

Era o mesmo lugar onde a mãe obrigara Kathy a dormir.

Tinha alguma coisa acontecendo, Nikki sabia.

Em seguida, Shelly tomou seu dinheiro e seu transporte para ir às aulas.

"Nós estamos cortando as suas regalias, Nikki. Você não merece nada do que fizemos. É uma pessoa egoísta. Ingrata. Seu pai e eu estamos falando sério dessa vez."

Nikki poderia ter chorado. Ou discutido. Qualquer reação seria natural, mas dessa vez ela não caiu na armadilha da mãe. Não tinha mais carro, nem dinheiro para o ônibus. Nem roupas para usar para ir à faculdade. Isso significava adeus à faculdade. Adeus aos planos de cair no mundo e sumir de Raymond.

Não havia nada que pudesse ser feito.

Nikki estava presa em uma armadilha.

Shelly a colocou para trabalhar no quintal, abrindo buracos no jardim, movendo a pilha de lenha de um canto para o outro. Tarefas aleatórias que nunca pareciam levar a lugar nenhum. Sua mãe dizia que plantaria um novo canteiro de flores, mas não tinha a menor intenção — pelo menos na visão de Nikki — de fazer alguma coisa com aquele espaço. Nikki acordava de manhã, era colocada para fora e recebia ordens de não voltar antes do anoitecer.

A mãe saía de tempos em tempos e a repreendia por não estar fazendo um bom trabalho.

"Foi só isso que você fez o dia todo? Sua preguiçosa, vagabunda!"

À noite — quando recebia permissão para entrar em casa —, Nikki dormia no chão da sala usando uma almofada do sofá como travesseiro.

Quando estava em casa, Dave se juntava a Shelly naquela chuva de ofensas, repreendendo Nikki por ser preguiçosa e inútil e dizendo que ela precisava arrumar logo um emprego.

As lágrimas corriam, e os dois pegavam ainda mais pesado.

Shelly parecia gostar de ver a filha aos prantos.

"Você precisa de um emprego!", vivia esbravejando. "Sua merdinha inútil."

Sério mesmo?, pensava Nikki. *Como é que eu vou arrumar um emprego? Não tenho meio de transporte. Nem dinheiro. Eu só posso tomar banho de mangueira no quintal!*

Tecnicamente, vivia na casa dos pais, mas era sem-teto em quase todos os sentidos.

Por fim, resolveu se manifestar. Essa reação exigiu todas as suas forças, mas lhe fez bem.

Muito bem.

"Eu não tenho como arrumar emprego! Não tenho nem roupas para usar! Nem como ir para lugar nenhum!"

"Gritei com eles dois", lembrou-se Nikki, contando sobre a ocasião em que se defendeu, "e minha mãe se fez de inocente e falou: 'Você devia ter me falado que precisava do carro! Eu nem imaginava que esse era o problema'."

Nikki estava se fortalecendo. Sua determinação mental foi de maleável como borracha a rígida como titânio. Uma vez, quando se recusou a cumprir uma ordem, a mãe saiu correndo atrás dela. Nikki fugiu da casa para o galinheiro e tentou trancar antes que sua mãe chegasse lá, porém Shelly foi mais rápida.

"Minha mãe corria com a adrenalina de um jogador de futebol americano, e com a mesma força também", contou Nikki mais tarde. "Mas eu nem ligava mais."

Shelly a alcançou e começou a gritar com ela e puxar seus cabelos, mas Nikki reagiu. Sua mãe foi ao chão. Pareceu ter ficado assustada. Chocada, até. Ninguém nunca impunha resistência.

Eu sou quase do seu tamanho, pensou Nikki. *Não sou obrigada a ser tratada desse jeito.*

"Vai se foder, mãe! Nunca mais encosta a mão em mim!"

Em seguida, ela se levantou e saiu correndo, com Shelly em seu encalço. Nikki chegou à casa e viu Sami lá dentro.

"Acabei de mandar a mãe ir se foder!", gritou ela, mas continuou correndo, dessa vez para a outra porta e depois para a mata, onde passou aquela noite.

Ela se sentiu bem. Foi assustador. Mas fez bem.

Alguns dias depois dos empurrões trocados no galinheiro, Shelly foi falar com Nikki. Estava com uma expressão preocupada, e uma voz estranhamente calma, quase triste.

"Sami não quer mais você por aqui afrontando a mãe dela desse jeito", falou em um tom pesado de revelação. "Vou mandar você para a casa da tia Trish."

Nikki foi pega de surpresa. Não sabia o que estava acontecendo. Trish era irmã de Dave, quase uma desconhecida para Nikki, que só a tinha visto umas duas vezes na vida. Morava a quatro horas, do outro lado da fronteira canadense, em Hope, na Colúmbia Britânica, em uma reserva indígena. Shelly deu para a filha algumas roupas, cinquenta dólares em dinheiro e a levou até a estação rodoviária de Greyhound em Olympia.

Shelly se mostrou meiga e compreensiva durante todo o trajeto. Disse que sentiria muita falta de Nikki, mas que assim seria melhor para ela.

"Dez dias", falou Shelly. "E depois você volta para casa, certo?"

Nikki era uma jovem recém-saída da adolescência, mas nunca havia ido a lugar nenhum sozinha. Estava preocupada com a viagem, e não sabia se aqueles cinquenta dólares a levariam muito longe.

No fim, porém, a estada com a tia Trish acabou se revelando a melhor coisa que aconteceu com Nikki em muito tempo.

"Acontecem umas coisas bem feias lá em casa", contou ela para a tia, sendo cautelosa com as palavras de modo a transmitir a mensagem, mas sem acusar ninguém em específico. "Por favor, não me obrigue a voltar."

Os dias viraram semanas, e então alguns meses. Trish trabalhava limpando casas e igrejas, e recrutou Nikki para ajudá-la. Nos fins de semana, ela aprendeu a fazer redes de pesca. Nikki não se importava de ter que trabalhar. Na verdade, gostava. Ninguém gritava com ela. Ninguém a chamava de inútil.

Ela não queria mais ir embora.

Sami entendia os motivos da ausência de Nikki, claro. Tori, no entanto, se sentiu abandonada. Era só uma garotinha, catorze anos mais nova que Nikki, e idolatrava a irmã mais velha, que considerava uma segunda mãe. Nikki era bonita e boazinha, e sempre tinha tempo para Tori. Na noite em que ela foi embora para o Canadá, Tori pediu a Jesus que a trouxesse de volta. Não fazia ideia de onde Nikki estava, mas desconfiava que ela havia ido embora por causa das crueldades cometidas pela mãe. Tori escreveu um bilhete a respeito, que deixou no parapeito da janela antes de ir para a cama.

Na manhã seguinte, acordou com a mãe lhe dando tapas e socos na cara.

"O que é isso?!" Shelly brandia o bilhete enquanto gritava.

Tori, na época com 6 anos de idade, começou a chorar.

"Você acha que eu sou cruel com a sua irmã?" Shelly bateu nela de novo. "É isso o que você acha, Tori? De verdade?"

Era exatamente o que Tori pensava, mas ela disse para a mãe que não, e pediu desculpas. A verdade era que a menina estava assustada — Shelly nunca tinha se voltado contra ela dessa forma.

"Acho que deve ter sido, tipo, a primeira vez que a minha mãe me bateu na cara", lembrou-se Tori. "Foi muito assustador."

Não muito tempo depois, alguns presentes começaram a chegar. Shelly devia entender em alguma medida o impacto que a partida de Nikki teve sobre a filha caçula.

"É da sua irmã", falou Shelly.

"Por que eu não posso ver ela?", perguntou Tori.

"Ela só deixou isso aqui. Não ficou muito tempo."

"Mas por quê?"

Shelly nunca tinha uma boa resposta. Com o tempo, começou a fazer o máximo possível para afastá-las.

"Ela não presta", disse para Tori sobre a irmã mais velha. "Não ama você."

E então, do nada, Nikki deixou de existir. Shelly não mencionava o nome dela. Dave também não. Era como se fosse um fantasma que sumiu para nunca mais voltar.

Sami também não falava sobre Nikki. Não tinha coragem. Não queria que a família soubesse que mantinha contato com a irmã.

Trish tentou manter a sobrinha na Colúmbia Britânica, mas, assim como quase todo mundo, não era páreo para Shelly. No fim, Nikki acabou voltando para Washington.

Mas não para casa.

Shelly disse a Nikki que ela precisava pensar a respeito do que fazer da vida e que não era um bom exemplo para as outras meninas. Não poderia voltar para Raymond, no fim das contas. Pelo menos, ainda não. Em vez disso, Nikki foi morar em uma barraca perto da obra onde o pai trabalhava, em Whidbey Island. Não era o arranjo ideal, mas serviu para abrir os olhos dela para uma coisa. Nikki viu que, apesar de ter um emprego, Dave Knotek vivia como um miserável. Os dois dependiam das doações de uma instituição de caridade para ter o que comer. Tomavam banho todas as manhãs em um parque estadual perto da obra. Nikki continuava revoltada com os castigos cruéis que havia recebido do padrasto, mas a partir daquele momento passou a vê-lo mais como um coitado, uma figura patética.

Não tinha o menor respeito por ele.

"Por que você vive desse jeito?", questionava ela. "Por que ainda está com a minha mãe?"

"Por você", respondeu Dave sem piscar. "Você e suas irmãs."

Algumas semanas depois, Nikki e Dave se mudaram temporariamente para um apartamento barato perto de uma obra em que ele estava trabalhando, na região de Paine Field. *Ter água corrente quentinha é uma coisa maravilhosa*, pensou ela na época. Quase todo fim de semana viajavam para Raymond, onde passavam uma ou duas noites.

As voltas para casa eram sempre iguais. Sua mãe agia como se o exílio de Nikki para o Canadá e depois para Whidbey Island tivessem sido uma espécie de aprendizado.

"Você acha que está pronta para voltar para casa? Fazer a sua parte aqui, Nikki?"

"Você acha que eu estou?", questionava Nikki, ciente de que jamais voltaria.

Shelly mudou de tom. Estava irritada. "Acho que alguém precisa de mais um tempo para pensar na vida", comentou.

Era o tipo de resposta pela qual Nikki vinha rezando.

Eu preferiria morar na rua, pensou.

Nikki e Dave voltaram para a barraca depois que deixaram o apartamento. Ficava em um lugar gelado, onde ventava muito, e Nikki começou a procurar um modo de sair de lá. Arrumou um emprego em uma sorveteria Baskin-Robbins em Oak Harbor e um segundo trabalho limpando quartos em um hotel de beira de estrada. O dono do local a deixava morar em um pequeno trailer na propriedade. O lugar era uma porcaria, mas ela se sentiu grata por poder viver lá. Na verdade, achava que as coisas estavam melhorando.

Ela passou a se sentir livre.

42

Sami Jo Knotek não só sabia esconder seus machucados como entendia muito bem a importância disso.

Deixar alguém ver as marcas deixadas pela mãe ou pelo pai em sua pele poderia dar início a uma conversa que ninguém gostaria de ter. Ou, ainda pior, poderia levar a algo terrível como a dissolução de sua família. Mesmo nas piores situações, há maneiras de deixar o mundo de fora e sentir que as coisas são normais, e que valem a pena.

Por fora, Sami era a loirinha bonita e popular. Fazia o estilo rainha do baile. Era inteligente e tinha senso de humor também — o tipo de menina que chamava atenção de garotos divertidos e espirituosos. Mas, no último ano de colégio, Sami resolveu ligar o "foda-se". Estava cansada de esconder o que a mãe vinha fazendo com ela e a irmã mais velha. Tinha aprendido com a experiência de Nikki que cruzar os braços não impedia que coisas ruins acontecessem. Na verdade, só permitia que continuassem.

"Você está atrasada com os deveres de casa", dizia a professora.

"Minha mãe jogou tudo fora", respondia Sami.

E assim as coisas prosseguiram, semana a após semana.

"Você chegou atrasada para aula."

"Minha mãe me obrigou a passar a noite fora de casa e só me deixou entrar hoje de manhã para me trocar."

"Você vai levar uma multa por ter perdido livros da biblioteca."

"Tudo bem", era a resposta de Sami. "Minha mãe jogou os livros na fogueira."

E assim por diante.

Não muito tempo depois, Sami foi chamada pela coordenação da escola.

"Nós estamos escutando certas coisas", foi o que lhe disseram. "Você tem uma irmãzinha pequena em casa, e estamos preocupados com ela também. Vamos relatar tudo o que você vem contando."

Sami recebeu a notícia com sentimentos conflitantes. As pessoas acreditavam nela — isso era bom. Mas agora a merda ia bater no ventilador.

Com força.

Quando se deu conta disso, sentiu medo. A sensação agradável de denunciar a mãe por ser uma abusadora crônica e cruel estava passando. E depressa.

"Vamos tomar as providências necessárias para que você e sua irmã sejam retiradas de casa", avisou a coordenação da escola. "E ligar para sua mãe agora mesmo."

No momento do telefonema, Sami entrou em pânico.

Anos depois, ainda tinha dificuldade para explicar por que recuou nesse momento, mas foi exatamente isso o que fez.

"De repente", começou ela, "sei lá. A verdade ficou assustadora demais. Voltei atrás em tudo. Falei que era invenção minha. Que eu estava mentindo. Acho que não queria deixar a minha mãe brava."

Sami e seu namorado dos tempos do colégio, Kaley Hanson, chegaram tarde da noite de uma festa. Ela sabia o que ele faria: manteria os faróis do carro acesos e esperaria que a namorada entrasse em casa antes de ir embora. Caso Sami fosse trancada para fora — o que sabia que podia acontecer —, ele tocaria a buzina algumas vezes, para avisar Shelly que tinha alguém precisando entrar em casa.

Shelly a deixava entrar... até o carro de Kaley sumir de vista. Depois colocava Sami para fora de novo e a mandava dormir na varanda.

Certa noite, Shelly estava com um copo d'água na mão quando colocou a filha para fora.

"Você vai dormir lá fora."

"Não vou, não. Está frio, e você não vai fazer isso comigo."

Shelly jogou o copo d'água em Sami e a empurrou para fora à força. Sami saiu correndo para a casa de Kaley. Ela não aguentava mais. Não iria tolerar aquilo. Ele morava a mais de um quilômetro e meio de distância, mas Sami era atleta — corria na equipe de atletismo do colégio.

Toda vez que um par de faróis aparecia na escuridão, ela se escondia em uma vala, para não deixar a mãe encontrá-la e levá-la de volta. Depois continuou correndo até enfim chegar à Cemetery Road, onde Kaley morava.

E, de fato, o carro de Shelly estava em seu encalço, passando por ela como um tubarão em busca da presa. Sami ficou apavorada, mas entrou na garagem dos Hanson mesmo assim.

Ficou lá por um tempo, se escondendo da mãe e torcendo para sua atitude não ter piorado ainda mais a situação.

Dave Knotek mais tarde diria que não passava muito tempo na casa da Monohon Landing, e que por isso não sabia de fato o que acontecia por lá. Ele garantia que Shelly jamais faria nada contra Sami ou Tori. Ele amava as meninas, mas também defendia a esposa. Sami inventava histórias, era o que ele pensava na época, e era preciso "dar um desconto" ao ouvir o que a filha dizia. Na verdade, nada seria capaz de convencê-lo de que havia algum tipo de comportamento abusivo acontecendo.

"De jeito nenhum Shell ia querer que Sam ou Tori apanhassem", falou ele, anos depois. "Ela batia em Nikki. Eu também batia em Nikki, certo? Mas é só. As outras meninas não sofriam nenhum tratamento abusivo."

Mesmo depois que seu mundo ruiu, Dave não conseguia atribuir a culpa que cabia a Shelly. E ignorava as evidências físicas também. No dia em que Sami se formou no colégio, estava com machucados feios infligidos pela mãe em um de seus ataques de fúria — o motivo era tão frívolo que ninguém conseguia nem se lembrar qual havia sido o problema. *Não lavar as louças como ela queria? Não dar água para os animais? Emprestar uma jaqueta ou uma blusa para uma amiga?* Mas Dave atribuiu os ferimentos visíveis à própria Sami, dizendo que era uma menina espoleta que vivia se arriscando e tinha se machucado sozinha naquele verão.

Diante da insistência no questionamento, ele inventou uma história.

"Shell deu um dinheiro para Sam fazer alguma coisa, e Sam precisava pintar o galpão. Ela chegou da escola muito cansada, sabe, mas foi pintar mesmo assim. Ficou o tempo todo reclamando que estava dolorida e isso e aquilo, e Shell me contou que ela sofreu um tombo feio. Sei lá. Nunca vi nada disso com Sam."

43

A mente de Sami Knotek estava um turbilhão. No início do segundo semestre de 1997, ela não sabia o que fazer a seguir. Por causa da sabotagem da mãe no processo de candidatura, havia perdido o prazo de matrícula na Evergreen State College. A faculdade era um sonho que Sami alimentava desde que se entendia por gente. Imaginar que seria a primeira pessoa da família com um diploma de ensino superior a fazia sentir-se especial. Ela amava o namorado, mas não queria se casar. E também não queria um emprego qualquer na cidade como tanta gente por lá, que acabava seguindo os mesmos passos dos pais. Sami queria mais. Podia ser qualquer coisa, desde que fosse mais do que aquilo. Até pensou em se arriscar a ver o que conseguia em Hollywood.

Ela planejou uma fuga em duas ocasiões.

A primeira tinha sido em abril. O plano não foi muito bem pensado. Além disso, Sami queria ir ao baile, porque tinha feito um vestido novo lindo e não perderia a chance de usá-lo — então acabou voltando dois dias depois.

Mas ela passou os últimos meses antes da formatura no colégio planejando a fuga de forma meticulosa. Era duro saber que deixaria a irmãzinha para trás, porém se convenceu de que tudo ficaria bem. Nikki não estava mais lá, e Tori não parecia ser o alvo preferencial de sua mãe. Fazia tempo que não acontecia nada de muito extremo. As únicas pessoas que estavam sabendo eram suas amigas Lauren e Leah — e as duas eram de confiança. Pouco antes de ir com a mãe e a irmã fazer compras, Sami encheu cinco sacos de lixo com todos os seus pertences. Todas as roupas, as botas e todo tipo de bugigangas que tinham tanto valor para ela.

"Eu era muito materialista", admitiu Sami anos mais tarde. "Me recusava a deixar uma blusa que fosse para trás."

O plano exigia que Lauren entrasse na casa, pegasse as coisas enquanto as três estavam fora e depois Sami a encontraria na casa da amiga.

Sami deu uma desculpa vaga para Tori.

"Se eu não voltar mais depois de hoje", falou para a irmã, "vou deixar um bilhetinho para você — só para você — embaixo do meu travesseiro."

Essa era a única informação que Sami forneceria. Confiava em Tori, mas sabia que sua mãe faria de tudo para arrancar qualquer informação que a menina, então com 8 anos, soubesse. Faria ameaças. Promessas. Agrados. Shelly nunca desistia, e Sami não queria que a mãe soubesse aonde estava indo.

Quando chegou de Aberdeen, Sami subiu para o quarto. Suas coisas não estavam mais lá. O plano estava em andamento.

"Mãe, a Lauren ficou sem gasolina no meio da estrada e eu preciso ir lá buscá-la", mentiu Sami.

"Tudo bem", disse Shelly. "Pode ir."

Sami pegou seu carrinho branco, deu uma última olhada na casa e saiu para encontrar Lauren, que a abrigou por um dia. De lá, foi para a casa do namorado, onde passou uma noite. Sabia que Shelly devia estar à sua procura por toda parte, e a ideia de ser encontrada pela mãe fazia seu estômago se revirar.

No entanto, sua família tinha sobre ela um poder como o de uma armadilha fechada sobre a pata de um animal capturado na floresta. Sami escreveu uma carta para a mãe.

> "Pensei em todos os motivos para não ir embora, porque amo muito você. E, como amo muito você, não quero magoá-la. Comecei a pensar sobre o sofrimento e sobre a vida e sobre como eu sofro e sobre quanto sofrimento eu causo. Então achei que seria bom ir embora. As coisas ficariam mais tranquilas. As coisas ficaram mais tranquilas quando Nikki foi embora, e sem mim por perto ficaria tudo bem."

Ela encerrou a carta dizendo que estava cogitando morar no carro:

> "Vai ficar tudo bem. O que tiver que ser, será. Queria que você entendesse, mas sei que nunca vai."

Na verdade, Sami não fazia ideia de para onde ir até falar com Nikki. Sua irmã contou que vinha mantendo contato com a avó delas, Lara, e que pretendia visitá-la em breve.

"Liga para a vovó", sugeriu.

Foi exatamente o que Sami fez, e Lara a convidou de bom grado para ficar em sua casa em Bellingham.

Sami ouviu dizer que o pai estava à procura de seu carro, que sua mãe reportou à polícia que havia sido roubado. Ela precisava encontrar outra maneira de chegar a Bellingham. A mãe de Kaley, Barb Hanson, se ofereceu para levá-la. Ela nunca gostou de Shelly, que uma vez a acordou no meio da noite para fazer questionamentos sobre quanto dinheiro sua família tinha.

"Eu falei que não gostava de receber telefonemas àquela hora da noite, e que esse tipo de informação não era da conta dela", relatou Barb mais tarde.

Ela levou Sami para Bellingham no dia seguinte. No caminho, a garota contou algumas coisas que sua mãe fazia com ela e a irmã. Mais tarde, Lara lhes revelou mais alguns detalhes perturbadores sobre o que Shelly havia aprontado na infância e na adolescência.

"Ela me falou que a minha mãe tentou pôr fogo na casa", recordou-se Sami. "E sobre as coisas que ela fazia com a irmã. Contou que desconfiava que minha mãe nos envenava com xarope de ipeca para não precisar levar a gente nos lugares. [Barb] Ficou lá sentada ouvindo tudo isso. Me senti melhor porque não era só eu contando o que a minha mãe tinha feito, tinha alguém para confirmar tudo. Alguém que sabia até mais do que eu."

Sami ficou com Lara durante todo o verão de 1997.

Assim como a experiência de Nikki no Canadá, foi uma das épocas mais felizes de sua vida.

44

Nikki estava sofrendo com a ausência das irmãs em sua vida. Apesar de não se arrepender de ter ido embora e sentir que essa havia sido sua salvação, sentia falta delas. Quando ficou sabendo que Tori estava doente, mandou um cartão-postal:

> "Espero que você já esteja melhor, maninha. Ouvi dizer que vai começar a nevar. Aposto que isso vai deixar você um pouco mais contente. E você está cuidando bem da mamãe e da Sami? Quer dizer, quando não está doente?"

Tori nunca recebeu a mensagem.

Shelly tentou manter contato com Nikki nessa época, mas sua filha mais velha se recusava a falar com ela ao telefone. Não faria diferença se nunca mais voltasse a ver os pais. Então Shelly resolveu lhe fazer uma visita surpresa. Sua conduta foi repleta de gentileza e preocupação, e ela falou que Nikki deveria voltar para casa. A filha poderia morar lá. Fazer faculdade. Nikki sabia que era mentira, assim como tudo o que a mãe dizia. Em outra ocasião, um policial do condado de Island bateu na porta do trailer de Nikki para perguntar se estava tudo bem.

"Sua mãe está muito preocupada com você", disse o policial.

"Eu estou bem", garantiu.

"Você precisa ligar para ela."

Nikki disse que faria isso, mas não tinha a menor intenção de cumprir sua palavra. Estava claro que a mãe e o pai estavam incomodados com sua recém-adquirida independência. E ela sabia por quê.

Medo. Temiam que Nikki abrisse a boca.

Quando um tijolo foi arremessado na vitrine da sorveteria onde ela trabalhava, houve, em seguida, uma ligação anônima citando Nikki como responsável pelo incidente.

"Sei que foi o meu pai que fez isso", contou ela anos depois. "Porque a minha mãe mandou. Ela queria que eu fosse demitida e voltasse para casa, para poder ficar de olho em mim."

Não muito depois do ato de vandalismo, Nikki ligou para Lara e mencionou a ideia de ir embora de Oak Harbor e trabalhar junto dela na clínica para idosos em Bellingham.

Lara ficou animada com a ideia. E também tinha uma ótima notícia.

"Que curioso você me ligar justo agora, Nikki", falou Lara, sem esconder a empolgação na voz. "Sami também está aqui."

Nikki não conseguiu se conter e entrou no primeiro ônibus para Bellingham.

Sami ficou com os olhos cheios de lágrimas ao ver a irmã mais velha. Fazia quase um ano que elas não se encontravam pessoalmente. Sami achou que Nikki estava mais bonita e feliz do que nunca. Estava usando uma calça jeans justa da Gap, uma blusinha roxa e maquiagem. Os cabelos, que a mãe costumava cortar da forma mais cruel e menos atrativa possível, estavam compridos e um pouco ondulados.

"Ela estava linda", falou Sami ao se recordar da ocasião. "E, acima de tudo, confiante. Até esse dia eu nunca tinha visto a minha irmã no mundo real. Só como era ela em casa, com as calças de moletom esburacadas, o tempo todo trabalhando no quintal e no jardim. Não tinha amigos. Nunca teve um namorado. Isso até fugir de casa, aos 22 anos. Ela nunca tinha tido nada."

Nikki conseguiu um emprego como auxiliar de enfermagem em um setor da clínica onde Lara trabalhava. Era um trabalho difícil, mas o salário era melhor do que no hotel ou na sorveteria. E, o principal, estava livre dos pais e de tudo o que acontecia no condado de Pacific.

"Eu trocava bolsas de colostomia", rememorou ela. "Mas não ligava nem um pouco. Pelo menos estava longe."

Não muito tempo depois, a direção da instituição começou a receber denúncias anônimas de que Nikki era cruel no trato com os idosos ou que não tinha competência para prestar os serviços de saúde de que eles necessitavam. A autoridade estadual de saúde abriu uma investigação. Toda vez que isso acontecia, Nikki e Lara não entendiam o motivo por que alguém poderia se queixar. Os pacientes, seus familiares e os demais funcionários da clínica gostavam dela.

E os telefonemas anônimos não foram a pior parte.

Dave Knotek começou a aparecer no estacionamento da clínica. Às vezes, ficava na picape; às vezes, no meio das plantas. Não se manifestava, mas queria que Nikki o visse. Ela encarou aquilo como uma espécie de ameaça velada e começou a temer que pudesse ser raptada. Talvez ele e sua mãe estivessem tramando alguma coisa contra ela.

Algo parecido com o que aconteceu com Kathy.

Houve ocasiões em que Dave até seguiu Nikki na volta para casa depois de seu turno de trabalho. Apavorada, Nikki dava voltas por toda Bellingham para despistar o padrasto.

"Eu ficava pensando que ele ia tentar me levar à força", disse ela. "Não sabia ao certo. Tenho quase certeza... eles iam tentar me levar à força. Consigo até ver minha mãe falando de mim para ele." E, considerando tudo o que soube depois, Nikki acrescentou: "Eu tenho sorte de ainda estar aqui. E a minha irmã também acha a mesma coisa".

45

O verão de 1997 já havia passado da metade. Dave Knotek vinha sendo cada vez mais pressionado por Shelly a descobrir para onde a filha do meio tinha ido — e com quem estava. Mas Shelly também tinha seus truques, claro, e de alguma forma conseguiu a informação de que Sami estava em Bellingham com Lara e Nikki. Saber que as três estavam juntas a deixou mais furiosa do que nunca. O ato de traição de Sami ao fugir tornava tudo ainda pior. E, para Shelly, era ainda mais importante trazê-la de volta.

"Elas podem contar a alguém, Dave."

"Elas não fariam isso."

"Nós não temos como saber."

Dave estava cansado dos dramas de Shelly. Disse que queria dar espaço para as meninas crescerem, mas Shelly vivia telefonando para o trabalho dele em Whidbey Island para passar todas as pistas que conseguia descobrir.

E, como sempre, ele fazia o que a esposa mandava, apurando cada uma delas.

Shelly soube de um dia aberto à comunidade no Camp Firwood, o acampamento de uma igreja às margens do lago Whatcom, e ouviu dizer que Sami e Kaley estariam lá.

A informação se revelou verdadeira.

Em meio aos frequentadores e monitores do acampamento, Sami viu um rosto conhecido.

Seu pai!

Assustada, quase não acreditou no que viu, porque ele estava usando um disfarce óbvio demais, com um par de óculos escuros diferente do que costumava usar. Também estava de boné e de blusa com capuz, mas estava na cara que era Dave.

Ai, meu Deus, pensou Sami. Seu estômago se revirou. Ela amava o pai, mas sabia que havia um motivo para ele estar lá — levá-la de volta para casa. Dave tinha ido buscá-la.

"Sami", chamou ele em um tom baixo e preocupado. "Sua mãe está arrancando os cabelos em casa. Você precisa voltar."

De início, Sami não respondeu nada. O que ela poderia dizer? Sua mãe era um monstro, e dava razões para não merecer confiança.

Em vez disso, Sami o conduziu para uma trilha isolada por uma corda, e eles se sentaram para conversar. A princípio, ninguém disse nada.

Depois do silêncio inicial, Sami enfim contou por que foi embora. Boa parte do motivo girava em torno de Kathy.

"Sei que ela morreu, pai. Eu vi."

Dave ficou calado, parecendo derrotado. Ele não respondeu.

Ela também falou sobre suas dúvidas a respeito do diagnóstico de câncer da mãe, que exigiu cuidados médicos constantes durante toda sua infância.

"Não dá para ter câncer por tanto tempo assim", falou Sami. "A mãe já estaria morta a essa altura."

Esse argumento, Dave refutou. "Ela tem câncer, sim", disse ele. "Eu sei que tem."

"Escuta, pai", insistiu Sami. "Ela não tem câncer. Você já foi em alguma consulta com ela?"

"Já levei ela até lá."

"Mas entrou junto? Viu algum demonstrativo de despesas médicas?"

Eram as mesmas perguntas que Lara tinha feito anos antes.

Quando finalmente respondeu, foi com a postura benevolente e compreensiva de sempre com a esposa. Mas ele não negou nem confirmou nada.

"Desculpa, Sami. Mas eu sei. Eu sei."

Eles choraram juntos e conversaram por um bom tempo. Sami notou que o pai era um homem derrotado. Isso era óbvio. Estava nas garras de sua mãe da mesma forma que Kathy. Ninguém que conhecesse Dave Knotek tinha nada de ruim a dizer a seu respeito. As pessoas da cidade o consideravam o típico bom sujeito. Era um lenhador. Era um deles.

Mas aquela mulher? Não era só uma intrometida, era coisa ainda pior. As pessoas tinham até um apelido para ela.

Shelly, a louca.

Ou, para quem gostava de um toquezinho de criatividade para acompanhar o café e a fofoca, *Shelly, a psicopata.*

"Vou voltar para casa, pai. Mas tem uma coisa que eu quero. A mãe estragou tudo, mas quero que ela dê um jeito nisso. Quero que ela me matricule na faculdade."

"Não sei nada sobre isso", falou Dave.

Sami, porém, assim como a irmã mais velha, tinha encontrado sua voz. Se para estudar na Evergreen College e obter o diploma de professora era preciso fazer um pacto com o diabo, ela toparia.

Depois que o pai foi embora do acampamento, Sami ligou para a mãe e disse que estava pensando em voltar para casa se pudesse ter o apoio financeiro necessário para estudar. Shelly negou, dando mil justificativas. O dinheiro estava curto, como sempre. A situação com Dave estava a um passo de terminar em divórcio. E, como se isso não bastasse, ela também estava doente. O câncer estava de volta, foi o que Shelly falou.

Sami torcia para que os pais se divorciassem *mesmo*. Nikki havia lhe contado que ele morava na obra onde trabalhava. Dormia em uma barraca, pegava doações de comida em um banco de alimentos e fazia tantas horas extras que estava arrebentando o próprio corpo!

Em relação ao câncer, Sami jamais considerou que uma doença tão séria poderia ser motivo de brincadeira ou piada, mas sinceramente? Era bizarro a sua mãe continuar com aquela história por tanto tempo.

Sami ignorou tudo o que ouviu. Se limitou a falar sobre o que queria — a faculdade.

"Você disse que eu poderia ir", argumentou. "E me sabotou, mãe. Você sabe disso, e eu também."

"Não sei do que você está falando."

Sério mesmo, mãe? Ainda estamos fazendo esse joguinho?

"Sabe, sim", insistiu Sami. Depois disso, houve um silêncio.

A pausa prolongada era uma das táticas prediletas da sua mãe. Shelly agia como uma predadora — esperava até que a parte mais fraca cedesse e dissesse o que ela queria ouvir.

"Eu não vou contar para ninguém sobre o que aconteceu", disse Sami por fim.

Até a respiração cessou do outro lado da linha por um instante. "Quê?"

Sami estava determinada. "Você sabe muito bem." Ela conseguia até imaginar a cara da mãe. A vermelhidão surgindo. Os olhos faiscando de raiva.

Shelly Knotek detestava ser afrontada e, caso fosse, se certificava de que seria a única vez. Ninguém iria querer sentir de novo a sua ira.

Sami não tinha sido explícita. Mas não precisava. Foi uma tática inteligente de chantagem, e funcionou. Quando voltou para a Monohon Landing no fim daquele verão, a mãe não só havia solicitado a papelada como efetivado sua matrícula na faculdade.

Naquele mesmo verão, Sami comemorou seu aniversário de 19 anos com uma festa surpresa no Planet Hollywood de Seattle. Foi o melhor aniversário de sua vida. Ela se sentiu livre, feliz e esperançosa. Vinha mantendo contato com a mãe, e sabia que as coisas estavam tomando o rumo que deveriam. Ela e Nikki permaneciam próximas, um relacionamento que mantinham em segredo de Shelly. Isso era necessário. Shelly estava aborrecida com Nikki, e as duas não sabiam do que a mãe seria capaz para dar o troco.

Quando Sami e Kaley, seu namorado, chegaram à porta da casa de Monohon Landing, Shelly os recebeu com um olhar assustado no rosto. Tinha raspado as sobrancelhas e aplicado a mesma maquiagem branca que usou quando Lara e sua filha Carol foram visitá-la.

Ela sacudiu a cabeça, com tristeza. "O câncer voltou."

Kaley e Sami se entreolharam. Precisaram se esforçar para não rir. Era uma situação ao mesmo tempo ridícula e constrangedora.

"Por que ela faz esse tipo de coisa?", perguntou Kaley para Sami mais tarde.

"Não faço a menor ideia. Para chamar atenção, acho."

Existem jeitos melhores de receber atenção do que dizendo que tem câncer, tanto Kaley como Sami pensavam.

Quando Kaley foi embora, Shelly partiu para a ofensiva contra Sami.

"Seu pai me disse que você acha que eu não tenho câncer! Bom, olha só para mim, Sami! Olha! Eu estou perdendo cabelo!"

Sami reagiu. Pegou pesado. Estava confiante como nunca antes na vida.

"Eu sei que é mentira sua", falou. Shelly estava espumando de raiva. "Sei que a Kathy morreu. Que foi você que matou. Eu estava lá, mãe. Fiquei de olho nela. Ela estava morta."

Shelly apontou o dedo para a filha. "Ela morreu afogada no próprio vômito."

"Por causa dos seus maus-tratos, mãe."

"Não foi nada disso."

"Foi, sim. Você matou a Kathy, mãe. Foi você."

Subitamente, Shelly recuou. "Eu sinto muito", disse ela. "Sinto muito."

Sami encarou isso como uma admissão de culpa.

"Sente muito?", repetiu Sami, só para se certificar de que era isso mesmo que tinha ouvido.

Shelly assentiu com a cabeça. "As coisas saíram do controle. Não tive como impedir, Sami. Eu tentei."

Em parte, era verdade, e Sami sabia. As coisas saíram mesmo do controle. Mas, não, Shelly não fez nada para impedir. Ela foi a responsável por tudo o que aconteceu.

Cinco minutos depois, a coisa mudou de figura.

Shelly voltou atrás em suas palavras. Negou tudo o que tinha dito.

"Você entendeu tudo errado, Sami. Eu não falei nada disso", recuou Shelly.

"Ela agiu como se não tivesse admitido nada", contou Sami mais tarde. "Foi tipo, sei lá. Como se eu fosse louca só de pensar que ela confessou alguma coisa."

Sami não deu bola para isso. Ela estava matriculada na Evergreen. Ia sair de casa para fazer faculdade.

46

A situação financeira dos Knotek continuava a piorar, e as despesas com a faculdade não ajudaram. A família tinha dívidas por toda parte. A empresa que fez reparos no aquecedor de água não recebeu pelo serviço prestado. A companhia telefônica vinha ameaçando cancelar a linha. Shelly usava de todo um arsenal de justificativas para manter os credores à distância até algum dinheiro entrar. Para a empresa de aquecimento de água, disse que teve uma emergência familiar e que não teria como pagar a conta tão cedo. Seu marido, segundo escreveu, havia sofrido um infarto gravíssimo.

"Ele está bem agora [...] Fico sempre ao seu lado, e ainda estou tentando dar conta de tudo, me sinto extremamente sobrecarregada."

Em outra carta para credores, atribuiu o atraso no pagamento a mais uma doença fictícia na família.

"Estou tendo um ano muito difícil. Minha filha mais velha sofre de esclerose múltipla, e meu pai está muito doente."

Shelly se valia desse tipo de pretexto sempre que sentia que poderia ser útil. Ao recorrer de uma infração de trânsito em South Bend, escreveu que estava sob estresse pesado, e que a violação — que fez seu carro ser rebocado — deveria ser perdoada.

"Estou tendo um ano muito difícil. Minha filha tem câncer. Preciso levá-la para fazer tratamento em Olympia duas vezes por semana. Saí do meu emprego para cuidar dela. Ela é tudo o que tenho, e depende de mim. Eu não sou uma criminosa."

A Patrulha Estadual de Washington a absolveu.

Enquanto Dave mal tinha forças para trabalhar, tendo que usar sais de amônia para se manter acordado e operar maquinário pesado, dormindo no carro porque não tinha opção melhor, Shelly vivia gastando freneticamente no pequeno shopping center de Aberdeen. Dave não tinha como saber, claro. Ela o havia removido da condição de responsável pela conta conjunta do casal. Dave sequer sabia o que era feito com seu salário.

Mas sabia que o salário não era suficiente. Pelo menos não para Shelly.

Ela também contraiu uma dívida de mais de 36 mil dólares em empréstimos pessoais no nome de Dave — uma prova do seu poder de persuasão junto à gerência da filial de Raymond do Bank of America. Era um feito e tanto. O casal não tinha nenhuma garantia para dar à instituição financeira. A propriedade na Monohon Landing Road já havia sido refinanciada até não poder mais, e o crédito do casal não tinha como ser dos melhores.

Mesmo assim, Shelly, persistente e criativa, sempre dava um jeito. E quando punha as mãos em uma boa linha de crédito, imediatamente se incumbia da tarefa de zerá-la. Era uma espécie de frenesi, como se gastar dinheiro tivesse o mesmo efeito de uma droga. Ou talvez servisse como substituto para algo do tipo. Shelly passava mais de trinta cheques por dia nas lojas do shopping de Aberdeen. Certa tarde, emitiu nove folhas na mesma loja da Target, passando de caixa em caixa em diferentes períodos do dia. Nenhuma das compras foi significativa; a maioria era coisa de cinco ou dez dólares. Essa podia ser uma estratégia de Shelly. Como os valores eram baixos, era pouco provável que ficassem no seu pé se os cheques voltassem. E ela também não estava nadando no luxo. A maioria das coisas que comprava era para Sami e Tori e, de vez em quando, algumas bugigangas para a casa. Algumas das compras eram inexplicáveis não só pela quantidade de cheques emitidos no mesmo lugar e no mesmo dia, mas porque esse padrão ia se repetindo ao longo da semana. Todos os dias. Ela voltava a Aberdeen e gastava tudo o que tinha — e, às vezes, o que não tinha.

Se passava um dia sem ir, no dia seguinte voltava.

Não importava que tudo poderia desmoronar ao seu redor a qualquer momento. Ela continuava comprando até não ter mais nenhum recurso ao qual recorrer.

E, quando isso acontecia, os cheques começavam a voltar.

Houve meses em que Shelly pagou mais de 250 dólares de multa por estourar o limite de sua conta-corrente. Quando o saldo ficava no vermelho, ela ia a outra agência e abria uma nova conta. E se ficasse sem crédito no comércio e não tivesse quem lhe emprestasse dinheiro no momento, Shelly fazia saques das contas das filhas.

"Raymond é assim mesmo", explicou Nikki mais tarde. "Em uma cidade daquele tamanho, a mãe de alguém pode ir ao banco e esvaziar uma conta que nem é dela."

Na hora de pedir um empréstimo ou dar entrada em um pagamento — qualquer coisa que exigisse um número de inscrição no Seguro Social —, Shelly Knotek tinha um conselho infalível para qualquer um com problemas financeiros.

Certa vez, Sami ligou da faculdade dizendo que seu número do Seguro Social não estava sendo aceito.

"Vai mudando o último número até encontrar um que seja aceito", falou sua mãe.

Sami não se sentiu à vontade para fazer isso.

"Então usa o da sua irmã", aconselhou Shelly, como se fosse uma coisa perfeitamente normal. "O nome da Tori está limpo."

Sami se recusou a fazer isso também.

Esses malabarismos de Shelly com o dinheiro e o número do Seguro Social das outras pessoas duraram um bom tempo. Alguns anos mais tarde, quando tentou conseguir um apartamento, a proposta de Sami foi rejeitada por estar com o crédito negativado. Havia uma dívida de 36 mil dólares associada a seu número de Seguro Social. Mas quem contraiu o empréstimo não tinha sido ela e, sim, sua mãe, que usou o número de Sami como se fosse o seu.

Shelly tentou inventar uma explicação mesmo assim. Falou que tinha sido alguma confusão feita pelo banco. Sami sabia que não dava para acreditar nisso. Dave, no entanto, continuava a defender a esposa.

"Sami e Shell usavam a mesma conta no banco. Nossos nomes acabaram se misturando nessa conta, e foi por culpa do banco. Isso criou um problema entre Sami, Shell e eu, mas foi tudo resolvido", explicou ele.

De sua parte, Dave não sabia o que dizer anos depois quando questionado sobre o que sua mulher fazia no gerenciamento de suas finanças completamente caóticas e sempre à beira do colapso. Durante alguns anos, foi tolo o bastante para acreditar que os dias de gastança de Shelly haviam ficado no passado. Não havia como ser diferente. Eles não tinham dinheiro para nada. Isso foi problema no início do casamento, mas ele achou que estivesse resolvido, com uma mistura de reprimendas e uma boa dose de realidade.

"Eu precisei dar um basta [nos gastos], mas ela foi ficando melhor nisso com o passar dos anos. As compras eram para a casa. Ela comprava muitas coisas para Sami também."

Na verdade, Dave, que tinha sido criado na pobreza às margens do córrego Elk, não queria que as meninas passassem nenhum tipo de necessidade. Nas discussões sobre dinheiro com Shelly, nunca era cogitada a hipótese de deixar de dar alguma coisa que Nikki, Sami ou Tori quisessem. Aulas de dança e de teatro, equipamentos esportivos, roupas novas, festas de aniversário, um monte de bichos de estimação — ele não via problema nenhum em nada disso.

Mas Dave nunca entendeu para onde ia todo aquele dinheiro.

"Onde diabos ia parar o dinheiro? Seria de se esperar que Shell tivesse comprado um carro novo ou coisa do tipo. Alguma coisa bacana. Mas a gente passou anos dirigindo só latas-velhas."

47

Quando ficou sozinha em casa, Tori se tornou o alvo.

Shelly voltou suas atenções para a filha mais nova pouco antes de Sami ir para a faculdade. Já tinha retomado em parte seu antigo comportamento logo antes de Sami se mudar, mas de forma sutil. Na educação infantil e no ensino fundamental, Tori muitas vezes ficava à beira da loucura porque seus trabalhos de casa sempre sumiam.

"Mãe, você viu meu dever?"

Shelly não tinha visto.

"Eu sei que guardei, mas não consigo encontrar."

Shelly olhava feio para ela. "Você vai ter que refazer, então."

Minha mãe é estranha, pensava a menina. *Mas mãe é mãe.*

Para Tori, um grande problema era a falta que sentia do pai. Dave estava exausto quando vinha para casa, mas dedicava seu tempo a ela, e os dois se divertiam fazendo coisas juntos. Mais tarde, ela teria dezenas de boas lembranças com ele — ainda que fossem pequenas coisas, como ver TV ou pescar no rio perto de casa. Às vezes, no entanto, era quase melhor que o pai ficasse longe. Não que Tori não o quisesse em casa. A questão era que, sempre que Dave aparecia, Shelly dava um jeito de arrumar uma briga.

A gritaria e as discussões tomavam conta da casa. Coisas eram arremessadas. Ameaças eram feitas. Shelly insultava Dave com todos os tipos de ofensas possíveis.

Criança nenhuma gostaria de ouvir aquilo.

"Lembro que ficava muito contente quando meu pai vinha para casa quando eu era pequena", contou Tori mais tarde. "Só que depois de um tempo, tipo, quando fiquei mais velha, a coisa chegou num ponto, tipo, quando eu era mais adolescente, tipo, eu não gostava muito porque quando ele vinha para casa, eles só brigavam… Tinha vezes que a gente se divertia, jogando videogame, por exemplo. Acho que ele sabia como ser um bom pai para mim quando eu era pequena, mas era uma situação tóxica. Sei que ele me amava muito."

Tori não conseguiu se recordar de nenhuma briga que tivesse sido culpa de Dave. Era sempre Shelly que começava tudo.

"Cadê o seu salário, Dave?", Tori se lembrava de ter ouvido Shelly gritar ao telefone. "Seu caipira do caralho! Você disse que ia chegar hoje!"

Tori só conseguia imaginar o pai do outro lado da linha, provavelmente garantindo que já tinha mandado. Dave seria incapaz de segurar o cheque de propósito ou ficar com o dinheiro para si. Ele dava para Shelly tudo o que ela queria.

"Não estava na porra da caixa postal. Eu fui até o correio. Já estou cansada de você."

E por fim: "Eu devia pedir o divórcio logo. Jamais devia ter casado com um idiota como você".

Quando vinha para casa, Dave dormia no chão, perto do sofá.

Era uma situação angustiante e confusa. "Meu pai parecia infeliz o tempo todo", contou Tori. "Bem desanimado, como se não quisesse estar em casa. Lembro que eu me sentia mal por ele ser casado com a minha mãe, de tão infeliz que era."

Com o tempo, Tori foi percebendo que estava no meio do fogo cruzado entre seus pais. Era uma batalha constante, e com certeza sobraria para quem estivesse por perto.

E haveria outros alvos também, claro. O primeiro ataque surpresa de Shelly contra Tori veio na calada da noite. Não havia ninguém em casa. A mãe, que só dormia quando a filha estava na escola, durante o dia, entrou em seu quarto e arrancou as cobertas da cama.

Tori arregalou os olhos e arfou de susto. Não sabia o que estava acontecendo. A casa estaria pegando fogo? Sua mãe estaria passando mal?

Foi uma coisa repentina. Assustadora. Absolutamente do nada.

"Você já pensou em se matar?", quis saber Shelly.

"Não, mãe", disse Tori.

Shelly ficou parada ali pelo que pareceu um tempão. Talvez quisesse uma resposta mais elaborada. Ou uma resposta diferente, talvez? Tori não sabia. Ela ficou em silêncio, assustada demais para tentar qualquer tipo de interação com a mãe.

Por fim, Shelly saiu do quarto.

Tori não conseguia dormir. Havia todo tipo de coisas passando por sua cabeça. E uma delas se destacou.

Ai, meu Deus, será que ela vai me matar e fazer parecer que foi suicídio?

Os Knotek tinham um dispositivo de radioamador enfiado debaixo da mesa da cozinha. Era de Dave, o único que mexia no aparelho. Como ele nunca estava em casa, ficava a maior parte do tempo ali sem uso. Um dia, Shelly se irritou por algum motivo com Tori, então com 8 anos, e a empurrou em cima do rádio.

Tori ficou em choque. Ela sabia que a mãe não devia ter feito aquilo. Não era sequer capaz de imaginar que Shelly pudesse tomar uma atitude assim. Não com ela. Tori levou a mão à lateral da cabeça. Estava molhada.

Sangue.

Ela começou a chorar. Em vez de pedir desculpas ou ajudar, sua mãe ficou lá, imóvel, com um olhar de absoluto desdém.

"Sua molenga do caralho!", gritou Shelly. "Levanta daí!"

O incidente teve um impacto profundo na menina. Depois disso, sempre que a mãe lhe mandava fazer alguma coisa vergonhosa ou errada, ela se lembrava daquele corte na cabeça. Tori sabia que, qualquer que fosse a situação, se Shelly quisesse machucá-la, faria isso sem hesitar.

A voz de Shelly deixava sua filha caçula morrendo de medo. No começo do programa televisivo *Fear Factor*, havia o grito apavorado de uma mulher, e toda vez que via essa abertura — apesar de saber o que viria pela frente —, Tori se encolhia toda, pensando que era sua mãe no andar de baixo, berrando a plenos pulmões.

Com ela.

Ai, meu Deus, eu vou sofrer esta noite, pensava.

Shelly encontrou um novo uso para as varas de pescar de Dave quando Tori a irritou, dizendo para uma amiga que havia apanhado da mãe com uma colher de pau. A mãe da garota questionou Shelly a respeito da surra, e ela reagiu batendo na filha mais nova com tanta força que a vara até quebrou.

"Você não vale nada! Sua ingrata! Seria melhor ter abortado você!"

As costas e as nádegas de Tori ficaram cobertas de vergões vermelhos bem feios. Ela ia nadar mais tarde naquela semana, e estava com medo de que as marcas ainda estivessem visíveis. Era preciso inventar alguma desculpa.

"Mas os vergões já tinham sumido quando fui nadar", disse ela mais tarde. "Minha mãe tratou de verificar pessoalmente."

Como era habitual no caso de Shelly, alguns castigos eram destinados a humilhar mais do que a ferir.

Shelly obrigou Tori a usar a mesma roupa na escola durante uma semana inteira quando ela não tirou a nota máxima em um trabalho escolar. Era um macacão jeans encardido com estampa do Pooh, e uma camiseta listrada do Piu-Piu. Sem casaco.

"Estava muito frio, e me lembro que fiquei morrendo de raiva dela. As pessoas perceberam e ficaram me perguntando por que eu estava fazendo aquilo. Eu respondia que tinha esquecido de lavar as minhas roupas ou coisa do tipo", contou Tori mais tarde. "No terceiro ou no quarto dia, simplesmente deixei de responder."

Ela ficou se perguntando o que as pessoas de fora, que viam o que sua mãe andava fazendo, poderiam estar pensando. Assim como sua irmã Sami, Tori sempre tinha sido uma menina que se vestia bem. Sempre com roupas novas. Mas então começou a aparecer todos os dias na escola com a mesma roupa. Alguém teria achado que havia alguma coisa errada?

"Sei que parece uma coisa sem importância", comentou anos mais tarde. "Porém, para mim, foi uma coisa séria, porque na escola, sabe como é, esse tipo de coisa é levada a sério, *sim*."

Quando Tori chegou à puberdade, Shelly criou uma nova e constrangedora rotina. Uma vez por mês, chamava a filha para a sala de estar.

"Ah, Tori! Chegou a hora. Vamos ver como você está indo."

Se Tori não obedecesse na mesma hora, ficaria sujeita aos gritos horripilantes da mãe, ao estilo *Fear Factor*.

"Tira a blusa", mandava Shelly.

Tori ficava com vergonha e não queria fazer isso.

Shelly zombava de seus pudores. Era uma coisa normal. Muito natural.

"Preciso ver como você está se desenvolvendo", dizia ela. "Todas as mães fazem isso."

Ah, pensava Tori, *isso não é verdade mesmo.*

Nenhuma de suas amigas comentava que eram obrigadas pelas mães a fazer alguma coisa remotamente parecida com aquilo.

"Não quero, mãe."

Shelly tinha um olhar intimidador que costumava vir antes de uma cintada ou um soco.

"Escuta aqui", disse com raiva. "Você precisa fazer o que eu mando. Sou sua mãe. Você é a filha. Tira essa blusa, Tori."

"Não quero, mãe."

"Por que isso, Tori? Pensa que eu sou uma pervertida ou coisa do tipo?"

Tori sabia que não tinha como vencer aquele impasse. Assim como todos os outros. Ela tirava a blusa e ficava imóvel enquanto a mãe a examinava.

"Certo", dizia Shelly por fim. "Está tudo bem."

Isso aconteceu muitas e muitas vezes.

Às vezes, Shelly mandava Tori tirar a calcinha também, para examinar sua vagina.

Isso era ainda pior do que mostrar os seios em formação, mas Tori fazia mesmo assim.

E uma vez houve uma exigência ainda mais bizarra e humilhante.

"Tori, eu preciso de um tufo dos seus pelos pubianos para o seu álbum de bebê."

Tori não queria fazer aquilo. Era um absurdo.

"Isso é loucura", respondeu por fim. "Ninguém faz isso, mãe."

Shelly deu de ombros e pareceu decepcionada. Um pouco magoada, até.

"Suas irmãs fizeram isso por mim", argumentou. "Por que você precisa ser tão difícil?"

"Não estou sendo difícil, mãe", respondeu Tori. "Isso é esquisito. Eu fico me sentindo muito mal."

Primeiro, a decepção. Depois, a mágoa. E então, a indignação.

"Como assim?", questionou Shelly. "Não tem nada de errado com o corpo humano e, se acha que sim, quem tem um problema sério é você."

Em seguida, ela entregou a tesoura para Tori.

"Sami e Nikki também fizeram isso?", perguntou a filha.

"Isso mesmo", confirmou Shelly. "Até Nikki, que só me dava trabalho, fez isso."

Tori pegou a tesoura, foi até o banheiro e voltou um minuto depois com os pelos que a mãe pediu. "Pronto", falou, estendendo a mão.

Shelly a olhou bem nos olhos e começou a rir. "Eu não quero isso aí."

Tori estava aos prantos, envergonhada e completamente humilhada. "Quê?"

"Eu só queria ver se você ia me obedecer", falou Shelly.

Tori se sentia muito sozinha. Nessa época, vivia ansiosa pelo fim de semana, quando Sami voltava da faculdade. Ela já tinha parado de desejar o retorno de Nikki. Sua mãe havia feito todo um esforço para fazê-la temer, e depois odiar, a irmã mais velha.

"Aquela menina era um monstro", disse Shelly em mais de uma ocasião. "Graças a Deus eu tinha você e Sami."

Tori não precisava pedir para ela entrar em detalhes. Isso sua mãe fazia por conta própria.

"Ela me batia, Tori. Dá para imaginar, uma menina batendo na própria mãe?"

Shelly também fazia a caveira de Lara, dizendo que a avó era uma mulher maldosa e destrutiva.

"Ela me tratava que nem lixo quando eu era menina", afirmou Shelly.

Tori foi absorvendo tudo isso. Ela captou a mensagem: tinha a melhor mãe do mundo, e Nikki e Lara eram suas maiores inimigas.

48

Em determinado momento, o vínculo entre as irmãs se rompeu e ficou turbulento. Sami, a irmã do meio, era a única em contato tanto com Nikki quanto com Tori. Nikki, que por sua vez estava trabalhando e começando a viver a própria vida, sentia falta da irmã mais nova e perguntava dela o tempo todo, mas o sentimento não era recíproco. Tori havia aprendido a parar de perguntar sobre Nikki, o que pelo menos significava que Sami não precisava mentir para a caçula e se arriscar a sofrer as consequências impostas pela mãe, que com certeza consideraria a manutenção de um relacionamento com Nikki a maior das traições.

Mesmo depois que Sami entrou na faculdade, o alcance da autoridade de Shelly continuava indiscutível. Sua necessidade de controlar cada aspecto da vida da filha incomodava as meninas do alojamento estudantil em Evergreen. Ela ligava às 22 ou às 23 horas todos os dias e, se Sami não atendesse, ficava furiosa e telefonava para a administração do alojamento ou para Kaley, o namorado da filha.

Em um bom dia, essa ligação chegava às 3 horas da manhã.

"Ela está aí?", perguntava Shelly.

Kaley respondia que não, e então se virava para Sami depois de desligar.

Eles não precisavam fazer mais do que trocar um olhar para expressar tudo o que sentiam.

Sami tinha conseguido chegar a um acordo com a mãe, mas não havia parado de confrontá-la. Ela escreveu uma carta de quatro páginas avisando que, embora Shelly afirmasse ter lapsos de memória sobre o que acontecia na casa da família, Sami não sofria desse mesmo problema.

> "Não consigo esquecer, e não, eu não estou falando de Kathy [...] Eu podia ser nova, mas lembro do que acontecia e sinto muito informar, mãe, mas acho que você esqueceu de tudo isso e só lembra do que é conveniente para você em vários assuntos. Como o que você fazia com Nikki e Shane, o chafurdar, os banhos escaldantes. Você esqueceu, ao que parece. Isso porque eu era a mais bem tratada."

E, embora Nikki tivesse se distanciado o máximo possível da mãe — e Tori, pelo que as irmãs sabiam, não conhecia tão a fundo o nível de depravação de Shelly —, Sami continuava voltando para casa. O que acontecia na família era um fardo para todas as irmãs, mas aquela que sempre encontrava um jeito de se esconder atrás de seu senso de humor estava sempre no olho da tormenta.

Ela continuou com sua acusação à mãe:

> "Sei o que acontece na casa das outras pessoas. Talvez não tudo. Mas sei o que é certo e o que é errado. Vivi uma mentira a vida inteira, e você pode não gostar de ouvir isso, mas é a verdade. Eu sei a verdade a respeito de tudo."

Quando Sami fazia questionamentos sobre o passado e as atitudes da mãe, Shelly encontrava novas formas de colocá-la na linha de novo.

"Querida, eu descobri que tenho lúpus", falou uma vez ao telefone. "É um caso grave."

"Ai, minha nossa, mãe", falou Sami. "Eu sinto muito."

Sami não sabia muito a respeito da doença na época, apenas que era um problema sério. Sua mãe a informou sobre o tratamento necessário. E, como se isso não fosse ruim o bastante, ainda relatou outra preocupação relevante relacionada à sua saúde.

"Estou com um cisto enorme no ovário, querida", acrescentou Shelly. "Vou precisar operar."

Sami achava que o câncer da mãe fosse uma espécie de jogo, de manipulação, mas por alguma estranha razão não achou que aqueles problemas médicos fossem mentira.

Mas eram.

"O mais curioso é que eu acho que a minha mãe nunca mais voltou a falar de lúpus comigo", relatou Sami mais tarde.

A mãe era uma mentirosa e Sami sabia disso, mas queria ter certeza. *Precisava* de provas. Por isso, resolveu vasculhar o quarto da mãe quando ela não estava em casa, só para ver o que encontrava — remover as pedras para saber o que poderia sair de baixo. Ela tomava todo o cuidado para não desarrumar nada. Shelly tinha um talento especial para descobrir se alguma coisa sua tinha sido tirada do lugar, ainda que minimamente, ou revirada. Às vezes parecia até que ela sabia quando uma das meninas tinha apenas *olhado* para alguma coisa.

Sami encontrou um saquinho de lixo debaixo da cama.

Quando olhou lá dentro, a princípio não entendeu do que se tratava. *Poeira? Conchas?*

Ela olhou mais de perto e aproximou os conteúdos da luz.

Era um saco de cinzas misturadas com ossos.

Ossos humanos.

Ela sabia que deviam ser de Kathy Loreno.

De quem mais seriam?

Dave Knotek ficou um bom tempo sem voltar para Raymond. Havia razões de sobra para isso. Seu trabalho era bem distante, claro. E, fora as meninas, não havia muitos motivos para voltar para casa. Sua esposa certamente não era um deles. Shelly vivia ameaçando pedir o divórcio, mas por algum motivo, sendo o mais provável o emprego estável do marido, nunca tomava uma atitude. Dave mandava seu salário para Shelly e, de qualquer forma, isso era tudo o que ela parecia querer.

Foi um telefonema da nova mulher de seu sogro que enfim colocou Dave na direção certa, quando lhe perguntou por que fazia mais de um ano que ele não via Tori.

Dave ficou na defensiva, criando desculpas para algo que não tinha nenhum motivo minimamente aceitável. Ele não sabia por que não voltava para casa. Não que não pensasse nisso. Seu chefe perguntava a respeito toda sexta-feira, mas Dave sempre se esquivava dizendo que precisava fazer alguma coisa na obra no dia seguinte.

"Precisa nada", respondia o chefe.

"Ele conseguia ver na minha cara que eu não tinha vontade de ir para casa", contou Dave mais tarde.

Depois do telefonema, passou um bom tempo refletindo. E, por fim, decidiu pedir a ajuda de Deus.

O Senhor precisa me dar uma resposta, se lembrou de ter pensado. *Precisa me ajudar. O que eu faço?*

Ele estava sem um tostão e sem carro na época, mas teve a resposta que queria. Dave afirmou que Deus lhe disse que precisava ser fiel aos seus votos e ir para casa. Seu chefe, que também era um pai de família, lhe emprestou um Cadillac velho. Era um carro beberrão até não poder mais, mas era a resposta às suas preces.

"Eu saía do trabalho às 17h na sexta-feira. Pegava trânsito pesado. Levava o maquinário da empresa de Sedro-Woolley até Oak Harbor. De lá precisava voltar o caminho todo, porque tinha perdido as balsas. Passava pela I-5. Chegava em casa à meia-noite, à uma hora da manhã. Shell me esperava com o jantar pronto. Tori ficava acordada feliz. Estava tudo bem. Tori estava feliz. Shell estava feliz. Eu estava feliz."

Todo mundo estava feliz. Ou parecia estar.

Até ele ir embora de novo.

PARTE V

RON, O BODE EXPIATÓRIO

49

Sami tinha ouvido falar de Ron Woodworth pela primeira vez quando sua mãe ligou na faculdade e mencionou um "novo amigo" que estava ajudando uma idosa com dezenas de gatos que foi despejada de sua casa em Riverview, não muito distante do campus local da Grays Harbor College. Shelly finalmente tinha conseguido um emprego: seria auxiliar de assistente social na Agência de Assistência ao Idoso da Região de Olympia. Ela conheceu Ron através da ONG Habitat para a Humanidade, quando cuidava do caso da mulher dos gatos.

"Levei todas as coisas delas para o galpão. Perguntei se queria morar aqui, mas ela quer ter sua própria casa."

Ótimo, pensou Sami. Foi um grande alívio. Ela não queria que ninguém mais fosse morar com a sua mãe.

"Ron ajudou a encontrar casas para a maioria dos gatos", continuou Shelly. "Tinha mais ou menos uns oitenta."

Sami considerou a ideia de morar em uma casa com oitenta gatos terrivelmente anti-higiênica.

"Ron parece ser um cara legal", comentou ela.

"Sim, ele adora gatos."

De fato, Ron tinha vários gatos também. Por volta dessa época, Tori começou a visitar o trailer dele depois da aula, e viu a bagunça que os gatos faziam por lá. O lugar fedia, mas Ron, como a maioria das pessoas com mais gatos do que o recomendado por metro quadrado, nem percebia o cheiro.

Não era um homem corpulento, mas quando conheceu Ron Woodworth, pouco tempo depois, Sami notou o tamanho de sua barriga, que caía por cima do cinto como uma pochete. Os cabelos estavam ficando ralos no topo da cabeça, mas ele os mantinha compridos, presos com um elástico em um rabo de cavalo. Usava brincos e outras joias, e parecia orgulhoso de sua aparência. Ex-editor do jornal local e cuidador de idosos autorizado, Ron estava "passando por alguns problemas" e desempregado na época.

Tinha uma língua afiada e sarcástica, e Sami simpatizou com ele logo de cara.

Durante suas visitas ao trailer depois da escola, Tori folheava livros de egiptologia, um dos grandes interesses de Ron, e eles conversavam sobre os deuses e mitos desse período histórico. Aquilo o fascinava mais do que tudo. Ele falava sobre a importância da vida e o papel do além-mundo.

Mais tarde, quando Shelly insistiu em afirmar que Ron podia ter tendências suicidas, Tori se lembrou dessas visitas.

"Ele jamais faria isso", garantiu ela.

Tori passou a gostar de Ron, que às vezes a deixava ganhar no jogo de baralho ou de damas. Começou a chamá-lo de tio Ron. Era um amigo, e sua esperança, embora nunca verbalizada, era que se tornasse um aliado também.

Ron Woodworth tinha se mudado com Gary Neilson, seu companheiro por dezessete anos, para South Bend no segundo semestre de 1992. A irmã de Gary já morava na região, e, em 1995, os pais de Ron, Catherine e William, também saíram da Califórnia por insistência do filho, pois seu pai estava com problemas de saúde na época.

Em todos os sentidos, a ida para o condado de Pacific era um recomeço para Ron e Gary, cujo relacionamento já vinha sendo submetido a pressões e discórdias. Na verdade, quando Gary sugeriu a mudança, disse para Ron que era pegar ou largar. Ron não pensou duas vezes. Gary era o amor de sua vida, e de jeito nenhum abriria mão dele.

Mas depois da morte do pai, em junho de 1996, o comportamento de Ron começou a mudar. Drasticamente. Ele se tornou incapaz de manter o trabalho como cuidador ou até uma simples conversa sem se distrair. Tinha sido uma pessoa extrovertida durante a maior parte da vida, mas, de repente, se tornou carrancudo e reservado. Apesar de Gary entender a dimensão da perda que afetou seu companheiro, não suportou mais viver com Ron, e, em 1997, o relacionamento chegou ao fim.

Ron não reagiu bem ao rompimento. Consumido pela tristeza, ele se tornou uma pessoa volátil. Quando Gary apareceu no trailer certo dia, logo depois da separação, as fechaduras tinham sido trocadas, e Ron se recusava a deixá-lo entrar.

"Ele queria me chantagear para voltar, usando a minha propriedade", contou Gary mais tarde. "Eu falei que, se queria o trailer tanto assim, então podia ficar."

No dia seguinte, Gary voltou para buscar algumas coisas que Ron tinha separado para lhe devolver. Os dois nunca mais se falaram — nem pessoalmente, nem pelo telefone. Um mês depois, Ron mandou uma carta para o ex, afirmando que ele e sua mãe nunca mais queriam vê-lo de novo.

Depois que se viu solteiro de forma repentina — e dolorida —, a crise profunda de Ron Woodworth passou a causar preocupação em seu pequeno círculo de amizades. Uma dessas pessoas era Sandra Broderick, que conhecia Ron desde os tempos em que trabalharam juntos no almoxarifado da Base Aérea de McClellan, em Sacramento, na Califórnia, no começo da década de 1990. Quando Ron se mudou para o Noroeste do Pacífico, Sandra acabou fazendo o mesmo. A proximidade ajudou a manter a amizade intacta, mas os dois se gostavam de verdade.

Apesar de ter feito algumas ameaças veladas após o fim do relacionamento, afirmando não ter mais "motivos para viver", Ron não falou abertamente em suicídio. Além disso, assim como Tori, Sandra achava que as crenças de Ron nas tradições do Egito Antigo o impediriam até de contemplar a ideia, por pior que as coisas estivessem.

Mesmo assim, em 1999, Sandra viu que o amigo ainda estava sofrendo, então convidou ele — e a mãe — para morar na sua casa de cinco quartos em Tacoma. Ron reagiu bem à proposta, e chegou a visitar o imóvel. No fim, respondeu para Sandra que preferia recusar por ora, mas isso não queria dizer que ficaria em Raymond ou em South Bay. Gary morava em Aberdeen, e Ron não queria cruzar com ele pelas ruas. Ele contou para Sandra que iria morar com seus amigos Shelly e Dave Knotek, que, segundo Ron, estavam comprando uma casa em Oak Harbor.

Contudo, em julho de 2000, quando Sandra teve notícias de seu antigo colega militar, ainda não havia nem sinal da casa em Oak Harbor, e Ron estava passando por apertos financeiros. Precisava de dinheiro para pagar os aluguéis atrasados do parque de trailers em Willapa. Ela lhe deu 500 dólares para que não acabasse sendo despejado.

Tempos depois, soube por um amigo em comum que Ron havia pegado emprestado 2 mil dólares para contratar um advogado, em um esforço para não perder o trailer.

Sandra telefonou para ele assim que soube. Ron agiu como se tudo estivesse sob controle.

"Ele me falou que tinha dado mil dólares para Shelly Knotek contratar o advogado", contou ela mais tarde.

Sandra ficou desconfiada e perguntou o nome do advogado.

"Ele disse que perguntaria para Shell, porque foi ela quem o contratou. Eu nunca soube se esse advogado existia ou não."

Algum tempo após essa conversa, Sandra viajou para Raymond e fez uma visita a Ron e sua mãe no trailer dela, instalado no Timberland Recreational Vehicle Park.

De forma inesperada, Shelly também apareceu, e a visita durou menos do que o planejado.

Quem conhecia Shelly sempre comentava a respeito de sua propensão a demarcar seu território.

50

Aos 50 e tantos anos, era tarde demais para Ron recomeçar do zero. Ele havia perdido o lar, o pai, o companheiro. Também se afastou da mãe, com quem foi morar depois de ter sido despejado do trailer, em 1999. E, o pior, tinha perdido seus gatos. Shelly contou a Tori que iria acolher Ron, para ajudá-lo a se reerguer. Tori não sabia que essa era a mesma conversa usada por Shelly para convencer Dave a trazer Kathy Loreno para suas vidas.

"É para ajudá-la", tinha dito Shelly a Dave sobre Kathy. "E, ao mesmo tempo, ela pode ajudar a gente."

Shelly estendeu o tapete de boas-vindas a Ron e o instalou no antigo quarto de Sami. Ele dispunha de uma cama, uma cômoda e uma mesinha de cabeceira com um abajur. E trouxe um monte de livros e todos os pertences que conseguiu encontrar no trailer da mãe.

Dave não tinha muitas informações a respeito de Ron Woodworth — ou, se ouviu falar alguma coisa, elas entraram por um ouvido e saíram pelo outro. Havia um bom motivo para isso. Ele ainda estava trabalhando em Oak Harbor, em Whidbey Island, e quase nunca ia para casa. O que quer que acontecesse por lá estava longe de ser o foco de sua atenção. Tomou conhecimento de que Ron foi morar em sua casa quando esteve por lá, em uma de suas raras visitas à Monohon Landing.

Shelly estava simpática e animada ao fazer as apresentações.

"Esse é o meu amigo Ron", falou, se apressando em acrescentar logo em seguida: "Ele é gay. Foi despejado de onde morava, e vai fazer uns trabalhinhos aqui."

Sinceramente, Dave não estava nem aí. Para ele, não faria diferença se Ron tivesse algum interesse em Shelly. Na verdade, seria até bom. Dave queria uma rota de fuga. Não aguentava mais o estresse de viver com a esposa e ter que lidar com todos aqueles dramas.

E todos aqueles segredos a esconder.

"Eu estava esperando Tori crescer para poder me mandar", admitiu ele mais tarde. "Era só aguentar mais uns três ou quatro anos, por aí, e depois podia ir embora."

Shelly explicou que Ron havia cuidado de Tori algumas vezes, e era uma pessoa leal e de confiança.

Ron apertou a mão de Dave. Era um homem baixo, com óculos de lentes grossas, orelhas furadas e uma porção de correntes douradas no pescoço, inclusive uma com um ankh, a cruz egípcia, como pingente.

"Ele parecia ser gente boa. Eu só queria me livrar daquele estresse", falou Dave. "Não via a hora de sumir dali."

Puta merda!
Essas foram as palavras que passaram pela cabeça de Sami ao descobrir que Ron tinha ido morar com sua mãe e sua irmã. *Isso não é uma boa ideia,* pensou antes de enterrar tudo no fundo da mente. Era o que ela vinha fazendo a vida toda. Era inteligente o bastante para perceber o que estava acontecendo, mas o instinto de sobrevivência lhe conferia uma capacidade singular de reprimir esses pensamentos.

Ela disse a si mesma que não havia como a história se repetir, apesar de conhecer bem a própria mãe. Sami a tinha visto em ação com Kathy, seu pai e outras pessoas. Shelly só queria saber de Shelly, o que significava que ela precisava vir sempre em primeiro lugar. Estar o tempo todo no controle. Os outros só existiam para atender às suas necessidades. Shelly era a patroa. Mas Ron era Ron. Não era Kathy. Não era Dave. Por isso, Sami acreditava que Ron saberia como lidar com sua mãe.

Um pensamento. Um desejo. Uma prece. Era uma vaga esperança, no máximo. Mas os sinais de alerta surgiram quase de imediato.

Em suas primeiras visitas na época, Sami encontrou a mãe e Ron em um convívio que mais tarde descreveria com o de "dois pombinhos." Mesmo assim, percebeu que Ron servia Shelly e fazia tudo o que ela queria.

"Sim, Shelly, querida", respondia ele a qualquer pedido.

Shelly lhe dava um abraço e o agradecia por ser tão bom para ela, ou o repreendia por não ter feito algo que queria, mas em um tom gentil que imitava o de uma mãe dando uma lição em uma criancinha que não entendia o que tinha sido pedido ou a importância de que aquilo fosse feito.

Nas refeições, o chamava para comer à mesa.

"Ron, venha jantar!"

"Ah", dizia ele. "Que maravilha, Shelly, querida."

Não importava o que fosse servido. Para Ron, era um prato gourmet preparado por um competidor do *Top Chef* ou algum outro programa de gastronomia da TV.

A recepção calorosa de Shelly esfriou rápido.

Por volta da segunda semana, as coisas começaram a mudar. Tori percebeu que Ron parecia irritar sua mãe.

"Eu vi você revirando os olhos", esbravejou com ele. "Não gosto nem um pouco disso."

"Me desculpe, Shelly, querida", respondeu ele.

"Você está tirando sarro de mim com esse seu tom de voz?"

Ron abaixou a cabeça. "Me desculpe, querida."

Em pouco tempo, adjetivos foram acrescentados às falas dela.

Era chocante e cruel. Tori não conseguia acreditar que sua mãe estava falando com o amigo daquele jeito.

"Não quero um veado imprestável que nem você dirigindo a palavra a mim", dizia Shelly. "Tenho nojo de você, Ron. Vê se some da minha frente, e fica longe da minha menina. Você é uma péssima influência."

E então os conflitos se intensificaram.

E não foi pouco.

Mas a verdade era que as coisas ficaram mais fáceis para Tori depois que Ron foi para lá. A atenção de sua mãe se voltou para o novo morador da Monohon Landing Road. Se antes Tori era vítima de maus-tratos por qualquer transgressão, esse papel passou a ser de Ron.

"Ela ficava com uma cara horrorosa, e então acabava batendo nele ou indo com ele lá para os fundos, e eu não sei o que acontecia, pois minha mãe me obrigava a subir para o quarto."

Era uma situação que se repetia todas as noites.

E todos os dias também. Ron não podia mais fazer refeições com Tori e sua mãe. Shelly só lhe dava torrada e água. Duas vezes por dia, fazia com que ele tomasse um punhado de comprimidos.

"O que são esses comprimidos que você dá a ele?", perguntou Tori mais de uma vez.

"Remédio para dormir", respondia Shelly. "Para ele se acalmar."

Ron mudou quase de imediato quando Shelly começou a maltratá-lo — e a dopá-lo.

"Ron era a pessoa mais inteligente que eu conhecia, mas depois que veio morar aqui não sabia de mais nada", lembrou-se Tori. "Ele não era mais o mesmo. Era como se nem estivesse mais lá."

Shelly expulsou Ron do quarto, em uma ação rápida e sem cerimônia, como um mágico que puxa a toalha da mesa sem derrubar nada. Ela tomou quase tudo o que ele possuía e lhe disse para dormir no chão da sala do computador. Por alguma razão, Ron não contestava nenhuma ordem de Shelly. Mal ficava dentro da casa. Ela lhe passava uma lista imensa de afazeres, e ele se mantinha a maior parte do tempo no quintal.

Então Shelly deu o passo seguinte: restringiu o acesso ao banheiro. Com Ron dormindo no andar de cima e ela a noite toda no sofá, por onde era preciso passar para ir ao banheiro, não havia como burlar a regra.

"Shelly, querida, posso usar o banheiro?", pedia ele.

A resposta era negativa e imediata.

Como o truque da toalha.

"Não o banheiro dentro de casa", falava Shelly.

"Querida, então aonde eu posso ir?"

"Você precisa fazer as suas necessidades lá fora. Não quero um veado usando o meu banheiro."

E foi assim que as coisas passaram a ser.

Quando Ron ficava apertado à noite, urinava em um frasco de limpa-vidros, que tentava esconder durante o dia.

Certa manhã, Tori estava usando o computador quando Ron ainda não tinha saído para cumprir seus afazeres. Ela viu o frasco com o xixi, e ele percebeu. Ela estranhou a falta de cuidado. Quando Shelly encontrasse aquilo — e sem dúvida nenhuma isso aconteceria —, ele seria punido. *Por que desobedecer à minha mãe? Ele sabe o que vai acontecer.* Isso a deixou irritada.

"Por que você está fazendo isso?", questionou Tori com um tom acusatório.

Ron pareceu mais do que constrangido. "Me desculpa, Tori", falou. "Me desculpa."

Mais tarde, Tori revisitaria essa cena em sua mente e ficaria envergonhada. O modo como falou deu a entender que estava brava com ele, o que não era o caso. Só não queria vê-lo sendo repreendido aos berros ou surrado.

Apesar de não contar a Ron, Tori fazia a mesma coisa. Para não acordar a mãe ao descer a escada no meio da noite e correr o risco de provocar um acesso de fúria, ela urinava em um pote também, que esvaziava pela janela todos os dias de manhã.

Tori só queria que Ron fosse mais cauteloso.

De vez em quando, Shelly perguntava à filha caçula se ela se lembrava de Kathy. Tori tinha visto fotos suas no colo dela quando era bebê. Sabia que Kathy tinha feito parte de sua vida, mas não qual era o papel dela na família. Não entendia o motivo para a mãe sempre tocar naquele assunto.

"Alguém já perguntou para você sobre Kathy?"

"Não, mãe."

"Alguém na escola? Algum vizinho?"

Tori sacudia a cabeça.

"Ninguém. Eu juro."

51

Os demais funcionários da Agência de Assistência ao Idoso da Região de Olympia viviam se perguntando como Shelly Knotek conseguiu aquele emprego de assistente social e ainda se manter no cargo apesar de seu comportamento insubordinado e errático. Assistência social? Sério mesmo? A conduta dela com o público era totalmente inadequada, alternando entre a interferência excessiva e a indiferença. No início de dezembro de 2000, ela foi advertida pelo chefe por causa de dois incidentes. Shelly tinha orientado uma cliente a não tomar sua medicação, o que deixou outros membros da agência preocupados, pois contrariar ordens médicas poderia trazer consequências trágicas e irreparáveis. O outro episódio dizia respeito a uma pessoa de baixa renda com uma queixa de que Shelly havia roubado uma toalha de mesa valiosa feita à mão. Shelly tinha uma desculpa na ponta da língua, garantindo que havia sido um presente por sua ajuda em encontrar uma nova moradia para a cliente, prestes a ser despejada. A cliente afirmava que não foi esse o caso.

Shelly mentia sem pudores para seus colegas. A princípio, sobre pequenas coisas que foram se tornando maiores com o passar do tempo. Falsificava relatórios de horas trabalhadas. Estava sempre atrasada, às vezes usando como justificativa visitas a clientes, embora ninguém no escritório fosse capaz de imaginar o motivo para uma auxiliar de assistente social precisar ir à casa de alguém tão cedo. Em certa ocasião, afirmou que havia mandado os cartões de Natal da agência para clientes e colaboradores, mas ninguém recebeu nada. Quanto à festa de fim de ano da empresa, em Aberdeen, Shelly afirmou que não estava sabendo. E, apesar de ter sido durante o expediente, afirmou que não poderia ir, porque estaria ocupada fazendo alguma coisa com Dave naquele horário. Ela também foi pega ouvindo mensagens de trabalho em casa e apagando sem repassar as informações.

Durante uma avaliação de desempenho em janeiro de 2001, Shelly admitiu que deveria melhorar a própria conduta. Comprometeu-se em se tornar uma funcionária mais responsável, porém, nos meses seguintes, seu rendimento só caiu.

A administração do escritório registrou as impressões de uma de suas colegas:

> "Não consegue confiar em Michelle. Ela disse que Michelle mente e depois volta atrás. Sente que ela perdeu a confiança da comunidade."

Quando um colega se recusou a dizer a Shelly quando era seu aniversário, ela ligou para a esposa dele sem ter sido autorizada. Em seguida, transformou um almoço de trabalho em uma festa surpresa, com bolos, balões e todo o resto.

E convidou todo mundo, menos a colega que se queixou de seu trabalho malfeito. Isso foi uma bela facada nas costas. Shelly e a colega em questão haviam sido amigas no passado. Não havia muitas mulheres na cidade que Shelly poderia chamar de amiga — na verdade, nenhuma. Ela considerou aquilo uma enorme traição. Contou a todos que adorava aquela mulher. Que suas filhas brincavam juntas quando pequenas.

Mas isso não fazia diferença. Shelly tinha sido atacada, e estava em guerra. Às vezes, ela costumava dizer, nunca se sabe até onde alguém é capaz de chegar para conseguir o que quer.

Depois da avaliação negativa de desempenho de Shelly em 20 de janeiro de 2001, Ron Woodworth escreveu uma carta para a direção da agência elogiando o trabalho que ela fez com sua mãe. A primeira parte da mensagem, muito bem escrita, elogiava o supervisor de Shelly, afirmando que ele foi muito solícito e gentil, porém as palavras mais grandiosas foram reservadas a ela, que, em sua opinião, era uma joia rara.

> "A maioria dos burocratas logo aprende a fazer o mínimo necessário para se manter no cargo. E nada mais! Isso é uma grande vergonha, e claramente está errado! A sra. Knotek, porém, sabe (e acredita) que um servidor público de verdade deve estar disposto a ir além para ajudar os clientes a lidar com seus diversos problemas. Ouvi histórias em Raymond sobre a disposição da sra. Knotek para ajudar os clientes a resolver seus numerosos problemas. A sra. Knotek ajudou minha mãe quando o carro de uma pessoa do bairro atingiu por acidente parte de seu trailer."

Ele assinou seu nome e forjou a assinatura da própria mãe.

Foi uma boa tentativa. Mas não foi suficiente, e já era tarde demais de qualquer forma. Em 27 de março de 2001, Shelly recebeu uma advertência por escrito: se não corrigisse sua conduta, seu contrato de trabalho seria rescindido. Ela contestou cada colocação feita pelo supervisor antes de, por fim, admitir que se tratava de uma descrição justa do que vinha acontecendo. Os registros mostram que nem seu desempenho, nem sua reputação melhoraram depois disso.

> "MK retrucou e ficou na defensiva. MK me disse que não queria 'ser repreendida como uma criança de novo'."

Ao longo dos meses seguintes, o escritório começou a receber diversas ligações elogiando Shelly e sua atuação excepcional. Os colegas tinham certeza de que era ela quem pedia para as pessoas telefonarem, para tentar preservar o emprego. Mas era uma campanha destinada ao fracasso.

Em 9 de maio de 2001, o supervisor de Shelly a colocou em estágio probatório. Isso a tirou do sério, fazendo sua pressão arterial subir às alturas. Ela inclusive mencionou isso na ocasião e, como de costume, contestou cada argumento por escrito. Além disso, afirmou que apelaria da decisão.

Seu chefe fez o seguinte registro da reunião:

> "Ela disse que eu não gostava dela. Que eu era cruel. Disse que eu agia como um policial. Ela chorou. Falou que sua pressão estava em 18 por 12. Contou que estava separada do marido e precisava do emprego."

Algumas semanas depois, Shelly continuou a se portar da pior maneira possível. Passou a se referir ao escritório como um ambiente de trabalho "hostil". Seu comportamento se tornou cada vez mais errático, ao mesmo tempo em que prometia melhorar. "MK disse que está sendo perseguida", seu chefe anotou. "Falou que eu não a escuto, e que está sendo espionada."

Durante esse período, seu chefe a questionou sobre telefonemas anônimos com reclamações direcionadas a uma outra funcionária do escritório.

"Ron Woodworth é seu amigo?", perguntou ele.

"Não exatamente", foi como ela se esquivou.

O que o chefe não lhe disse foi que já havia identificado Ron como o responsável por todos os telefonemas. Nem que a pessoa que registrou a queixa relatou que Tori o chamava de tio Ron, e que, em 1998, ele se referiu a Shelly como sua "irmã". Ou que uma placa com os dizeres "Vaga do tio Ron" tinha sido vista na casa de Shelly.

O supervisor então mencionou as reclamações, que eram de natureza bastante vaga, mas sem revelar que a colega que era alvo das queixas passou a se sentir insegura e a trancar a porta da sala durante o dia, para proteger "meu emprego, meus arquivos e minha integridade".

Shelly hesitou antes de responder.

"Bom, Ron não está mais por aqui", falou, antes de fazer uma ligeira retificação: "Ron não está por aqui há um bom tempo."

Às 3h30 de 31 de maio, Shelly deixou uma mensagem de voz na caixa postal do escritório, afirmando que teve uma emergência familiar e não poderia comparecer ao trabalho. Foi o começo do já esperado fim de sua trajetória na agência.

Menos de três semanas depois, em 19 de junho de 2001, a Agência de Assistência ao Idoso da Região de Olympia encerrou o contrato de trabalho de Shelly, com o pagamento de uma rescisão de 4.849 dólares e alguns centavos. Em um toque de ironia, a demissão também significava sua exclusão da Equipe de Segurança e Saúde no Trabalho, da qual havia sido um membro "de valor". Shelly não recebeu bem a notícia. Foi embora espumando de raiva.

Mais tarde, naquela manhã, passou diante do escritório com Ron, que mostrou o dedo do meio para a mulher que Shelly acusava ter feito sua caveira.

52

No segundo semestre de 2001, a amiga de Ron dos tempos de forças armadas, Sandra Broderick, se mudou de Tacoma para Copalis Beach, no litoral de Washington, a pouco mais de uma hora de viagem de Raymond. Queria retomar o contato com ele, que estava morando com os Knotek. Telefonou várias vezes, mas Shelly sempre dizia que Ron estava no quintal ou que não estava em casa. Sandra nunca conseguia falar com o amigo.

Era uma situação cansativa e preocupante.

Na ocasião seguinte em que Shelly a atendeu com frieza e disse que não fazia ideia de onde estava Ron, Sandra resolveu que não deixaria o assunto para lá. Estava cansada do que parecia ser algum tipo de joguinho.

"É melhor você pedir para ele me ligar o quanto antes, ou vou chamar a polícia, Shelly. Não pense que não vou fazer isso."

"Bom, eu não sei onde ele está", respondeu Shelly.

"Então vou prestar queixa do desaparecimento dele", avisou Sandra. "A polícia vai bater na sua porta em breve."

Menos de 24 horas depois, o telefone de Sandra tocou. Era Ron. Ele parecia apreensivo, nervoso. Contou que suas dificuldades financeiras tinham se agravado e que, além disso, também tinha problemas legais.

"Estou me escondendo da polícia", falou ele. "Estou no sótão da Shelly. Tem um mandado de prisão no meu nome."

Sandra ouviu o barulho de alguém respirando junto ao telefone.

"Shelly! Eu sei que você está na extensão", disse ela. "É melhor você desligar agora mesmo!"

Ela ouviu o clique do outro lado da linha.

Furiosa, mas determinada a ajudar, Sandra ofereceu a Ron um emprego no restaurante do qual era proprietária na época.

"E você pode morar comigo."

Ron recusou sem pensar duas vezes.

"Não", respondeu para Sandra. "Shell está me ajudando a arrumar um outro emprego. Como caseiro em Seattle."

Eles trocaram mais algumas palavras, porém a conversa — e a oferta de ajuda — claramente não chegaria a lugar nenhum.

Sandra ficou preocupada, mas não sabia o que fazer. Ron era um homem adulto. Afirmava estar na mira da polícia, e não havia muito mais o que ela pudesse oferecer.

Uma semana depois, foi Shelly quem ligou para Sandra.

"Ron está ficando estressado por sua causa", disse ela. "Você está fazendo mal para ele. Não se meta na vida do Ron, Sandra."

"Nada disso", retrucou Sandra. "Ron precisa de alguém que cuide dele. E você não está fazendo isso, Shelly."

Shelly desligou o telefone.

Sandra estava certa, claro. Ron estava afundando cada vez mais. E o que não contou para a amiga foi que, em sua cruzada para provar que Shelly era a melhor cuidadora do mundo, ele ultrapassou todos os limites. Em meados daquele ano, um escritório de advocacia em Seattle que representava a Agência de Assistência ao Idoso da Região de Olympia emitiu uma notificação extrajudicial para comunicá-lo de que deveria manter distância da sede da instituição em Raymond, pois os funcionários estavam se sentindo inseguros e assediados por sua conduta. Ron foi avisado de que nenhum contato seria tolerado, nem por escrito, nem por telefone: "Os funcionários acionarão a polícia e solicitarão sua detenção".

Desde que Shelly Knotek passara a fazer parte de sua vida, o mundo de Ron se transformou em um buraco negro de problemas financeiros, judiciais e familiares. E Shelly continuava por perto, tornando tudo cada vez pior.

53

Aos 56 anos, Ron estava fora de si devido ao desentendimento que vinha tendo com a mãe, Catherine Woodworth.

E, como sempre, sua nova amiga Shelly Knotek estava lá para piorar ainda mais a situação.

Catherine havia reclamado com pessoas da família que os cuidados prestados a ela por seu filho eram, no mínimo, insuficientes. Ron ficou indignado. Shelly botou lenha na fogueira, afirmando que ele tinha sido denunciado às autoridades por negligenciar a mãe. Seria vergonhoso e arruinaria sua reputação na cidade. Mesmo antes de alguma acusação formal ser feita, Shelly o convenceu a escrever uma réplica.

Com Shelly espiando por cima de seu ombro, Ron fez uma lista com vários itens para rebater o que considerava uma caracterização injusta do cumprimento de seu dever como filho. A reclamação mais substancial dizia respeito à limpeza do trailer dela, em especial à infestação de pulgas que ela atribuía aos gatos de Ron.

> "Eu mantinha a casa de acordo com os padrões dela. Sempre que minha mãe queria uma faxina, eu a fazia imediatamente. Meus gatos são animais que não saem para a rua, e não tinham pulgas quando fui morar com ela."

Ron pôs a culpa da infestação nos cachorros do vizinho.

> "Quando saí da casa da minha mãe, em setembro de 2000, tinha pouquíssimas picadas de pulgas no corpo dela — as reclamações sobre uma súbita infestação ocorreram depois que me mudei, e antes que ela, em uma decisão unilateral, expulsasse meus gatos de sua casa."

Sem o conhecimento de Ron, Shelly também o estava afastando o máximo possível do restante de sua família. Era a mesma coisa que tinha feito com Kathy. E com Dave também. Na verdade, Shelly parecia empolgada com a possibilidade de ser tanto a benfeitora como a antagonista de Ron. Ela havia se aproximado de Catherine, e instigava a indignação dos parentes de Ron em Michigan. Conversava por telefone com os Woodworth, lamentando o que estava ocorrendo com Ron e pintando a si mesma como a principal defensora de Catherine.

"Eu perdi minha mãe aos 2 anos", falou para Jeff Woodworth, irmão mais novo de Ron, em um dos vários telefonemas que ela fazia escondida. Era uma afirmação um tanto exagerada, já que Sharon morreu quando ela estava com 13 anos. "Sua mãe é como a mãe que nunca tive."

E ainda dizia que Dave, seu marido, também adorava Catherine.

"Ela fez uma torta para o aniversário dele, e ele achou incrível."

Shelly garantiu que Ron poderia ficar com ela até conseguir se reerguer.

"E em troca da hospedagem", relembrou-se Jeff, "ela disse, sem rodeios, o que Ron precisava fazer: alimentar os cães, os gatos e o cavalo. Nada muito absurdo."

Mais tarde, Ron se queixaria do quanto trabalhava na casa dos Knotek em cartas para sua família. Shelly, por sua vez, contou para a família dele sobre a vez em que pediu para que Ron deixasse dois de seus gatos do lado de fora enquanto ela não estivesse em casa. Mas, quando voltou depois de ir buscar Sami, ficou perplexa ao ver que não tinha sido atendida.

"Eu pedi para você deixar os dois lá fora", falou ela.

"Está tudo certo", respondeu Ron. "Eles estão comigo. Estou de olho em tudo."

Shelly se irritou e explicou a Ron que não queria os gatos dentro de casa por causa de sua calopsita.

Ron se manteve firme. "Já falei para você que estava de olho neles."

"Você não está me escutando", rebateu Shelly. "Eu não quero os gatos dentro de casa!"

"Foi um erro meu! Me desculpe", retrucou Ron por fim.

Nesse momento, Sami apareceu. "Por que você está gritando com a minha mãe?"

Ron não respondeu. Não disse nada. Apenas saiu pisando duro.

Em 1º de outubro de 2001, sob a supervisão de Shelly, Ron escreveu uma carta duríssima para a mãe, em que dizia estar arrependido de tudo o que tinha feito para ajudá-la.

"Quando eu trouxe você e o pai para cá, não esperava que todos iriam me apunhalar pelas costas. Nós dois sabemos que o pai ficaria muito triste com a sua crueldade e sua frieza comigo e com os meus gatos. Ele jamais seria cruel com um animal, nem mesmo se a vida dele dependesse disso."

Ele afirmou que não suportava nem olhar na cara da mãe, que a considerava sua assassina.

"Em 8 de junho de 1997, Gary Neilson me matou como homem, quando me abandonou; pois parabéns, em 1º de outubro de 2001, você finalizou o assassinato destruindo todo o meu orgulho de ser um Woodworth."

Ele concluiu a ácida mensagem afirmando que não tinha mais uma mãe:

"Ela morreu no dia em que matou meus gatos."

Dois dias depois, Ron escreveu aquela que prometia ser sua última carta para Gary:

"Você não demonstrou nenhuma compaixão desde que me matou, em junho de 1997. Foi ambicioso, egoísta, indiferente, desonesto [...]."

Ron mandou uma segunda carta apenas quatro dias depois da anterior. Dessa vez chamou a mãe apenas de "senhora" no cabeçalho. Mais uma vez, protestou contra a traição dela no caso dos gatos e falou que estava de mudança para Seattle, "onde (talvez) vou poder me esquecer da minha mãe traidora".

No mesmo dia, mandou uma carta de três páginas para o irmão e a irmã, que moravam no Meio-Oeste. Mais uma vez, contou tudo o que a mãe tinha feito, a crueldade inenarrável de "colocar os meus amados gatos para fora no frio". Era por causa disso, afirmou, que não cuidava mais dela. Afinal, não podia mais confiar na mãe, e nem sequer suportava olhar na cara dela. Também relatou que tudo isso tinha acontecido depois que foi morar com Shelly, que não podia abrigar seus gatos, quando sua mãe se comprometeu a ficar com os animais por uma semana. Mas, "em três dias", os soltou na rua.

> "Para manter a minha paz, eu lavo as minhas mãos de qualquer responsabilidade por ela. Na verdade, estou tão incomodado e furioso que nos próximos meses vou mudar de nome legal e formalmente."

Ele comunicou que se mudaria para Seattle, onde viveria com outro nome — que poderia revelar aos irmãos, desde que não contassem para a mãe. Também disse que Shelly tinha seu telefone, caso quisessem falar com ele.

> "Para manter a minha estabilidade emocional, vamos nos comunicar através de Michelle e sua boa vontade. Michelle lamenta muito estar no meio dessa situação, já que gosta de nós dois. Então não a culpem por nada. Como sempre, a responsabilidade por tudo cabe a mim."

Uma frase específica da carta chamou a atenção de todos:

> "É com dor no coração, mas preciso agir assim, ou poderia fazer algo ainda mais drástico, o que no momento não pretendo fazer".

Os irmãos de Ron — e a sempre prestativa Shelly — viram nisso não uma menção ao suicídio, e sim uma ameaça à segurança de Catherine. Ron enviou uma carta manuscrita para a mãe em 9 de outubro de 2001.

> "Senhora,
> Escrevo para informar que estou concedendo à sra. Michelle Knotek a permissão para retirar todos os meus pertences pessoais de sua casa e de seu depósito. O que ela vai fazer com isso não é da sua conta. Quando ela tiver retirado tudo, a senhora não vai receber mais nenhum contato da minha parte. Rezo para que viva até os

100 anos em perfeita saúde, tanto física como mental; e que todos os dias, pelo resto da sua vida, se lembre da crueldade que fez comigo. A senhora agora é responsabilidade deles, não minha.

De seu antes amado filho."

Ron estava sozinho. Não tinha mais ninguém no mundo.
Apenas Shelly.

54

Em 2001, Lara Watson estava aposentada de sua carreira em hospitais e clínicas de repouso, e queria um novo projeto. Quando surgiu a oportunidade de reformar um antigo mosteiro em Sandy, no estado de Oregon, e transformá-lo em uma pousada e local para casamentos, ela aproveitou a chance. Não falava com Shelly fazia um bom tempo, e não se incomodava com isso. Sempre que as duas conversavam — sobre o câncer, o casamento com Dave, como Shane estava se saindo no Alasca —, Shelly se limitava a fazer discursos que não chegavam a lugar nenhum. Todos os telefonemas para Shelly terminavam com um monólogo extenso e uma ligação interrompida unilateralmente.

No início de julho de 2001, Nikki ligou para avisar que estava pensando em se mudar para Oregon também, em busca de um novo emprego. Lara ficou empolgada, claro. O vínculo entre ela e a neta era poderoso. Tambor não era sua filha, mas havia sido seu bebê. Lara não via Tori desde muito pequena, mas se manteve próxima das irmãs mais velhas. Sami estava indo bem na faculdade, e Nikki morava em Bellingham. Elas estavam no caminho certo, o que era um grande consolo para Lara.

Nikki conseguiu um emprego no seu primeiro dia em Oregon, e parecia tão feliz quanto foi em Bellingham, ao norte da fronteira estadual. Mas as coisas mudaram, e, drasticamente, logo nessa primeira noite, quando ela e Lara estavam assistindo a um programa sobre crimes na TV a cabo.

Nikki sempre tinha sido fascinada por histórias de crime; queria entender por que as pessoas cometiam maldades contra outras. Antes de sair da Grays Harbor College, tinha até contemplado a ideia de uma carreira na polícia. Ela sabia que sua mãe também gostava desse tema — ainda que Nikki notasse que Shelly estava menos interessada em descobrir como capturar criminosos e mais em como permanecer sempre um passo à frente da polícia.

Mas Shelly era sempre capaz de surpreendê-las. Uma vez, quando estavam assistindo ao filme *Mamãezinha querida*, virou-se para as filhas com uma expressão perplexa no rosto. "Não acredito que uma mãe faria isso com os filhos!"

Nikki e Sami trocaram olhares incrédulos. Sua mãe tinha se esquecido da fita adesiva? Do spray analgésico? Do chafurdar na lama?

Enquanto via TV com Lara naquela noite, Nikki de repente ficou calada de um jeito que sua avó estranhou, apesar de não ter dito nada na ocasião.

Será que Nikki está cansada da viagem de Washington?

Na manhã seguinte, Nikki encontrou a avó no escritório, trabalhando em alguns documentos.

"Eu preciso contar uma coisa", começou. Lara percebeu que a neta havia passado a noite em claro. Os olhos de Nikki estavam marejados e vermelhos. Estava na cara que tinha chorado.

"O que foi, querida?", perguntou Lara enquanto a abraçava. Uma longa pausa se instalou no pequeno escritório.

"Minha mãe e meu pai mataram Kathy", contou Nikki, por fim.

A palavra quase ficou presa na garganta de Lara quando a repetiu. "Mataram?"

Nikki assentiu. "Assassinaram."

As duas começaram a chorar, mais do que nunca na vida. Entre os soluços que interrompiam o relato, Nikki contou a Lara o que tinha acontecido, primeiro na Casa Louderback e depois na Monohon Landing Road.

Lara era durona e já tinha visto muita coisa na vida. Nesse dia, porém, não conseguia acreditar no que estava ouvindo. Mas sabia que não havia motivo para a neta inventar uma história como aquela. Nikki não era mentirosa.

Shelly, por outro lado, sempre foi.

Lara se recompôs e elaborou um plano.

"Nós precisamos denunciar", afirmou.

Em seguida, ela telefonou para o chefe de polícia de Sandy. Quando ele atendeu, Nikki contou o que sabia, e o policial telefonou para a delegacia que tinha jurisdição sobre Raymond, South Bend e Old Willapa — a polícia do condado de Pacific, em Washington. Pelo telefone, pôs o delegado Jim Bergstrom em contato com Lara.

"Ele me falou para colocar tudo por escrito e enviar por fax", explicou Lara mais tarde. "Então foi isso o que Nikki e eu fizemos. Mandamos tudo para o condado de Pacific."

Em 11 de julho de 2001, Lara Watson enviou três páginas por fax para Jim Bergstrom, acrescentando à primeira a palavra "urgente", e ficou à espera de uma resposta.

Mas não recebeu nenhum retorno.

No fax, Lara relatou que Nikki havia narrado os acontecimentos na Monohon Landing e na casa em Willapa. Também incluiu uma cópia do depoimento original de Nikki:

> "Foi muito tempo atrás, quando eu tinha mais ou menos 16 anos, que a minha mãe fez isso. Ela estava sempre irritada com Kathy. A quem tratava muito mal. Usava as botas com biqueira de aço do meu pai para bater nela. Dava vários tipos de remédios para Kathy, que passou a agir de forma estranha. Teve uma noite em que nós escutamos barulhos esquisitos, então fomos espiar no quarto de Kathy e vimos o meu pai fazendo alguma coisa com ela, porque [tinha] um monte de espuma branca saindo da boca dela. Acho que ela foi envenenada pela minha mãe. Ou então sofreu muitos danos cerebrais por causa das pancadas na cabeça. Mas Kathy não estava se mexendo. Acho que já estava morta. Tivemos que sair correndo porque não tínhamos permissão para ficar no andar de baixo, e não queríamos que a minha mãe soubesse o que vimos. Ela iria nos bater ou fazer algo bem ruim contra nós se soubesse."

Nikki escreveu então que ela, as irmãs e o primo foram levados para um hotel de beira de estrada enquanto seus pais queimavam o corpo de Kathy no quintal da propriedade de Monohon Landing. "Nós voltamos para casa. Sentimos um cheiro muito ruim e também de borracha queimada. Meu pai estava lá fora, jogando todas as coisas de Kathy em cima dos pneus. Ele manteve o fogo aceso." E encerrou o relato falando do medo que sentia por denunciar os pais: "Minha mãe vai fazer alguma coisa muito ruim comigo se souber que eu contei. Ou vai pôr a culpa no meu pai. Espero que o meu pai não se suicide por minha causa".

55

Nikki sabia que contar a Lara, e depois à polícia, o que tinha acontecido com Kathy Loreno era a coisa certa a fazer. Fazia tempo que ela sentia, no fundo do coração, que a família de Kathy tinha o direito de saber a verdade.

Mas isso não significava que não estivesse apavorada. A ideia de que sua mãe e seu pai responderiam no tribunal pelo que fizeram foi o que motivou a denúncia, mas não havia nenhuma garantia de que isso aconteceria. E se eles escapassem impunes do que fizeram? E se continuassem a agir dessa forma? O que aconteceria com Tori? Shelly descontaria tudo em sua irmãzinha?

Nikki ficou com tanto medo que não assumiu seu novo emprego. Em vez disso, teve que voltar para Bellingham, a mais de trezentos quilômetros de distância de Raymond, para se sentir segura.

Quando começou a falar, porém, Nikki encontrou a própria voz, e conseguiu relatar sua história de novo. Dessa vez, depois de alguns drinques para soltar a língua, contou tudo para seu namorado, Chad. Ela estava uma pilha de nervos, com medo de que fosse vomitar enquanto falava tudo aquilo.

Nikki explicou o que ela e a avó tinham feito, sobre o fax enviado para o condado de Pacific. Chad considerou um absurdo tudo o que ouviu. Não que duvidasse de Nikki, mas a impressão que teve foi a de que sua namorada havia soltado uma bomba e saído correndo, e essa não era a melhor maneira de garantir que a justiça fosse feita em um assassinato.

Mesmo que a assassina fosse sua própria mãe.

"Você precisa fazer a denúncia pessoalmente", reforçou ele.

"Não consigo", respondeu Nikki. Estava assustada demais. "Eu não posso voltar lá e simplesmente denunciar tudo."

"Escuta só, ou você conta tudo para a polícia, ou eu mesmo faço isso", insistiu Chad.

"Acho que não consigo."

"Consegue, sim", garantiu o rapaz. "E vai fazer isso."

No dia seguinte, os dois pegaram a estrada para Raymond na picape Yukon dele. Nikki continuava com o estômago revirado. Sabia que estava fazendo a coisa certa, mas a ideia de chegar tão perto da mãe era quase impossível de suportar.

Enquanto viajava para o sul, ela refletiu a respeito e chegou à conclusão de que, na verdade, já havia aguentado muita coisa. E agora seria a vez da responsável por seu tormento — sua carcereira, a mulher que a envenenou quando criança, que a jogou sem roupa na neve ou em uma porta de vidro.

O jogo estava virando. Shelly iria pagar pelo que fez com Kathy.

Perto de Mount Vernon, a alguns quilômetros ao sul de Bellingham, o celular de Chad tocou. Ele não reconheceu o número ao atender a chamada. Um instante depois, se virou para Nikki.

"É a sua mãe", avisou.

Ela não conseguia acreditar. De alguma forma, Shelly conseguira o número de Chad. *Como? Com Sami, talvez?*

Shelly tinha esse poder bizarro, ao que parecia. Simplesmente sabia das coisas.

Chad encostou a picape enquanto Nikki falava ao telefone, com o coração batendo em seu peito como uma marreta.

"Estou planejando uma viagem para a Disneylândia", anunciou Shelly, do nada e com um tom casual, agindo como se as duas jamais tivessem se afastado.

No entanto, estavam afastadas. E fazia tempo. Um afastamento que deu uma chance para Nikki construir uma vida.

"Com todas as meninas, eu e seu pai", continuou Shelly. "Não vai ser maravilhoso?"

A mão de Nikki tremia. "É", respondeu. "Parece ótimo."

Shelly continuou falando sobre a viagem, e Nikki deu uma desculpa, dizendo que precisava desligar porque estava no telefone de Chad, e encerrou a ligação.

"Eu estava morrendo de medo", disse Nikki mais tarde. "Foi quase como se ela soubesse o que estava acontecendo e estivesse tentando me atrair de volta. Fiquei em choque. Eu estava indo para Raymond contar o que ela fez."

Nikki ligou para Sami a seguir, e disse à irmã que estava indo denunciar Shelly na polícia. E também despejou uma outra bomba.

"Acho que a mãe matou Shane."

Era a primeira vez que Nikki comentava isso com a irmã.

Sami ficou sem saber o que pensar. Tinha apenas 16 anos quando Shane desapareceu. Acreditou na história da mãe sobre a casa de passarinhos, o bilhete e os telefonemas.

"Shane jamais deixaria uma carta para a mãe, Sami."

"Acho que não mesmo."

"A gente mal procurou por ele... Não foi como das outras vezes que ele fugiu. Por que você acha que foi assim?"

Sami não sabia.

Chad esperou do lado de fora enquanto Nikki contava para o delegado Jim Bergstrom tudo o que sabia sobre Kathy. Bergstrom contou que havia ido à casa da Monohon Landing algumas vezes em tempos recentes, para interrogar Shelly sobre o desaparecimento de Kathy, a pedido da família dela. Depois do depoimento, Chad levou Nikki de volta para Bellingham.

O namoro deles terminou não muito tempo depois disso.

"Minha bagagem emocional era pesada demais, acho", reconheceu Nikki. "Ele era um bom sujeito. E sou grata pelo apoio que ele me deu, o que me permitiu fazer o que era necessário, ou seja, contar tudo que sabia a respeito do que havia acontecido."

Nikki tinha certeza de que dera início a algo de grandes proporções. Algo semelhante a um terremoto.

Mas nada aconteceu. Nada de nada. Até onde Nikki sabia, o delegado não deu andamento nenhum ao caso. Não falou com Sami. Não foi revistar a casa.

"Ele nem convocou minha mãe para dar explicações", contou Nikki. "E devia ter feito isso."

56

Na verdade, o delegado de Pacific tinha tentado entrar em contato com Sami, com quem precisava falar para corroborar o depoimento de Nikki. Sami recebeu os recados, mas se recusou a ligar para ele.

Ela achava que Nikki e a avó já tinham contado tudo o que era preciso saber. E, apesar de considerar imperdoável o que aconteceu com Kathy, Shelly ainda era sua mãe, e Sami não queria ser a responsável por colocar os pais na cadeia.

Então decidiu que, quando a mãe fosse presa, falaria. Não antes.

Também achava que Shelly poderia ser detida a qualquer momento, então disse à chefe da escola onde trabalhava que sua mãe era meio louca, mas sem entrar em muitos detalhes.

"Minha mãe pode ter se metido em uma bela de uma encrenca", falou para a chefe. "Pode virar uma coisa bem séria."

Em parte, o medo de Sami de falar com a polícia pode ter sido amplificado pela reação da única pessoa a quem havia contado a verdade — seu namorado Kaley Hanson, com quem vivia brigando e reatando.

Sami e Kaley estavam bebendo cerveja certo dia no alojamento dela na Evergreen College, conversando sobre tudo e sobre nada ao mesmo tempo.

Sami se recostou em Kaley. "Qual foi a pior coisa que você já fez?"

Ele contou algo que ela considerou meio escabroso, mas que não chegava nem perto das milhares de coisas sinistras que Sami poderia revelar sobre sua infância.

Ela decidiu não pegar leve. Falou logo do maior esqueleto escondido no armário dos Knotek.

"Minha mãe matou uma pessoa", falou. "A amiga dela, Kathy. Ela morava na nossa casa, e foi torturada até a morte pela minha mãe."

Se fosse um jogo de "verdade ou consequência", Sami teria saído vencedora.

O rosto de Kaley ficou pálido, e ele ficou de pé em um pulo e se mandou de lá. Sami não esperava esse tipo de reação. Nunca tinha falado para ninguém a respeito do que sua mãe fazia. E se sentia segura com Kaley. Tinha convivido com aquele fato por tanto tempo que parecia só uma história, uma coisa que em sua maior parte era verdadeira, mas não completamente. Ela pensava a respeito com tanta frequência — e vivia em meio a tanta loucura — que disse aquelas palavras como se não fosse necessário fazer nenhum preâmbulo. Não deu nenhuma pista do tamanho da revelação que faria.

O que foi que eu fiz?

Sami foi atrás dele e o levou de volta ao alojamento. Kaley estava em choque e passando mal. Tinha bebido muita cerveja.

E sido exposto a uma coisa terrível demais.

"Eu estava só brincando", disse Sami, tentando voltar atrás.

"Brincando?", repetiu seu namorado. "Puta coisa sem graça, Sami. Com uma coisa dessas não se brinca."

A tentativa de fingir que nada tinha acontecido não funcionou. Só deixou as coisas ainda piores.

"Tudo bem, eu não estava mentindo", admitiu ela. "É verdade. Não estou mentindo."

Ela então contou tudo o que era capaz de lembrar. Contextualizou a história o melhor que podia, afirmando inclusive que amava muito Kathy, que acabou presa em uma armadilha.

Assim como todos nós.

Depois que Kaley ouviu tudo e se retirou por um momento para digerir a informação, Sami ficou sentada no escuro, arrependida de ter contado. Ela não estava se sentindo nada bem. Não se sentia nem um pouco mais leve. Em vez disso, estava com o estômago revirado, furiosa e confusa. Não fazia diferença se confiava ou não em Kaley. Foi a reação dele que a deixou desconcertada. Ela fazia parte de uma história tão terrível que, apesar de ser só uma criança na época, aquilo parecia estigmatizá-la de uma forma terrível.

E a sua família. Suas irmãs.

O que Kaley vai fazer com essa informação? Vai contar para alguém?

Só anos depois Sami parou para pensar nas consequências que despejar seu fardo secreto nos ombros de Kaley poderiam ter para ele.

"Sinceramente, jamais imaginei o efeito que aquilo teria sobre ele, que precisaria continuar lidando com a minha mãe sabendo de tudo aquilo", explicou mais tarde. "Eu tinha convivido com a minha mãe e tudo o que ela fez durante toda a minha vida. E ainda a amava. Não parei para pensar em como seria a convivência para uma pessoa de fora da nossa casa depois de saber tudo o que tinha acontecido."

Sami conseguiu falar a respeito de Kathy algumas vezes com Shelly. Tinha deixado de acreditar na fantasia da fuga com o namorado. Nunca acreditou de verdade nisso, aliás.

Certa vez, Shelly estava falando sobre Nikki, que havia excluído a mãe de sua vida. Em seguida, acrescentou: "Será que Nikki contou para alguém, sabe como é, sobre o que aconteceu?".

Sobre você ter matado Kathy?, pensou Sami. *E, sim, ela contou para a vovó e para a polícia.*

Por fim, Sami respondeu: "Não, mãe".

Shelly se deu por satisfeita. Mas Sami insistiu no assunto, e revelou à mãe como realmente se sentia.

"Eu nunca vou ter uma vida normal, mãe. Por causa do que aconteceu. Nunca vou poder compartilhar nada disso com o meu marido. Vai ser um enorme segredo para sempre", acrescentou Sami. "Talvez fosse melhor contar."

"E que bem isso faria?"

"Não acho certo a família da Kathy não saber o que aconteceu com ela", respondeu Sami. "E se a gente contasse à polícia?"

Shelly foi se irritando com a filha do meio. "Porra, você está falando sério? Quer arruinar sua própria vida?"

"Eu não sei se algum dia vou ter uma vida normal, mãe", insistiu. "Não com isso pairando em cima da gente."

Shelly a olhou com desdém. "Você é uma decepção constante para mim, Sami."

Sami não se deixou intimidar. "A família da Kathy ainda está procurando por ela."

"É melhor que eles não saibam", respondeu Shelly. "Vão ficar mais felizes sabendo que ela está com um homem que a ama."

"Ela está morta, mãe."

"Eu sei disso, Sami. Mas falar sobre isso agora vai arruinar a vida de todo mundo. Você quer que seus amigos fiquem sabendo?"

Sami sacudiu a cabeça. "Não, mas..."

"Você vai arruinar a vida da sua irmã", continuou Shelly, pegando em um ponto fraco de Sami. "Tori não tem culpa nenhuma de nada. Além disso, Kathy se suicidou, Sami. Você sabe muito bem."

Suicídio, pensou Sami. *De onde ela tirou isso?*

57

Shelly era boa em separar pessoas. As filhas, umas das outras. Os pais, das meninas. Shane, Kathy e Nikki, de todo mundo.

Criar essas barreiras lhe permitia fazer o que quisesse. Os outros eram como peças de um jogo. Brinquedos para ser usados e abusados, não importava quem fossem.

De vez em quando, Shelly deixava Tori sem comer. Não por muito tempo, no máximo um dia ou dois. Às vezes como castigo, mas, em certas ocasiões, apenas porque estava entretida demais com a TV para se dar ao trabalho de ir ao mercado ou preparar uma refeição. Houve momentos, ainda que não muitos, em que Tori precisou ir até o balcão revirar o velho freezer deixado lá. A operação precisava ser bem silenciosa.

Assim como as irmãs, estava convencida de que a mãe tinha superpoderes malignos, uma capacidade para descobrir qualquer coisa que tentassem manter em segredo.

Comeu panquecas congeladas e escondeu com cuidado as embalagens para Shelly não perceber. Também tomou o cuidado de não pegar coisas demais, para a mãe não notar o desfalque no estoque de comida. Ela rearranjou as coisas no freezer, trocando os produtos de lugar, mas fazendo parecer que estavam como Shelly havia deixado.

A mãe, conforme esperado, percebeu. Tori, mais tarde, supôs que ela tivesse encontrado as embalagens porque, quando foi ao freezer de novo, não tinha mais nada lá.

"Ela jogou fora toda a comida", contou Tori mais tarde. "Tudo o que tinha lá. E não disse uma palavra a respeito."

Não muito tempo depois, veio mais um ataque surpresa.

As luzes do quarto se acenderam. De repente, as cobertas de Tori não estavam mais lá.

Shelly estava parada diante dela, com o roupão entreaberto e um seio para fora.

"Levanta. Tira a roupa!"

Minha nossa, e agora?

O coração de Tori disparou, e a adrenalina se espalhou pelo seu corpo, mas ela não enfrentou a mãe.

Elas desceram a escada. Em pouco tempo, Tori estava nua no quintal, fazendo polichinelos, ou correndo sem sair do lugar na sala, enquanto a mãe ficava no sofá.

"Mais depressa!", berrou Shelly.

Tori acelerou o passo. Chorou algumas vezes, mas não deixou de obedecer.

"Você não está nem se esforçando!"

"Estou sim, mãe. Eu estou. Juro que estou."

"Sua putinha ingrata."

"Desculpa, mãe."

"Pula mais alto! Quero que você pule mais alto."

Era vergonhoso. Humilhante. Qualquer tipo de recusa significaria que a duração do castigo seria maior. Enquanto cumpria as ordens da mãe, Tori se perguntava por que Shelly associava os castigos à nudez ou a incursões ao seu quarto no meio da madrugada. Ela só queria que aquilo terminasse.

"Minha mãe era assustadora", disse Tori mais tarde. "Parecia que eu não tinha escolha. Me sentia uma pessoa insignificante. Envergonhada. Não retrucava nada porque sabia que seria pior se abrisse a boca."

Ela se sentia *impotente*.

Mas, quando o castigo terminava, acontecia sempre a mesma coisa: "Duas horas depois, o amor por ela voltava, porque ela vinha te abraçar e dizia: 'Desculpa, eu te amo'".

Ao contrário das irmãs mais velhas e de Shane, Tori não teve que repetir muitas vezes o mesmo castigo. Na verdade, Shelly quase nunca punia a filha caçula duas vezes da mesma forma.

Certa vez, Shelly teve a grande ideia de limpar um dos barracões no fundo da propriedade.

"Agora!", ordenou, do nada.

Como sempre, Tori se apressou em obedecer.

Ela seguiu a mãe pelo quintal até o barracão, e Shelly a mandou começar a pegar jornais e outras tralhas.

"Eu quero que você coloque tudo nas suas botas!"

Não fazia o menor sentido. Nunca fazia. Mesmo assim, Tori obedeceu.

"Enfia na sua calcinha, sua bostinha!"

Tori olhou para a mãe, mas não conseguiu entender o que se passava na cabeça dela. Só tinha 10 ou 11 anos na ocasião, mas sabia que aquilo era bizarro.

"A parte mais estranha foi que ela ficou lá sentada, só olhando", contou Tori mais tarde. "Estava gostando de tudo o que via, acho. Lembro que foi a primeira vez na minha infância que pensei, tipo, *isso é muito esquisito*, tipo, *isso é bem estranho*, tipo, *tem alguma coisa bem errada aqui*."

Tori não contava a ninguém sobre o que acontecia em casa porque não queria acabar encrencada — e porque achava que ninguém acreditaria. Quando Sami perguntava como andavam as coisas, Tori sempre dizia que estava tudo bem. Ela questionava seu próprio comportamento, por que estava sempre sendo castigada, e prometia a si mesma fazer um esforço para melhorar.

Tentaria fazer sua mãe amá-la.

Tori tinha 12 anos quando começou a escrever um diário como trabalho de escola. Não queria ser a menina cujo pai morava em uma ilha distante, cujas irmãs tinham ido embora e cuja mãe era abusiva contra ela e o amigo da família que morava em sua casa.

Em uma página do diário, Tori escreveu que seu filme favorito não era um que tivesse visto no cinema ou na TV.

> "É um vídeo caseiro. Eu gosto muito. É do meu aniversário de 3 anos, quando a minha mãe montou uma piscininha infantil. Eu parecia estar curtindo muito. Quando ninguém estava olhando eu peguei o bolo de aniversário e joguei na piscina. Minha mãe achou muito engraçado, mas a minha irmã não, porque tinha encomendado um bolo especial para mim. Eu gosto de ver vídeos caseiros."

Mais tarde, escreveu sobre o feriado do Dia de Ação de Graças, que estava chegando.

> "Sou grata por ter toda a minha família reunida. Minha irmã mora em Tacoma, sabe, então eu não a vejo muito. E meu pai trabalha longe, bem longe, construindo pilares e fiação subterrânea para casas em vários lugares. Minha mãe, eu vejo o tempo todo."

A essa altura, como todos os demais membros da família, Tori não mencionava mais Nikki. Embora houvesse fotos dela — e de Shane — por toda a casa, era como se sua mãe tivesse apagado a filha mais velha da memória.

Ninguém via Nikki.

A não ser Sami.

Isso era um grande segredo.

Os segredos, como as irmãs Knotek sabiam bem, eram uma herança de família.

58

Shelly continuou incitando a família de Ron pelas costas dele. Ela telefonou para eles depois de levar Catherine a uma consulta médica no final de 2001. Contou que tinha tirado três pulgas do rosto dela durante o trajeto de carro, e ainda falou que tinha visto várias vezes Ron dar ordens ríspidas à mãe.

Também se queixou da condição em que estava a casa de Catherine, afirmando que, pelo jeito, Ron não fazia mais nada pela mãe havia um bom tempo. *A pobre mulher não tem nem uma TV que funcione!* Shelly se encarregou disso e comprou uma televisão de 27 polegadas para Catherine. Além disso, abriu-lhe um crediário de 150 dólares na loja de eletrodomésticos.

Quando providenciou uma faxina, Shelly hospedou Catherine enquanto a casa dela era dedetizada. Estava fazendo tudo o que podia para aquela mulher tão querida, que considerava uma segunda mãe.

E Shelly aproveitava para malhar seu melhor amigo. Disse aos Woodworth que Ron tinha dinheiro suficiente para pagar o aluguel do parque de trailers, mas preferiu não fazer isso.

"Na época em que perdeu [o contrato de aluguel], ele tinha 600 dólares, e em vez disso foi procurar um advogado, que disse que estava tudo dentro da legalidade", contou Jeff, o irmão de Ron. "Ele precisou comparecer ao tribunal, e a audiência até foi adiada uma vez, então foi por negligência que perdeu a ação. Ele teve várias chances de resolver o problema do aluguel no tribunal, mas, como não apareceu, o proprietário ganhou a causa."

Em 4 de novembro de 2001, Catherine ligou para o filho caçula, Jeff, e afirmou que desejava se mudar para ficar mais perto dele e de onde o marido estava enterrado. Disse que Ron precisaria responder na justiça por cheques sem fundos que tinha passado, e que havia "um mandado de prisão federal" contra ele. Mais tarde, acabou voltando atrás quanto ao retorno a Michigan, citando como motivos o tempo frio e o fato de não querer ser um fardo para ninguém.

Shelly foi se metendo cada vez mais nos assuntos familiares dos Woodworth. Ela escreveu um bilhete em 29 de novembro de 2001.

"Sua mãe está bem. Vou tirar uma foto dela esta semana para mandar para vocês — e ela vai cortar o cabelo esta semana para as festas de fim de ano. Bem que eu gostaria de fazer mais para ajudar. Deus abençoe você e todos os seus."

Em 2 de dezembro de 2001, Catherine ligou para Jeff e disse que Shelly havia lhe entregado em mãos uma carta de Ron, que escreveu para falar sobre como ela doou todas as roupas dele. Shelly estava com a carta fazia algum tempo, e disse ao irmão de Ron que tinha pedido para ele não a enviar. Mas Ron foi inflexível; ela não teve escolha. Quando Shelly enfim entregou a carta, disse ter feito isso enquanto as duas estavam juntas no carro, para dar tempo de Catherine absorver tudo aquilo durante o trajeto. A mensagem estava em um cartão de Natal, junto a um bilhete: "Entregue isto para a minha mãe, porque não quero que ela saiba a minha caixa postal".

"Você é uma puta de uma imbecil", dizia a carta. "Não consigo acreditar que você seja imbecil a ponto de achar que tinha a porra do direito de me tirar as poucas coisas que tenho."

Shelly mandou a carta pelo correio, alguns dias depois, para o irmão de Ron, com um adendo seu: "Você vai encontrar no envelope a carta que Ron mandou para sua mãe. Estou me sentindo muito mal com tudo isso".

Foi a cunhada de Ron quem escreveu a resposta, dando sua avaliação da situação: "Essa carta foi ainda mais violenta que a última, com 22 palavrões, pelas contas de Michelle".

E apresentou um plano para impedir os maus-tratos de Ron contra a mãe: "Eu autorizei Michelle por telefone a interceptar toda a correspondência de Ron para a mãe e entrar em contato com o Serviço de Proteção ao Idoso no dia 3 de dezembro de 2001".

Jeff Woodworth continuou a receber telefonemas de Shelly Knotek. Para os parentes de Ron, Shelly era gentil, inteligente e responsável. Eles estavam bem longe, em Michigan, e Shelly era como um colete salva-vidas naqueles tempos difíceis.

Ron ficou paralisado ao ouvir uma mensagem de sua família na secretária eletrônica dos Knotek. Quando Shelly chegou em casa, ouviu o recado e então perguntou se Ron tinha ouvido.

Mais tarde, ela escreveu para os Woodworth relatando o que aconteceu em seguida: "Ron agiu com indiferença [...] mas depois ficou na defensiva, dizendo 'Eu não aceito ordens de ninguém', e deu um tremendo escândalo".

O irmão de Ron mais tarde contou que Shelly também parecia estar no limite de sua paciência. Ele fez até uma anotação a respeito: "Michelle falou para Ron várias vezes sobre 'deixar para lá' e seguir adiante com sua vida, mas ele não aceita. Michelle disse que se sentia como se fosse a mãe dele, e não uma amiga, e que Dave já estava cansado."

Era recesso de fim de ano, e Sami tinha voltado da Evergreen College. Tori tinha saído com as amigas e Ron estava trabalhando no galpão quando uma viatura da polícia do condado de Pacific apareceu. O delegado desceu e bateu na porta da frente. Shelly atendeu na mesma hora. Sami não conseguiu ouvir a conversa, mas teve a certeza de que era sobre Kathy. Fazia meses que Nikki tinha procurado a polícia pela primeira vez.

Eles já sabem!, pensou. *Está acontecendo.*

Sua mãe fechou a porta.

"Por que ele veio aqui?", perguntou Sami, de repente se sentindo em pânico. "É por causa da Kathy, né? Eles já sabem sobre a Kathy, mãe!"

Shelly arregalou os olhos e foi correndo abraçar a filha.

"Não, não", respondeu. "Eram só papéis para o Ron. Não é nada, garanto. Não tem nada a ver com a Kathy."

Sami começou a chorar e foi para o quarto da mãe. Um instante depois, Shelly apareceu e a abraçou, dizendo que sentia muito por tudo. Disse que a morte de Kathy tinha sido muito sofrida para ela também, e que mal conseguia se olhar no espelho, porque foi quem deixou que as coisas saíssem do controle. Shelly admitiu ter cometido erros de julgamento, mas colocou a culpa de quase tudo em Nikki e Shane.

"Ela foi maltratada demais por eles", falou.

Sami não conseguia se lembrar de uma única ocasião em que Nikki tivesse cometido maus-tratos contra Kathy. Shane podia até ter feito isso, mas só porque sua mãe estava ao lado dele, dando ordens.

"Dá um chute na cabeça dela, Shane!"

"Eu me sinto muito mal por tudo que isso causou em você", disse Shelly, também aos prantos. "Lamento muito, muito mesmo. Isso nunca mais vai se repetir. Eu prometo. Se alguém descobrir, seu pai e eu vamos cometer suicídio, para você não ter que continuar sofrendo por isso."

Embora Ron estivesse se matando de trabalhar no quintal, Shelly vivia dizendo a Sami que queria mandá-lo embora, mas ele se recusava a ir. A ideia era ajudá-lo em um momento complicado da vida, e não o abrigar em sua casa para sempre.

"Ele precisa ir embora", anunciou Shelly.

"Para onde?", questionou Sami.

"Simplesmente ir embora. Arrumar um emprego. Sair daqui."

"Por que ele não faz isso?"

"Está muito apegado a nós. Acha que precisamos dele."

"Ele trabalha muito aqui."

"Nem tanto", falou sua mãe. "Está sempre me manipulando pela culpa, dizendo que quer ficar."

59

Tori já estava com 12 anos. Estava vendo tudo, sem deixar passar *nada*.

Ron tinha um short que costumava usar no início de sua estadia com os Knotek, e algumas regatas também. Depois de um tempo, porém, Shelly confiscou suas roupas, como costumava fazer, obrigando-o a trabalhar só de cueca no quintal.

Tori também escutava tudo o que acontecia.

"Você não merece ter roupas", dizia a mãe para Ron. "É um imprestável. Então não venha me pedir de novo. Nem pense nisso. Agora tira essa bunda gorda da minha frente e vai lá para fora fazer seu serviço."

Das 7h30 até quase às 20h, Ron ficava lá fora de cueca, alimentando os animais, limpando as ervas daninhas do gramado, podando os arbustos, queimando o lixo. Tudo o que estivesse na longa lista de afazeres elaborada por Shelly.

Na hora do jantar, Ron ia comer no andar de cima, sozinho. Na maioria das noites, Shelly lhe dava alguns comprimidos para dormir. Apesar de haver um quarto vazio e uma cama sem uso na casa, ele dormia no chão.

Caso fizesse algum barulho de madrugada, Shelly o mandava descer, aos berros, para ser castigado. Tori fazia o maior silêncio possível, sem mover nem um músculo. Ficava deitada, pensando em contar ao pai o que estava acontecendo, mas sabia a quem ele era leal.

Denunciar Shelly só pioraria as coisas para Ron.

Tori detestava ver o que a mãe estava fazendo com ele.

Certa vez, tentou inclusive confrontá-la a respeito. "Você precisa mesmo ser tão dura com ele, mãe?"

"Do que você está falando?"

"Ron é bonzinho. É um cara legal."

Shelly fez uma cara de nojo.

"Se gosta dele tanto assim, Tori", respondeu ela, contrariada, "então por que você não casa com ele?"

Não muito depois dessa conversa, Shelly chamou Tori para a sala de estar. Ron ficou imóvel por um bom tempo antes de ser obrigado a falar.

"Ele tem uma coisa para dizer", avisou Shelly.

"Eu não te amo mais, Tori", disse ele por fim.

Os olhos de Tori se encheram de lágrimas. "Eu não acredito nisso."

Ron teve que se esforçar para se manter firme. Estava com os olhos marejados, e mal conseguia olhar para a menina.

"É verdade", falou, recobrando a compostura. "Não amo mesmo."

"Eu sabia que não era verdade", declarou Tori mais tarde. "Ela o obrigou a dizer aquilo, só para nos magoar."

Ao melhor estilo Shelly, a mãe o mandou nunca mais falar com Tori. Não havia nenhuma razão para essa ordem, a não ser o ressentimento dela pelo fato de os dois manterem algum tipo de relação. Shelly percebeu que ele gostava de sua caçula, que por sua vez tinha passado a chamá-lo de tio Ron. Deve ter ficado óbvio para ela que Tori gostava de Ron e se preocupava com ele.

Assim como havia feito com Sami e Nikki, Shelly deixou bem claro que não queria que Tori e Ron conversassem quando ela não estivesse por perto. Tori não queria que nada de ruim acontecesse com seu tio Ron. Ele era inteligente e tinha um senso de humor ácido e divertido. Também tinha um estilo alternativo, com o rabo de cavalo e as joias egípcias bacanas que a menina tanto admirava.

Os dois mal se falavam, apesar de Ron dormir quase todas as noites diante da porta do quarto dela, deitado no chão.

"Era melhor fechar a boca", explicou Tori anos depois, "porque a gente não queria que nada de ruim acontecesse. Quanto menos você fizesse para incomodar a minha mãe, melhor."

Mas, quando Tori tinha certeza de que a mãe estava dormindo e não conseguiria ouvir, ela saía do quarto na ponta dos pés e ia até onde Ron dormia. No meio da madrugada, se agachava e lhe dava um abraço rápido e silencioso. Ele sorria e fazia um leve aceno de cabeça. Nenhum dos dois dizia nada.

Ron e Tori tinham medo do que poderia acontecer se fossem pegos conversando.

O tio Ron pagaria o preço, e Tori não queria ser a responsável por isso.

Como acontecia desde que se entendia por gente, Sami ficava no meio do fogo cruzado. Era a menina de ouro. Conseguia ver quem a mãe era de fato, mas quase nunca era o alvo dos piores castigos. Na medida do possível, sua relação com ela era normal, considerando a situação. Shelly ia à Evergreen College levar suas compras, elas conversavam ao telefone ou iam juntas fazer compras na Target do Capital Mall.

A maioria das visitas de Shelly não eram avisadas com antecedência. E várias vezes Ron ia junto. Ficava o tempo todo esperando no carro, às vezes durante horas.

Sami e Kaley, seu namorado, logo notaram o rápido declínio na aparência de Ron.

"Ele está pior do que da última vez", comentavam. "É, parece mais abatido."

Era verdade. Em pouco tempo, Ron estava se tornando uma sombra do que era. Usava um moletom feminino grande demais para ele. Estava descabelado. As joias que ostentava, o estilo que mostrava ao povo de Raymond que Ron Woodworth não era como os outros, também sumiram em pouco tempo.

Sami percebeu que estava acontecendo alguma coisa. Mas seria possível que sua mãe fizesse com Ron o mesmo que havia feito com Kathy? Mais tarde, Sami se arrependeria de não ter tomado uma atitude.

Não poderia ter feito nada para ajudar?

Nikki, por sua vez, ainda não tinha desistido de seus esforços para acabar com aquela situação. Não sabia o que a polícia estava fazendo com a informação que forneceu, mas não parecia estar acontecendo muita coisa. Ela ligou para a mãe e para Sami quando soube que Ron estava morando lá.

A ligação caiu na secretária eletrônica, e Nikki deixou um recado.

"Eu sei que tem um homem morando aí, e ele precisa sair da casa antes que a história se repita."

Shelly ligou para Nikki logo em seguida.

"Ele é um amigo da família", justificou-se. "E é uma ótima companhia para Tori. Não tem nada de errado."

Sami parecia corroborar o que dizia sua mãe. Ela voltava para casa quase todo fim de semana. Estava preocupada, mas se mantinha sempre atenta.

"Está tudo certo", disse Sami para Nikki. "Eu sempre pergunto para a Tori. Ela está bem. É bem mais linguaruda do que a gente era. Ela contaria se estivesse acontecendo alguma coisa."

"Tem certeza?", questionou Nikki.

Sami estava convicta. "Ela sempre dá um jeito de se safar. Está tudo certo."

Sami dizia aquilo que ela desejava que fosse a verdade. E Nikki escutava o que queria que estivesse mesmo acontecendo.

Está tudo bem. Ron está bem. Tori está bem.

Certa vez, Sami mencionou que Ron só andava descalço, o que ela achou um pouco estranho.

"Mas nada além disso", garantiu.

Ai, merda. Está acontecendo alguma coisa, pensou Nikki, mas logo tratou de afastar aquela ideia da cabeça.

Dave Knotek também sabia.

Ainda estava em Oak Harbor, mandando todo seu salário para a esposa. Quando Shelly contou que seu amigo Ron Woodworth estava morando lá e ajudando a cuidar da casa, ele até passou mal. Era como levar um soco em um estômago nauseado.

E ver a situação de perto só confirmou o que Dave já sabia.

"Eu ia para casa nos fins de semana, e a condição do cara estava se deteriorando. Ela o fez entrar no brejo com uma roçadeira, descalço e só de short. Ele se cortou inteiro. Eu vi que ela o obrigava a bater no próprio rosto o tempo todo. E tinha escondido os sapatos dele."

Quando Dave questionou o fato de Ron andar descalço, sugerindo que eles lhe comprassem um novo calçado, Shelly sacudiu a cabeça. "Ele vive perdendo os sapatos", foi sua justificativa.

Em uma das ocasiões em que Ron tentou fugir, Shelly mandou Tori ir para o carro, para que pudessem procurá-lo.

"Por que vamos procurar por ele?", questionou a filha. "Você nem gosta mais que ele fique aqui em casa, mãe."

Shelly lançou um olhar rápido e gelado Tori. "Ele está cheio de marcas", falou. "Vai sair mentindo por aí e dizer que fui eu que fiz aquilo. Isso vai ser um problema para todos nós."

"Fiquei perplexa quando ela disse isso", recordou-se Tori. "E até hoje... Acho uma loucura ela ter sido tão sincera, mas também era a verdade. Era por isso que ela não queria que ninguém encontrasse Ron. Porque ele diria tudo o que aconteceu."

Quando elas o encontraram, Ron entrou no carro por vontade própria. Pediu desculpas e disse que aquilo não se repetiria.

Sempre que Ron fugia — o que foi se tornando menos frequente com o passar dos meses e dos anos —, não chegava muito longe. Assim como Kathy e Shane, não tinha para onde ir. Shelly, em geral, o encontrava atrás de uma árvore ou arbusto na mata, ou tentando se esconder em uma das outras construções da propriedade dos Knotek.

60

"Tori! Venha aqui fora!"

Shelly estava no quintal com um machado nas mãos.

Parecia Lizzie Borden elevada à enésima potência.

"Venha já para cá!", berrou.

Tori correu até a mãe. Nem um segundo de atraso era tolerável quando Shelly impunha aquele tom assustador da abertura do *Fear Factor* a cada sílaba que saía de sua boca.

"Que foi?"

"Que foi, coisa nenhuma. Venha aqui."

O machado era de meter medo. Só Deus sabia o que a mãe faria com ela, ou a obrigaria a fazer com outra pessoa. Tori sequer imaginava o que a tinha deixado tão furiosa, mas pediu desculpas mesmo assim.

Shelly empurrou o machado para as mãos da filha.

"Você deixou isso no quintal ontem à noite. Quantas vezes preciso falar para você guardar as coisas?"

"Desculpe, mãe."

A expressão de Shelly era de irritação. "Põe isso na sua calça."

Para qualquer outra pessoa, seria uma ordem tão sem sentido que a deixaria sem reação. Mas Tori soube no mesmo momento o que significava. Ela encaixou o cabo do machado pela perna da calça e o prendeu na bota. A lâmina ficou pendurada em sua cintura.

Dando-se por satisfeita, Shelly assentiu. "Agora vai cuidar dos seus afazeres", mandou. "Não quero ver esse machado fora da sua calça até estar tudo pronto. Entendeu?"

Claro que sim. Sua mãe era louca. Tori passou as horas seguintes mancando pelo jardim, como recebeu ordens para fazer.

E não parou por aí. Com Shelly, nunca era assim.

Em outra ocasião, a superfície de sua cama parecia irregular, e Tori tirou a coberta de cima do colchão, encontrando lá o lixo da cozinha e do banheiro da família. Ela sabia que era obra de sua mãe, e o motivo.

"Eu tinha esquecido de tirar o lixo. Era o jeito da minha mãe de me lembrar de nunca mais deixar isso acontecer."

Ela recolheu tudo, levou para fora, voltou e trocou a roupa de cama.

No banheiro, quando Tori sacudiu a calcinha, um pó branco caiu no chão. Era o talco para evitar coceiras que sua mãe costumava passar nela. Às vezes, quando Tori tinha cerca de 10 anos, Shelly aparecia no banheiro com um frasco do pó antibactericida e a mandava abrir as pernas e aplicar na vagina. O pó era ardido, e Tori gritava que não queria fazer aquilo.

"É remédio", dizia Shelly. "Você precisa. Assim como todas as meninas."

"Mas dói muito, mãe", respondia Tori, segurando as lágrimas.

"Ah, pelo amor de Deus. Para com isso, Tori."

Em algumas ocasiões, Shelly decidia que a filha precisava de um banho.

"Você está imunda", falava. "Vamos lá para fora."

Tori seguia a mãe até onde ficava a mangueira.

"Tira a roupa", ordenava.

Fazia frio lá fora, mas Tori não falava nada. Ser "bocuda", a palavra que Shelly usava, nunca era uma boa ideia. Ela tirava as roupas, e sua mãe lhe jogava água. Uma vez, Shelly usou a lavadora de alta pressão para dar banho na caçula. Pelo menos Tori nunca teve que chafurdar, como as irmãs mais velhas.

Ela via Ron molhado e com frio de tempos em tempos, e presumiu que ele também era submetido a esse tipo de banho. Os dois nunca falaram a respeito. Não tinham permissão para conversar sobre nada.

E assim as coisas seguiam. No entanto, os maus-tratos contra Tori diminuíram depois da chegada Ron. Ter uma coisa ruim a menos era melhor do que ter uma a mais.

61

Não importava em que lugar da propriedade Ron estivesse trabalhando, era fundamental se manter em alerta o tempo todo. Sempre que fosse chamado por Shelly, devia largar tudo e se apresentar a ela o quanto antes.

Caso não respondesse por algum motivo, Shelly se enfurecia. Aparecia soltando fogo pelas ventas e cerrando os punhos. Os músculos do pescoço se enrijeciam; os olhos se estreitavam.

"Você precisa me responder quando eu chamo, caralho!"

Ron ia correndo até ela, em pânico.

"Estou indo, Shelly, querida!" O som da voz assustada e preocupada de Ron provocava calafrios em Tori.

"Era um dos sons mais assustadores que já ouvi na vida." Mesmo anos depois, Tori estremeceu ao pensar a respeito. "Ele parecia estar morrendo toda vez que falava isso. Era como se ['Shelly, querida'] fosse a última coisa que fosse dizer na vida, de tanta urgência e medo que dava para ouvir na sua voz."

Mantê-lo alerta e assustado era apenas uma das táticas de Shelly para "ajudar Ron a melhorar". Uma dose considerável de humilhação também parecia fazer parte de seu regime perverso de cura.

Shelly puxou Tori de lado uma vez quando Ron estava com elas na sala de estar.

"Sabia que Ron já teve um bebê?"

Tori olhou para ele, que desviou o olhar.

"No Vietnã", continuou Shelly. "Ele engravidou uma menina e teve um bebê. Pois é, um bebê lindo. Mas Ron, por ser um merda, não fez nada para ajudar o bebê, que acabou morrendo. O que deve ter sido a melhor coisa, aliás. Quem iria querer Ron como pai, afinal?"

Tori olhou para Ron, que agora estava em posição fetal.

"Ron é um cara legal, mãe."

Shelly ficou vermelha de raiva. Suas feições se contorceram.

"Você não sabe tudo sobre ele, Tori", repreendeu a filha. "Ele é o pior dos piores, e quanto a isso não existem dúvidas."

Ron se encolhia todo enquanto Shelly ia despejando uma bomba após bomba. Ela o recriminou por ser gordo, por ser gay, por ter perdido o próprio trailer. Tudo o que pudesse pensar em sua livre associação de ofensas. Uma de suas formas favoritas de atacá-lo era questionar a dedicação dele por ela ou o amor que sentia por Tori.

"Você está pouco se fodendo para nós, Ron. É isso mesmo. Dá para perceber pelo jeito como você faz as coisas por aqui. Como se fosse um favor. Que grande cara você é. Você é a escória da escória. Não está nem aí para mim, só está me usando. É isso o que você é, um filho da puta que usa as pessoas."

Às vezes ela usava o interesse dele por egiptologia para atingi-lo.

"Ah, Ron, os deuses têm nojo de você. De verdade. Você vai para o inferno, seu bosta do caralho."

"Só de olhar, dava para perceber que toda a vida tinha sido arrancada dos olhos dele", contou Tori anos mais tarde. Ela era nova demais, na época, para estabelecer um paralelo com o que tinha acontecido com Kathy, mas conseguia ver sem dificuldade que, desde que havia se mudado para lá, Ron tinha se perdido. "Ele não ria. Não chorava. Só ficava sem reação."

PARTE VI

MAC, A OPORTUNIDADE

62

No entanto, Shelly ainda tinha um trabalho para Ron, e era importante. Ela o recrutou para ajudá-la a cuidar de um sobrevivente de Pearl Harbor chamado James "Mac" McLintock, um amigo da mãe de Kathy Loreno, Kaye Thomas (e, coincidentemente, o motivo por que Kaye se mudou para South Bend). Era um homem corpulento, que gostava de uísque barato e marcenaria. Adorava sua labradora preta, Sissy, e se sentia grato pela mobilidade que seu triciclo elétrico lhe proporcionava em sua casa, com vista para o rio Willapa.

Shelly falava que Mac era o pai que ela nunca teve. Passava hidratante em suas mãos ressecadas e se certificava de que tudo o que precisasse seria providenciado. Vivia se gabando para as pessoas sobre o quanto Mac a adorava. Ligava para ele várias vezes por dia para saber se estava tudo bem. Não era raro que Shelly o visitasse uma ou duas vezes por dia. Tori também gostava de Mac. Ele tinha aquele ar benevolente de avô, e Tori gostava de ficar na casa dele enquanto Shelly cumpria suas tarefas de cuidadora. Ouvia as histórias dele e, em algumas ocasiões, saíam com os triciclos elétricos para apostar corrida na rua.

Ela sempre o deixava ganhar.

Mais de uma vez, Mac disse a Shelly que gostaria de morar com ela. Em vez disso, porém, ela mandou Ron para a casa dele.

Tori sabia que a mãe já tinha dito a Mac que Ron era gay. Mac se recusava a aceitar Ron como seu cuidador. Shelly insistiu. Ela não podia ficar lá o tempo todo, mas Ron, sim. De início, Mac não gostou da ideia de Ron lhe dar banho e ajudá-lo com suas necessidades pessoais. Com o tempo, entretanto, os dois se entenderam. Ron ia até a casa dele quase todos os dias, e, às vezes, até dormia lá.

Embora houvesse outros quartos na casa, Tori percebeu que Ron não estava usando nenhum deles. Ela se aventurou até o porão, onde havia um depósito sem janela. Lá dentro, encontrou algumas coisas de Ron, entre elas algumas cobertas. Era um espaço apertado, um tanto parecido com uma cela de prisão.

É a minha mãe que está obrigando Ron a dormir aqui, pensou.

Em outra ocasião, encontrou cobertas em um depósito de lenha embaixo da entrada da casa. Ao contrário da cela no porão, era um espaço ao ar livre. O chão de terra, inclusive, estava úmido.

Mesmo na casa de Mac, longe de Shelly, ficava claro que ela ainda controlava Ron.

Ele dorme no lugar que ela manda, pensou Tori.

Lara Watson ficou de cabelo em pé quando ouviu Sami dizer que Shelly estava cuidando de um idoso chamado Mac. Também não gostou nada de saber que Ron estava ficando na casa dos Knotek. Havia alguma coisa acontecendo ali. Tinha certeza. Ela imediatamente procurou o delegado Bergstrom, da polícia do condado de Pacific. Lara perguntou sobre o caso Kathy Loreno, e Bergstrom respondeu que a investigação não havia progredido.

Ele estava no meio de um julgamento importante, mas garantiu que voltaria ao caso assim que possível.

"Eu trabalho nisso sempre que tenho tempo", dissera ele.

A madrasta de Shelly não gostou de ouvir isso. Ela telefonou para o chefe de polícia da cidade, Dale Schobert, que lhe pediu um tempo para que as autoridades do condado fizessem suas apurações.

"Eles provavelmente estão trabalhando em sigilo, nos bastidores", falou para Lara.

Isso tampouco a deixou satisfeita. O fato de Shelly ter feito o impensável não saía de sua cabeça, assim como o que poderia fazer a seguir.

Ela também entrou em contato com os avós maternos de Shane, que conhecia e sabia que estavam preocupados com o neto. Eles disseram que não haviam sido contatados por ninguém. Sami disse que também não foi procurada, o que não era bem verdade — ela simplesmente não tinha ligado de volta quando recebeu o recado do delegado. E Nikki nunca mais teve notícias depois da segunda denúncia, depois de seu depoimento sobre Kathy.

Nem uma única palavra.

63

Shelly estava nas nuvens quando deu a notícia para Tori. James McLintock iria deixar sua propriedade para sua velha labradora Sissy — mas, "depois que Sissy morrer", continuou, "a casa de Mac e todo o resto ficam comigo".

Tori achou a notícia excelente. Depois que a mãe foi demitida do emprego como auxiliar de assistente social, parecia um pouco perdida. E definitivamente mais violenta. A ideia de ser a herdeira da propriedade de Mac a animou um pouco. Encheu a mãe de planos.

Qualquer coisa que distraísse Shelly e a impedisse de fazer alguém implorar por perdão, por qualquer motivo, na Monohon Landing era bem-vindo.

Mac oficializou Shelly como sua procuradora em 7 de setembro de 2001. Isso veio em boa hora para os Knotek, cuja condição financeira estava mais do que caótica. Shelly fazia tantos malabarismos para equilibrar as contas que às vezes mal conseguia acompanhar as próprias mentiras. Dave só soube da situação quando a esposa telefonou e avisou que ele precisaria pedir um adiantamento salarial. Ele se recusou, então Shelly resolveu agir por conta própria. Entrou com um pedido de empréstimo, usando o contracheque de Dave como garantia, em Aberdeen, em 25 de setembro de 2001. No formulário, declarou uma renda familiar mensal de 3.500 dólares.

Dave começou a aparecer com mais frequência nos fins de semana, e as brigas aumentaram. Tori tentava fazer bastante barulho em seu quarto, na esperança de que isso fizessem os pais baixarem o volume da gritaria, mas nunca funcionava. Apesar de amar muito o pai, começou a se ressentir dele por voltar para casa. Ao que parecia, Shelly guardava boa parte de sua raiva de Ron para os momentos em que Dave estivesse por lá para administrar os castigos que ela mandava.

As discussões eram sempre por dois motivos — dinheiro e o hóspede da casa, Ron.

"Você precisa fazer alguma coisa a respeito do Ron", dizia Shelly para Dave.

De sua parte, Dave não precisava nem perguntar nada. Shelly despejava sobre ele uma pilha de transgressões supostamente cometidas por Ron.

"Ele cagou no quintal", disse ela uma vez. "Eu *vi*. Espiei por trás de uma parede e ele estava lá. Nós não podemos tolerar isso."

Sob os olhos vigilantes da esposa, Dave foi atrás de Ron e o pegou pelo colarinho, empurrando-o com tanta força que o fez perder o equilíbrio.

"Nunca mais faça esse tipo de coisa por aqui."

Ron ficou desconcertado, mas tinha o hábito de se defender usando sarcasmo ou uma expressão de desdém.

Isso foi um sorrisinho?

Fosse o que fosse, só deixou Dave ainda mais irritado.

"Você está me ouvindo?", perguntou, puxando Ron mais para perto de si.

Ron não respondeu, e Dave lhe deu um tapa na cabeça. Ron ficou ainda mais chocado.

"Eu não vou", disse por fim. "Não vou mais fazer isso."

Com o tempo, Shelly encontrou em Ron Woodworth uma vítima complacente — ou talvez o tenha *reduzido* a isso. Ele quase nunca refutava suas exigências absurdas, incessantes e cruéis. Mal esboçava reação, independente do que ela lhe fizesse.

Ou o obrigasse a fazer contra si mesmo.

O grito de Shelly era como um tiro no escuro.

"Seu cretino do caralho! Vai logo!"

Despertada de forma súbita, Tori foi até a janela investigar a barulheira assustadora. Foi a única vez que viu esse tipo específico de castigo ser aplicado. Mais tarde, porém, lembraria que ocorreu muitas vezes.

Ron estava de cueca na varanda. O corpo estava todo rígido e os olhos, vidrados. *De medo? Por causa dos remédios?* Shelly estava diante dele, obrigando-o a estapear o próprio rosto com a maior força possível.

"Mais forte", berrava ela. "Você precisa aprender, Ron!"

Tori não conseguia entender como alguém poderia fazer isso consigo mesmo. Ele batia no próprio rosto repetidas vezes, tão forte que sua cabeça era empurrada para trás com a força de cada golpe autoinflingido.

Shelly continuava com sua terrível mistura de ofensas e ordens.

"Veado! Seu veado preguiçoso! Não me faça ir até aí meter a mão na sua cara! Pede desculpa!"

Ron não estava chorando, mas, dessa vez, parecia assustado de verdade.

"Depois de tudo o que fiz para você, só recebo desculpas vazias. Você me dá nojo, Ron, de verdade. E em todo mundo. A sua própria mãe inclusive estava certa quando mandou você passear. Eu fui uma tonta por ter acolhido você. Seu veado ingrato de merda!"

Ele ficou vermelho e começou a chorar. Por algum motivo, continuava cumprindo as ordens. Era como se estivesse hipnotizado. A coisa continuou por cinco minutos inteiros. Talvez até mais. Tori, assim como as irmãs, sentia que o tempo parava quando a mãe torturava suas vítimas.

Tori voltou para a cama, se enfiou debaixo dos lençóis e cobriu a cabeça com o travesseiro. Como já havia feito centenas de vezes antes, tentou bloquear o que estava acontecendo. O que a mãe estava fazendo era muito errado. Muito cruel.

Quando ouviu os tapas e os gritos novamente, Tori criou coragem para confrontá-la.

"Por que você está obrigando Ron a fazer isso, mãe?"

Shelly pareceu incomodada, e bufou. Era como se fosse a pergunta da filha, e não o seu comportamento, a bizarrice em questão.

"Você não está vendo que ele não faz nada direito?", questionou. "Ele merece."

Tori não se convenceu. Por mais que Ron tivesse deixado de fazer alguma coisa direito, não podia ter sido *tão* ruim assim. As exigências de Shelly eram impossíveis de cumprir.

Não quero ver nenhuma erva daninha no jardim até o fim da manhã!

Não quero que você use o banheiro da casa!

Por que você está cagando no quintal?
Tori tentou outra abordagem. A mais óbvia, que esperava que apelasse ao senso de humanidade de sua mãe.
"Mas ele está se machucando", falou.
Shelly lhe deu uma encarada. "Vai lá para cima e não saia. Você não tem nada a ver com isso."
Tori subiu para o quarto. Sabia que alguém precisava interceder a favor de Ron, mas achava que, caso insistisse, poderia tornar as coisas ainda piores para ele. Sua mãe não tinha senso de humanidade. Aquela abordagem havia sido uma estupidez. *Onde ela estava com a cabeça, aliás?*
Ron continuava a cometer erros, a "não fazer nada direito". Pelo menos na opinião de Shelly. Estava preso em uma armadilha, e provavelmente não havia nada que pudesse fazer para evitar a ira dela. Tori testemunhou outro confronto, dessa vez envolvendo fluidos corporais.
"O que é isso, Ron?", questionou Shelly, mostrando um copo de urina.
Quando Ron bateu os olhos no copo, na mesma hora abaixou a cabeça.
"Eu precisava usar o banheiro, e não queria acordar você."
Uma regra dela! De acordo com o que ela mandou!
"Você me dá nojo, Ron", falou Shelly. "Eu não admito esse tipo de coisa na minha casa. Esta casa é minha, Ron! Esses seus hábitos nojentos são de embrulhar o estômago."
"Me desculpe, Shelly, querida."
Ela entregou o copo para ele.
"Beba!"
Ron sequer hesitou. Levou o copo à boca e não deixou sobrar uma gota.
Algumas semanas depois, Tori viu Ron despejar um copo de urina pela janela. Os olhares dos dois se encontraram.
"Não se preocupe", disse ela. "Não vou contar para a minha mãe."
E não contou mesmo.
Ninguém queria ver Shelly furiosa.
Tori não conversava com Ron porque o amava. Não queria que sofresse por sua causa.
Certa vez, quando Ron estava limpando as ervas daninhas do gramado, sua mãe ficou irritada por causa do ritmo lento do trabalho. Não era culpa dele. A roçadeira não estava colaborando. O som do motor

apagando e sendo ligado de novo deixava Shelly cada vez mais furiosa. Tori conseguia sentir aquela energia, e era uma coisa assustadora. Ela saiu para mostrar a Ron como manter a ferramenta funcionando.

Para impedir a mãe de fazer o que quer que fosse fazer.

Tori quase soltou um suspiro de susto quando se aproximou. Ron estava encurvado sobre a roçadeira, desesperado para fazê-la funcionar. Estava praticamente nu, com a cabeça calva e as costas com queimaduras feias de sol. Mas essa não era a pior parte. Os pés estavam ensanguentados, e a pele das mãos estava destroçada.

"Tio Ron", falou Tori bem baixinho, para a mãe não ouvir. "Eu sinto muito."

Ela queria que ele fugisse. Para nunca mais voltar. Para o mais longe possível. Para bem longe do alcance de Shelly. Não fazia mais diferença para Tori que sua mãe estivesse pegando mais leve com ela depois que os ataques a Ron se intensificavam. Ela estava mais forte. Conseguiria sobreviver.

Quando a mãe decidiu que Ron precisava se mudar para a casa de Mac, para prestar os cuidados constantes de que ele necessitava, Tori se sentiu aliviada.

Ele vai estar mais seguro por lá, pensou. *As coisas vão voltar ao normal. O que quer que isso seja.*

64

A normalidade é uma coisa relativa, e ela não tinha muito espaço na casa da Monohon Landing Road.

Em 9 de fevereiro de 2002, Tori estava se arrumando para ir a um jogo de futebol americano na Willapa Valley High quando sua mãe ligou para avisar que estava no hospital.

"Mac caiu", falou Shelly, com a voz um tanto trêmula. "Ele se machucou feio. Estou passando aí para buscar você."

Tori adorava Mac. Assim como Ron. Era uma menina que, mais do que tudo, queria ter uma família amorosa ao seu redor. As irmãs eram adultas, e o pai passava a maior parte do tempo fora. Parentes postiços como Mac e Ron eram muito importantes para ela.

Pelo menos na medida em que sua mãe permitia.

Quando Shelly a apanhou, parecia ansiosa, mas não desequilibrada. Ela resmungou algo sobre um acidente e como não achava que Mac iria sobreviver. "Foi feio", repetiu Shelly. "Ron estava lá quando aconteceu."

Tori lamentava muito por Ron. Ele era um homem de bom coração, e devia estar morrendo de preocupação. Quando elas chegaram ao hospital, a equipe de enfermagem deu a notícia de que Mac, na verdade, tinha morrido. Tori caiu no choro e se jogou nos braços da mãe.

Shelly não parecia nem um pouco abalada.

Parecia até animada. Receberia 5 mil dólares de herança. Ainda havia a questão da cadela, claro. Mas Sissy já era idosa. Não viveria muito mais tempo, e Shelly herdaria a casa de Mac, que valia mais de 140 mil dólares.

A forma como Mac morreu foi um tanto misteriosa. De início, Shelly tratou da questão apenas em termos vagos. Ron chamou uma ambulância, dizendo que Mac tinha caído e batido a cabeça. As autoridades não pareciam muito interessadas no caso. Tori, mais tarde, soube que o médico responsável pelo atendimento recomendou que a morte fosse investigada pelo Departamento de Medicina Legal e pela Promotoria de Justiça quando confirmou que Mac faleceu em razão de um hematoma subdural agudo causado por um trauma contundente na cabeça. Era *possível* que tivesse sido provocado por uma queda, no entanto nada foi investigado.

E assim a história terminou. Mac estava fora de cena. Em um piscar de olhos, Shelly recebeu uma bolada.

Alguns dias depois da morte de Mac, no Dia dos Namorados, Tori desceu a escada e viu a mãe embrulhando a maior caixa de bombons que já tinha visto na vida.

No dia seguinte, escreveu no diário que fazia para a escola:

> "Tinha certeza de que era para mim. Subi a escada de mansinho e, uns dez minutos depois, desci com a certeza de que era mesmo para mim!".

Apesar da herança — do dinheiro, da casa em South Bend, e com a cadela Sissy agora acorrentada do lado de fora —, antes de o último bombom ser comido, Shelly já tinha voltado ao seu antigo modo de ser. Foi como se a boa sorte não tivesse provocado nada mais que um suspiro. O dinheiro, algo que ela quis a vida toda, era uma coisa boa, claro.

Mas os joguinhos?

Eram muito, muito mais satisfatórios.

65

O incidente com Mac na casa de South Bend logo deixou de ser visto como uma tragédia para passar a ser encarado como uma oportunidade pessoal. Shelly usou o episódio para catalisar um novo ataque contra Ron. Era uma crueldade desmedida, e acontecia o tempo todo. Certa vez, quando Ron estava de volta à casa da Monohon Landing, cuidando do quintal, Tori ouviu a mãe gritando para ele.

"Você matou Mac! É um assassino!"

Quando Ron tentou se defender, ela o derrubou com um empurrão e voltou para dentro de casa.

"Ele matou o Mac", falou para Tori quando entrou pisando duro. "Eu não posso viver com um assassino!" Tori não entendeu nada. Achava que a morte de Mac tivesse sido uma espécie de acidente. Além disso, considerava Ron incapaz de machucar alguém. Ele nunca faria isso.

Em outra ocasião, os três estavam sentados na cozinha. Tori estava cuidando de seus afazeres, e a mãe estava no meio de mais um desentendimento com Ron.

"Como você se sentiria se soubesse que tem um assassino morando na sua casa?", questionou Shelly.

Ron não respondeu. Permaneceu de cabeça baixa.

"Não é nada agradável", continuou ela. "Nem um pouco. Você matou Mac, Ron. É um maldito assassino."

Mais uma vez, não houve resposta.

Tori não acreditava em uma única palavra daquilo. Shelly deve ter sentido sua relutância em aceitar que Ron era um assassino, então vivia procurando novas maneiras de tocar no assunto.

Com o tempo, porém, uma coisa estranhíssima aconteceu. Ron começou a concordar com Shelly.

"Você tem razão", disse ele. "Fui eu que o matei. Por favor, não conte para ninguém."

Shelly pôs o dedo na ferida.

"Trate de não me desapontar, Ron. Jamais. Não quero contar, mas saiba que você me dá nojo. Você é um assassino."

Em outra ocasião, ela deixou de lado a TV por um tempinho para contar a Tori sua nova versão do ocorrido na casa de Mac.

"Ele caiu da cadeira de rodas e bateu a cabeça muito forte. Ron viu tudo e deixou acontecer. Esperou demais para chamar ajuda, e não deu tempo de salvá-lo. Ron é um imprestável, Tori. Sei que você vê qualidades nele, mas pense bem. Ele é um assassino! Matou nosso Mac! Que era como um avô para você."

Em uma outra versão do falecimento de Mac, Shelly disse que o veterano de guerra entrou em estado de coma e Ron o deixou morrer.

"Ele só me avisou quando já era tarde demais", afirmou ela. "Isso para mim é assassinato, Tori. De verdade. Só de olhar para aquele veado já sinto o meu estômago embrulhar."

Não chame Ron assim, pensou Tori consigo mesma, mas o que respondeu foi: "Eu não sabia disso, mãe".

Embora Shelly desprezasse Ron e afirmasse que ele havia matado Mac, também destilava seu veneno no testamento do falecido.

"Os advogados fizeram bobagem", falou para Tori. "Vou dizer a eles que Sissy foi atropelada por um carro e morreu. E você precisa confirmar. Não é nada de mais, só preciso que entenda o quanto isso é importante para a nossa família."

"Tudo bem, mãe", respondeu Tori. Ela achou aquilo um pouco estranho, mas não exatamente terrível. Afinal, sua mãe ficaria com a casa de qualquer forma. Shelly fazia coisas inimagináveis com ela e com Ron, mas contra a cachorra não podia fazer nada.

"Depois que arrumarmos e vendermos a casa", disse Shelly, "vamos ter dinheiro para mudar para a Oak Harbor e viver como uma família de novo."

Para a maior parte das crianças, isso podia ser um sonho. Mas Tori só conseguia pensar nas brigas terríveis entre seus pais quando se encontravam.

Viver sob o mesmo teto, o tempo todo, seria um pesadelo.

O pior possível.

Em 19 de março de 2002, pouco mais de um mês depois da morte de Mac e nove meses após Lara e Nikki terem denunciado pela primeira vez o ocorrido com Kathy Loreno, Lara Watson recebeu um recado pedindo que entrasse em contato com o delegado Jim Bergstrom.

Finalmente, pensou ela.

Lara já sabia que o idoso estava sob os cuidados de Shelly havia morrido.

"Foi ela quem o matou", disse ao policial.

"Isso a senhora não tem como saber", foi o que recebeu como resposta.

"Ela o envenenou, aposto."

"Ele era bem velho. Já estava doente fazia tempo."

"Quem está cuidando da cachorra?", quis saber Lara.

"Shelly", contou o delegado.

"Ele deixou a casa para Shelly", falou Lara.

"Isso mesmo. E ela está cuidando da cachorra."

Lara continuou insistindo. "A cachorra deve estar sendo envenenada também."

"A cachorra está bem", garantiu. "A radiopatrulha foi lá ver."

Lara mudou de assunto. Ela achava mesmo que Shelly devia ter matado Mac. E tinha certeza absoluta de que Kathy tinha sido assassinada. Nikki não era mentirosa. De forma nenhuma.

"Não sei como vocês fazem as coisas aí no condado de Pacific", disse Lara por fim, "mas isso não está certo. Vocês têm que tomar uma atitude. Precisam descobrir o que aconteceu com Kathy Loreno. Já conversaram com Sami?"

O delegado respondeu que ainda não tinha conseguido entrar em contato com a garota.

Lara não aceitaria esse tipo de resposta.

"Ela vai a Raymond todo fim de semana, policial. Está preocupada com a irmã mais nova. Vai até lá para ver se está tudo bem com Tori. Para saber se a menina não está sofrendo maus-tratos. Você entende?"

Bergstrom garantiu que sim, mas o que podia fazer? Sami não respondia aos seus contatos.

Lara desligou. Ela acreditava que o policial sequer tivesse tentado.

Sami continuava a manter uma relação clandestina com a irmã mais velha. Defendia Nikki quando Tori repetia as coisas que a mãe dizia sobre ela ser insolente e perversa, mas só até certo ponto. Não queria chamar atenção para o fato de que as duas continuavam próximas. Tori poderia delatá-la, assim como Sami se arrependia de ter feito com Nikki e Shane quando era mais nova. Shelly era especialista em arrancar informações dos outros e depois culpar o mensageiro.

Em maio de 2002, algumas semanas depois do telefonema de Lara para o delegado Bergstrom, Sami deu uma escapulida até Sandy, em Oregon, para comparecer ao casamento de Nikki, no salão de festas de Lara.

Sami estava contente pela irmã. Felicíssima, na verdade. Nikki tinha encontrado um homem formidável, e estava vivendo uma vida impossível de imaginar quando as duas eram mais novas.

Quando era forçada a chafurdar.

Quando ouvia que nunca seria nada na vida.

Que ninguém jamais a amaria.

Sami, que ainda desejava mais do que tudo poder amar a mãe, não gostou da ideia de Shelly não ter participado do casamento. Mas entendia os motivos, claro. *Por que Nikki convidaria sua torturadora?*

Mesmo assim, Sami disse mais tarde: "Eu me sentia mal com esse distanciamento entre elas".

Sem contar a ninguém, usou uma joia especial na ocasião. Era um "anel de mãe", com as pedras associadas aos meses de nascimento de Nikki, dela e de Tori encravadas em um aro de ouro, um presente que Sami pretendia dar a Shelly no dia seguinte, que era o Dia das Mães. Era um segredo ínfimo para uma família que mantinha e escondia outros incontáveis segredos.

Usando o anel, Sami sentiu que "foi meio como se a minha mãe estivesse lá no casamento".

Depois que Mac morreu, Dave Knotek vinha pegando a estrada com sua picape e voltando para casa com cada vez mais frequência. Seu casamento teve problemas no passado, mas estavam trabalhando para estabilizar a situação. Dave não conseguia viver sem Shelly. Se sentia incompleto. Apesar de saber que era um relacionamento tóxico, não conseguia deixar de amá-la.

De sua parte, Shelly dizia que precisava dele também. Que, mais do que nunca, aquele era o momento para recomeçar. Ir embora do condado de Pacific de uma vez por todas, sem nunca olhar para trás, era a única forma que tinham de sobreviver. A propriedade da família era uma fonte de estresse constante para ela, e Ron só lhe causava problemas.

Em um encontro em junho de 2002, Dave deixou uma carta de amor para Shelly. Como costumava fazer, se referiu a ela pelo apelido carinhoso que havia lhe dado, Bunny.

"Eu detesto ter que deixar você aqui. É de partir o coração. Quero você ao meu lado a cada momento da minha vida."

Ele se comprometeu a procurar imóveis para alugar ou financiar em Oak Harbor. Precisavam sair de Raymond e recomeçar.

"Esteja onde estiver, sinto seu toque, e isso mexe com meu coração. Sinto seu amor por mim, apesar de não merecer. Amo muito você para todo o sempre."

Mesmo que não dissesse a ninguém, muito menos à esposa, no fundo Dave sabia que seu casamento não duraria muito mais, a não ser que houvesse uma grande mudança.

Apesar de ter o marido firmemente ao seu lado, havia outros fatores atuando para deixar as coisas bem mais difíceis para Shelly do que ela julgava merecer. Na verdade, ficou perplexa com o tratamento que ela e Dave receberam após tomarem posse da casa de Mac. Os vizinhos — liderados por um xerife aposentado do condado de Pacific — questionaram o direito dos Knotek sobre a propriedade do falecido. O policial andava desconfiado do que poderia ter acontecido ali.

Shelly não fazia ideia do motivo para tanta hostilidade. Sempre tinha sido muito boa para Mac, lhe trazia sopa e o tratava como um pai. Recrutou Ron para ser seu cuidador, e o colocara para cuidar do jardim e do quintal de Mac. Se havia alguém mais bondosa que ela, Shelly desconhecia. Ela ligou para seu advogado, mais uma vez, em 4 de setembro de 2002. O profissional registrou por escrito o conteúdo do telefonema e notificou um outro escritório de advocacia que a representava para avisar que algo precisava ser feito em relação àquele assédio.

"A polícia de South Bend os parou diversas vezes para pedir seus documentos, e andam dificultando a vida de Michelle e do marido. Um policial até avisou Dave que ele precisava tomar cuidado quando estivesse dirigindo naquela noite."

Os questionamentos pareciam inflamar ainda mais a raiva de Shelly contra tudo e todos, mas, principalmente, contra Ron. Meses depois da morte de Mac, ela continuava a acusá-lo.

"Você matou Mac, Ron. Porra, você acabou com ele!"

"Não fiz nada disso, Shelly. Ele caiu. Caiu da cadeira."

"Mentiroso! Eu sei o que você fez, e a polícia vai aparecer aqui algum dia para te levar. Vai mesmo. Tenho certeza!"

A ameaça de que seria mandado para a prisão pelo assassinato de Mac começou a perturbar Ron. Ele se abaixava no carro toda vez que passava uma viatura. Quando alguém batia na porta, Shelly o mandava se esconder.

"Não faça barulho! Eles vão trancafiar você e jogar a chave fora!"

Tori sabia quais eram as intenções da mãe. Shelly queria que Ron vivesse com medo porque, na verdade, temia que, se a polícia o levasse para depor, ele poderia contar todos os abusos que sofria.

66

A última vez que Sandra Broderick viu seu velho amigo Ron Woodworth foi em uma refeição que fizeram juntos no Slater's Diner, em Raymond, no início do segundo semestre de 2002. Ron parecia fraco e abatido. Ela ficou chocada com a transformação dele, tanto física quanto mental. Ron era inteligente e sagaz. Tinha uma personalidade alegre que cativava as pessoas. Aquele Ron era bem diferente. Ele disse que tomava três tipos de medicamentos para depressão ministrados por Shelly. Sandra, preocupada, o observou tomando os remédios junto da comida.

"Os comprimidos estão ajudando, mas ainda tenho dores de cabeça." Ele tomou um comprimido azul, um marrom e uma cápsula branca, que havia colocado em cima da mesa. "Estou vendo um médico e um psiquiatra do governo também."

"Ele estava sujo e desgrenhado", lembrou-se Sandra. "Sempre foi uma pessoa que cuidava da aparência. Mas estava apático, irracional e incoerente."

Quanto mais ouvia o antigo amigo militar, mais sua preocupação crescia. Ela conseguia ver claramente que Ron estava com sérios problemas. E lhe disse isso.

Ron se limitou a encará-la com uma expressão vazia. Nada do que Sandra falava parecia ser registrado. Ele estava perdido em uma névoa, não percebendo sequer o quanto estava magro e debilitado.

"Aquele não era o Ron que eu conhecia fazia vinte anos."

Não muito tempo depois do encontro no Slater's, Sandra recebeu um telefonema inesperado e muito bem-vindo de Ron. Pela primeira e única vez, deu a entender que havia algumas coisas acontecendo em sua relação com Shelly que o deixavam incomodado.

"Ela pegou meus carros e não quer me devolver", contou ele.

Sandra ficou incrédula. "Não quer devolver?"

"Não", confirmou Ron. "Eu vivo pedindo."

A revelação deixou Sandra incomodada a ponto de viajar de Iron Springs até Raymond para ver o que estava acontecendo em Monohon Landing. Ela passou devagar e viu os carros bege e azul de Ron parados na frente da casa.

Sandra não parou para fazer perguntas.

"Eu não queria bater de frente [com Shelly]", admitiu.

Caso tivesse feito isso, poderia ter visto tudo o que Shelly era capaz de esconder.

Sami também estava alarmada com as mudanças que estava vendo em Ron. Inclusive, perguntou à mãe sobre a perda de peso abrupta dele.

"Está tudo bem com o Ron?"

Shelly ficou imediatamente na defensiva. "O que você está querendo dizer com isso?"

"Ele está doente ou coisa do tipo?"

"Não."

"É que ele perdeu muito peso, mãe. Só isso."

"Ele precisava perder peso, Sami. Estava gordo. Agora está comendo direito. Nada de porcarias. Está na melhor forma que já esteve, com músculos que antes nem sabia que tinha."

Shelly disse ainda que o trabalho que Ron fazia na casa o estava ajudando a entrar em forma.

"Ele adora ir lá para fora e pôr a mão na massa", garantiu ela.

Então Shelly cortou o cabelo de Ron, inclusive seu amado rabo de cavalo. Sami o abordou no quintal e perguntou a respeito, em um momento em que sabia que a mãe não estava por perto para o ouvir.

"Eu gosto assim", respondeu Ron. "Gostei de tudo aquilo ter ido embora."

Em seguida, ela perguntou sobre seus problemas dentais. Ao que parecia, só lhe restava um dente da frente.

"Ah, os outros eram todos postiços mesmo", ele minimizou o problema. "Estou esperando para fazer uma dentadura, Sami."

Obviamente, isso não iria acontecer. Quando os dentes de Ron começaram a cair, Tori perguntou a Shelly por que não o levava ao dentista.

"Ele precisa de uma dentadura, mãe", argumentou ela.

Shelly refutou a sugestão sem pensar duas vezes.

"Ele não pode ir ao dentista porque tem um monte de mandados de prisão em seu nome. Ninguém iria poder tratá-lo sem avisar a polícia. Além disso", acrescentou, "dentaduras custam muito caro."

67

A última vez que Nikki viu a mãe foi no Olive Garden, em Olympia, em 2002, o ano em que Mac morreu. Estava hesitante em relação ao encontro, mas concluiu que não tinha nada a perder. *Quem sabe as coisas não melhoram?* Sami continuava a mandar notícias garantindo que Tori estava bem.

"Ela diz que a mamãe é esquisita, mas que é bem tratada. Ao contrário de nós."

Shelly se arrumou para a ocasião, e estava bonita. Mas logo de cara ficou evidente que sua aparência agradável era só camuflagem.

Era a mesma mulher que sempre tinha sido.

"Ela foi muito mal-educada com a garçonete", contou Nikki. "Ficava diminuindo a moça, mandando as coisas de volta. E eu fiquei pensando, sabe como é: *Eu não preciso estar aqui. Não preciso ser parte disso.* Foi uma coisa feia, maldosa. Me encontrar com ela foi um grande erro."

Nikki não contou nada sobre a própria vida. Fechou esse canal de comunicação antes mesmo da sobremesa.

"A gente nunca mais se viu depois disso."

Tori Knotek continuava aguentando firme. Nunca disse uma palavra para as irmãs, nem para ninguém, sobre o que acontecia em casa. Não porque não queria que a mãe pagasse pelo que fazia, mas porque temia as consequências sinistras de cutucar a onça com vara curta.

Depois de tudo o que tinha visto, Tori estava apavorada com o que Shelly pudesse fazer contra ela. Temia que pudesse ser tudo culpa sua, de alguma forma.

Como escreveu para a mãe em seu diário:

> "Sei que às vezes pode parecer que não entendo o seu lado ou que não quero entender, mas não é verdade. Não mesmo. Eu sempre entendo o seu lado, e sempre vou entender. Só estou cansada de ser uma decepção tão grande para você e para o pai. Sei que é culpa minha."

Embora não soubesse como expressar em palavras, em algum nível, Tori sabia que sua mãe só ficava feliz quando havia alguém sofrendo. Devia existir uma palavra para uma pessoa que encontra prazer na dor dos outros. Fosse qual fosse, ela não entendia. Sorrir quando tinha alguém gritando? Apreciar a agonia provocada por um corte, uma queimadura?

Por que a mãe dela era assim?

Em algumas ocasiões, Tori ouviu a mãe mandar Ron entrar debaixo da escrivaninha da sala, que ficava ao lado de seu quarto. O som da mobília sendo arrastada a atraiu para ver o que estava acontecendo.

Daquela vez.

"Você vai ficar aí até eu ouvir o seu choro", falou Shelly.

Ron se enfiou debaixo do móvel. "Me desculpe, Shelly, querida", disse ele.

"Você não está arrependido o suficiente, seu veado imprestável."

Ron começou a fazer ruídos de choro.

Isso irritou Shelly ainda mais.

"Seu fingido do cacete!", esbravejou. "Eu sei que você está fingindo."

Tori perguntou para a mãe se podia ajudar Ron a sair de lá.

"Não", foi a resposta, curta e grossa. "Ele está sendo castigado. Vai ficar aí sozinho. Se comportou muito mal. Não quero nem entrar em detalhes. Ele vai ficar aí."

Um pouco mais tarde, Tori percebeu que Ron tinha sido liberado. Mas não por muito tempo. Logo em seguida, estava de novo embaixo da escrivaninha, chorando.

Ela não teve nenhuma dúvida de que as lágrimas eram reais.

68

Quando Jim Bergstrom, delegado do condado de Pacific, tentou servir a Ron uma ordem de medida protetiva, solicitada pela mãe dele, conseguiu vê-lo na varanda ao parar diante da casa dos Knotek. Foi no primeiro semestre de 2003. Ron, uma figura magra e de membros compridos, lançou um olhar assustado na direção do oficial da lei e fugiu para o campo por uma pequena abertura na cerca.

"Ei, Ron!", gritou Bergstrom. "Só vim entregar uns papéis para você."

Depois que Ron desapareceu na mata atrás da casa, o delegado desistiu de persegui-lo e bateu na porta. Ele esperou. E esperou. Como ninguém atendeu, decidiu ir embora, apesar de estar quase certo de que havia alguém em casa.

E de fato havia.

Quinze minutos depois, a central telefônica da polícia recebeu uma ligação de Shelly Knotek. Ela estava irritada. Agitada. Preocupada. Queria se encontrar com o delegado na frente da agência de correio de Raymond para descobrir o que estava acontecendo. Quando chegou lá, Bergstrom explicou sobre a medida protetiva que precisava ser entregue a Ron.

"Ele não está morando com a gente", falou Shelly, olhando bem nos olhos dele. "Está lá para os lados de Tacoma."

"Eu não gosto que mintam para mim", rebateu Bergstrom. "Eu vi que ele estava na sua casa, e fugiu. Sei que ele estava lá."

Shelly, como sempre, tinha uma resposta na ponta da língua. Sempre soube como mudar sua versão dos fatos rapidamente.

"Ele deve ter fugido por causa desse monte de mandados judiciais. É um homem doente. Está sob meus cuidados. Ele tem um problema no coração."

Ela prometeu que o faria entrar em contato.

Antes de ir embora, Bergstrom perguntou sobre Kathy Loreno. Disse que família dela ainda estava preocupada com esse desaparecimento com um namorado caminhoneiro. Contou que os irmãos de Kathy tinham tentado encontrá-la contratando um detetive particular, e que a mãe dela pôs um anúncio do seu desaparecimento no jornal.

"Faz um tempão que eu não tenho notícias dela", respondeu Shelly.

Ninguém tinha.

A conversa com o delegado pareceu perturbar Shelly, e o motivo não tinha nada a ver com Ron. Era saber que a família de Kathy ainda vinha buscando informações sobre o paradeiro dela — e envolvendo a polícia no assunto.

Não muito tempo depois, Shelly contou a Sami que tinha encontrado Kaye, a mãe de Kathy, no mercado.

"Ela foi muito simpática, como sempre", contou Shelly à filha do meio. "Foi ótimo falar com ela."

Sami duvidava muito que esse encontro tivesse acontecido. A princípio, atribuiu a conversa à necessidade obsessiva de sua mãe de mentir. Para Shelly, mentir era tão natural quanto respirar. Sami nunca foi capaz de entender a compulsão dela pela mentira, mesmo quando não dizer nada era a melhor coisa a fazer.

Então percebeu do que se tratava. O motivo para a mãe citar o suposto encontro casual com a mãe de Kathy era só uma forma de sentir sua reação, um pretexto para repassar a história que deveria ser contada.

"Você lembra o nome do namorado dela?", perguntou Shelly.

"Rocky?", falou Sami, insegura.

Era um teste. Uma prova surpresa. Uma forma de reforçar uma falsa verdade.

Shelly se irritou com Sami. "Use a cabeça. Você lembra qual era a profissão dele?"

Sami entrou no jogo.

"Caminhoneiro!"

E assim a conversa continuou. Shelly questionou Sami sobre a aparência de Rocky. Sobre a paixão dele por Kathy. Sobre o fato de ela ter ido viver uma vida que sempre sonhou.

"Se a polícia aparecer, você vai saber o que dizer?"

"Sim, mãe", garantiu Sami. "Eu vou."

Isso aconteceu diversas vezes — pessoalmente e por telefone. Shelly apresentava diferentes perguntas e situações para a filha. Às vezes, Dave era submetido ao mesmo interrogatório. Em todos os casos, a justificativa era fazer com que todos entendessem o que estava em risco.

"Nossa família estaria arruinada. Pense em Tori! Ela iria parar num abrigo!"

No entanto, nem toda a preparação do mundo seria suficiente — e de fato *não foi* — para o que aconteceria a seguir, quando a situação pegou fogo.

Tori estava sentada no carro com a mãe enquanto ela examinava a correspondência. As cobranças eram, em sua maior parte, ignoradas enquanto Shelly procurava pelo que de fato lhe interessava — um cheque do marido, uma promoção em um catálogo de quinquilharias das quais nem sequer necessitava.

E que, com certeza, não tinha condições de comprar.

Quando Shelly abriu uma determinada carta, o clima dentro do carro mudou. O rosto dela ficou pálido, e as mãos começaram a tremer. Os olhos se mantiveram fixos na carta por um bom tempo. Era datilografada, e dirigida apenas a ela. Havia sido postada em Olympia, em 18 de abril de 2003.

"Os tiros que você ouviu ontem à noite foram de Kathy. Assim como nosso senhor Jesus Cristo, ELA também voltou dos mortos e está em busca de vingança. Do pó viestes, ao pó retornarás..."

Shelly entrou em parafuso. Todos tinham ouvido, na noite anterior, quando alguém tinha atirado nas luzes de emergência de uma propriedade vizinha.

Durante vários dias, ela perguntou a Tori se alguém tinha rondado a casa fazendo perguntas sobre Kathy.

"Isso é importante. Apareceu alguém?"

"Não, mãe", respondia a filha. "Eu juro."

"Pense bem!"

"Não. Ninguém mesmo."

Tori não entendia o motivo de tanta preocupação. Kathy, de quem a menina se lembrava apenas vagamente, não estava morta. Tinha fugido com o namorado. Estava feliz. Por que iria querer vingança contra sua mãe? Kathy era a melhor amiga dela.

Shelly contou sobre a carta a Dave, que não fazia ideia de onde poderia ter vindo. Ninguém cogitava a hipótese de que Nikki pudesse ter traído a família. E se algum parente de Kathy tivesse escutado qualquer boato e quisesse vingar sua morte? Mas, se fosse esse o caso, tanto Dave como Shelly concordavam que a polícia teria sido notificada primeiro.

E, pelo que sabiam, isso não tinha acontecido.

Em um estado de frenesi, Shelly ligou para Sami, que era professora em Seattle, a poucas horas de viagem de casa.

A chefe de Sami a chamou.

"É sua mãe no telefone."

"Estou no meio da aula."

"Parece ser um assunto importante."

Sami falava a respeito da mãe em todos os lugares onde trabalhava. Sabendo como era Shelly, achava melhor avisar antes. Ela sabia que, independente do motivo, a mãe continuaria ligando até conseguir falar com ela.

Sami foi atender.

"Kathy!", gritou Shelly. "Tem alguém fazendo perguntas para você sobre Kathy?"

A polícia do condado de Pacific tinha tentado, mas Sami ignorou os contatos.

"Não, mãe", respondeu.

Shelly insistiu. "Ninguém mesmo?"

"Não, mãe. Ninguém. Está acontecendo alguma coisa?"

Shelly contou sobre a carta.

Sami ficou assustada. Aquilo significava que alguém de fora do círculo familiar dos Knotek estava investigando o que sua mãe e seu pai tinham feito. Havia alguém escavando a história e usando ameaças para fazer as coisas virem à tona.

"Isso não faz sentido", respondeu Sami, apesar de no fundo saber que fazia, sim. Caso tivesse perdido alguém e achasse que uma determinada pessoa possuía informações a respeito, iria querer encontrar uma forma de garantir que a justiça fosse feita.

Kathy merecia justiça.

Sami pensou no colar que Kathy lhe deu de aniversário. Lembrou que Kathy sempre tinha tempo para as meninas, para pentear seus cabelos, para fazê-las rir com alguma história engraçada. Tinha um milhão de coisas boas a dizer sobre Kathy.

"Eu sei", falou a mãe. "Não entendo o que está acontecendo. Você faz alguma ideia, Sami?"

"Não. Eu juro. Não faço a menor ideia."

Sami desligou. Ela quase torceu para que algum parente de Kathy tivesse *mesmo* mandado aquela carta. A família de Kathy precisava saber o que havia de fato acontecido.

69

Shelly analisou a carta que mencionava Kathy em detalhes, como um perito forense faria. Colocou sob a luz. Virou em todas as direções. Examinou o carimbo do correio. E, mesmo depois de tudo isso, não conseguia imaginar quem poderia tê-la mandado.

Poderia ter sido qualquer um. Até mesmo Shelly admitia que não era uma pessoa das mais queridas em Raymond.

Mas a ameaça anônima não a fez recuar nem pegar mais leve com Ron. Em vez disso, ela continuava a circular pela casa com seu roupão entreaberto, bombardeando-o com insultos. Por mais que Ron tentasse, nunca conseguia fazer nada direito.

Seus fracassos em agradar Shelly eram inúmeros.

Tori foi espiar os pais no quintal em um fim de semana em que Dave estava em casa. Ron havia caído do telhado, onde subiu para limpar as calhas, e estava no chão, encolhido e machucado. Em vez de ajudar, Dave mandou Ron se levantar e voltar lá para cima.

Sem dizer uma palavra, Ron se recompôs, subiu no gradil do deque e saltou de cima do telhado. Tori tinha certeza de que ele havia quebrado a perna.

"Lembro que, depois que voltei para o quarto, ele caiu de novo, e em seguida ouvi meu pai batendo nele. Pareceu bem feio. Escutei os gritos do Ron. Acho que apanhou na cara, mas não sei. E por quê? Não sei nem por quê."

Talvez ele estivesse fazendo as coisas muito devagar, ou de um jeito desastrado demais, pensou.

Aconteceu mais uma vez.

E mais outra.

Em uma outra ocasião, Tori ouviu a mãe dizer para Ron virar homem e pular. Ela saiu e viu Ron, apenas de cueca, subir no gradil e se segurar no pilar de sustentação do telhado. Com os pés ensanguentados, ele estava chorando.

"Não quero fazer isso, Shelly, querida", suplicou.

"Vai logo", retrucou Shelly. "Eu não tenho a noite toda."

E lá foi ele, aterrissando com um baque surdo, descalço no chão de cascalho.

"Levanta! E pula de novo! Você é um merda, e precisa ser castigado."

De alguma forma, Ron conseguiu subir de novo no gradil e pular.

Tori não sabia nem como Ron ainda conseguia andar. Cada passo era uma agonia. O problema não era só os cortes sofridos pelos cacos de vidro enterrados em um buraco no jardim, nem a força com que caía do telhado. Era também o que a mãe fazia com os ferimentos.

Tori observava Shelly, e às vezes Dave, com o tipo de curiosidade que faz os passantes pararem para ver o cenário de um acidente de trânsito. Ela não era obrigada a olhar, mas não conseguia desviar os olhos.

Shelly pegou uma panela de água quente no fogão, com o vapor ainda subindo, e levou para o galpão. Tori ouviu Ron gritar enquanto Shelly e Dave o obrigavam a enfiar os pés feridos e ensanguentados naquela mistura de água quente e alvejante.

"Lembro que o cheiro era o pior que eu já tinha sentido na vida", lembrou-se Tori anos depois. "Era um cheiro de alvejante e carne podre, como se a pele dele estivesse sendo dissolvida. Um horror. Parecia que ele estava apodrecendo, era literalmente o cheiro de carne em decomposição. Ele ficou cheirando assim por um mês. Até o fim."

Mesmo com a condição dele se deteriorando, Shelly continuava com sua política de nunca deixar Ron usar calçados enquanto trabalhava ou fazia exercícios do lado de fora. Com esse novo tipo de castigo, os pés dele atingiam o cascalho com tanta força que as solas se abriam, e o sangue e o pus esguichavam.

Shelly ia buscar o frasco de alvejante e despejava o líquido cáustico nas feridas dele, dizendo para Ron calar a boca e parar de chorar.

"Sim, Shelly, querida", respondia ele.

Em outras ocasiões, ela fervia água no fogão, enchia a banheira e o fazia entrar.

"Uma noite ela esquentou demais a água, acho", mencionou Tori. "E ele queimou os pés de um jeito que a pele começou a sair. Foi quando a minha mãe começou a enfaixar os pés dele."

A noite em que perdeu a pele dos pés foi a última em que Ron dormiu na sala do computador em frente ao quarto de Tori, no andar de cima da casa. A menina, então com 14 anos, pensou que fosse porque ele não conseguia subir a escada. Depois disso, Ron passava a maior parte das noites na lavanderia, no galpão ou do lado de fora, na varanda. Seus pés estavam enfaixados, e ele mal falava. Com certeza, nunca abriu a boca para reclamar.

Anos depois, quando Dave Knotek foi informado de que o alvejante é prejudicial à pele humana, pareceu ter ficado genuinamente surpreso. Shelly usava o produto em grandes quantidades em Kathy, Ron e até nas meninas. Na verdade, em todas as suas idas ao mercado, sempre reabasteciam o estoque de alvejante da casa. Apesar de tudo o que viu, porém, Dave ainda não conseguia aceitar o fato de que a esposa faria alguma coisa para machucar alguém de propósito.

Shelly também não devia saber que o alvejante fazia mal, foi a resposta dele.

70

Assim como Kathy uma década antes, a condição de Ron só piorava. Ele estava à beira do abismo, com o pé de Shelly plantado em suas costas. Ela agia como se estivesse preocupada. Não o acusava mais de ter matado Mac, e até passou a pegar mais leve com os xingamentos.

Shelly ligou para Dave no trabalho no início do segundo semestre de 2003, para dizer que estava preocupada. E, talvez, um pouco em pânico também. Tinha tomado as providências para instalar Ron em um abrigo para pessoas sem-teto em Aberdeen, mas ele não quis sequer falar a respeito. Se recusou terminantemente.

Ao que parecia, Ron tinha se tornado um estorvo. Ela o queria fora de sua casa. Não sabia mais como lidar com ele.

Durante o telefonema, Shelly disse que Ron tinha tentado suicídio se jogando do alto de uma bétula.

"O que aconteceu?", quis saber Dave.
"Ele disse que ia se matar."
"Sério mesmo?"
"É", respondeu. "Ele sabe que estamos falando sério sobre o abrigo."

Dave não estava muito interessado no bem-estar de Ron, de qualquer forma. Sua maior preocupação era com o fato de vê-lo circular pela casa de cueca o tempo todo com Tori por perto, ou com o peso que ele representava para sua mulher.

Shelly continuou reforçando a mesma história.

"Ele disse que não aguentava mais viver, e queria fazer um favor para todo mundo e acabar com a própria vida", prosseguiu ela. "Disse que sentia muito. 'Eu sou um fardo, e a minha vida é um grande fracasso. Estou virando um fardo para você, Dave e Tori. Não sei o que fazer'."

Ron estava deitado em um banco no quintal há dias. Shelly lhe fornecia uísque e dizia a Tori que ele estava doente, ressaltando que sua saúde melhoraria. Tori queria muito poder acreditar. *Mas aqueles pés*. Estavam tão inchados que ele mal conseguia mexê-los.

"Vou levá-lo para descansar na casa do Mac amanhã", contou Shelly.
"Sozinho?"
"Ele vai ficar bem. Não é mesmo, Ron?"

Ron estava debilitado e bêbado. Só conseguiu responder com um aceno fraco.

"Tem certeza, mãe?"
"Eu vou até lá ver como ele está todos os dias. Não se preocupe."

Na manhã seguinte, quando acordou, Tori notou que Ron não estava mais lá.

"Cadê ele?", perguntou à mãe.

Shelly olhou bem para ela. "Foi para a casa do Mac hoje de manhã."

A janela de Tori ficava bem acima da entrada da garagem — um caminho de cascalho, que não permitia que ninguém passasse sem fazer um barulho bem alto e característico.

"Ah", falou Tori, reconhecendo a mentira. "É que eu não ouvi vocês saindo."

Ron estava fora fazia alguns dias, e Tori e a mãe estavam no sofá, vendo TV.

"Você não pode contar a ninguém sobre Ron", avisou Shelly.

Sério mesmo, mãe?

Tori não fazia ideia de qual parte não poderia contar. Havia uma lista com algumas centenas de páginas.

"O quê?"

Shelly lhe lançou um olhar bem sério, quase ameaçador.

"Se você contar para alguém, principalmente Sami, eu deserdo você. Não é brincadeira. Deixo de falar com você pelo resto da vida."

Era uma ameaça grave.

Um silêncio recaiu sobre a sala.

"Eu jamais falaria nada", garantiu Tori. Ela não perguntou por que Shelly tinha enfatizado Sami. Sua irmã nunca falava mal da mãe. Pelo menos não para Tori. Já tinha falado que ela era esquisita, claro, mas qual adolescente não pensava isso da própria mãe?

"Tori", disse Shelly, "se a polícia aparecer, você precisa dizer que Ron foi embora e está morando em Tacoma."

Tori engoliu em seco. Aquilo era uma mentira. E das grandes.

"Tudo bem, mãe", respondeu ela. "Pode deixar que eu falo."

Depois que tudo foi combinado — um conto da carochinha, claramente —, Tori percebeu uma mudança na conduta da mãe. Shelly começou a tratá-la melhor. Voltou a tratar Tori como sua favorita, e preparou seus pratos prediletos ao longo dos dias seguintes. Não forçava mais a filha a se despir e mostrar as mudanças em seu corpo.

Mas, sempre que Tori perguntava sobre Ron, a mãe mudava de assunto.

"Ele está bem", dizia Shelly.

Tori continuava insistindo. "Eu queria fazer uma visita."

"Ele está descansando. Precisa descansar, Tori."

"Tudo bem, mas eu estou com saudade."

"Ele está bem", garantiu Shelly. "Eu vou até lá todos os dias. Até duas vezes por dia. Vou às 7 horas para levar comida e ver se ele está bem."

Tori tinha uma lista inteira com as mentiras da mãe a essa altura. Ron não podia ir a lugar nenhum. Estava preso na casa de Mac. E sua mãe cuidava dele? Outra mentira.

"Nunca ouvi o carro dela sair de casa de manhã", contou Tori mais tarde. "Eu teria escutado. Além disso, ela nunca acordava assim tão cedo, por nada, nem ninguém. Minha mãe dormia até tarde, porque ficava acordada a noite toda."

Tori perguntava sobre Ron todos os dias.

"Por que você fica perguntando sobre Ron toda hora?", questionou Shelly.

"Eu gosto do tio Ron."

"Ora, ele está bem. Você precisa parar de ficar perguntando o tempo todo."

Tori não parou de insistir.

"Eu queria ver o tio Ron."

"Tudo bem", disse Shelly por fim. "Certo. Mas agora estou ocupada. Ele também. Talvez daqui a um ou dois dias."

E então a diversão, as comidas e os carinhos acabaram.

Shelly recrutou Tori para cumprir a lista de afazeres enquanto Ron estava fora. Remover as ervas daninhas, alimentar os animais, arrumar a cozinha — tudo o que era responsabilidade dele sobrou para Tori. *Tudo mesmo.* Inclusive a implicância de sua mãe.

"Eu queria que Ron estivesse aqui", dizia para Tori. "Ele faz tudo muito melhor do que você."

Quando Tori não limpou o canil bem o suficiente, Shelly a mandou entrar e trancou a porta.

"Assim você aprende! Como é que você se sente sendo tratada como o seu amado cachorrinho? Sua imbecil! Você acha que um cachorro gosta de viver no meio da merda? O que você acha? Quanta merda! Quanta merda! Você é uma puta de uma preguiçosa, Tori!"

Tori encarou a mãe por entre as grades do canil, e o que passou por sua cabeça foi que talvez merecesse aquilo. Talvez ela não tivesse mesmo feito um bom trabalho. Shelly parecia sempre tão convicta.

"Desculpa, mãe."

Shelly abriu a mangueira até encharcar a pele de Tori com água gelada misturada com fezes de cães.

"Sua imprestável do caralho!"

71

Já estava mais do que na hora. Sami ficou surpresa e contente quando Shelly telefonou do nada avisando que tinha decidido permitir que sua irmã mais nova, Tori, fosse passar uns dias com ela em Seattle.

As três se encontraram para jantar no Olive Garden, em Olympia, que ficava no meio do caminho. Imediatamente, Sami notou um problema grave na mão direita da mãe. Estava muito inchada. O polegar estava duas vezes maior que o normal, e parecia haver uma luxação na articulação.

"Você precisa ir ao hospital", disse Sami.

Shelly não parecia muito preocupada. "É sério, Sami. Eu estou bem."

Mas não estava. Durante a refeição, Shelly foi grossa com a equipe do restaurante. Estava estressada e sua aparência não estava das melhores. Shelly sempre se orgulhou da própria beleza, mas tinha ganhado peso, e os cabelos estavam malcuidados. E pelo jeito tinha perdido alguns dentes também.

"Ela parecia uma louca", lembrou-se Sami. "Estava agitada, totalmente fora de controle. Alguma coisa estava acontecendo."

No trajeto de carro até Seattle, Sami revelou que tinha duas surpresas para a irmã mais nova.

"Hoje você vai comer sushi pela primeira vez. Vou levar você no Bento's, em Greenwood."

Tori fez uma careta. "Não sei, não", disse.

Sami abriu um sorriso. "Você vai adorar."

"E qual é a outra surpresa?"

"A gente vai ver a Nikki amanhã."

De repente, Tori foi tomada pelo pânico. Não só estava apavorada com a ideia de ver a irmã depois de sete anos, como também não queria carregar o fardo de ter desafiado a mãe. Shelly passou anos dizendo que Nikki não prestava, que era uma pessoa egoísta e não se importava com ninguém. A pior irmã que alguém poderia ter.

"Não. Eu não quero falar com ela."

"Ela ama você", disse Sami. "Você sabe disso, né?"

Tori, na verdade, não sabia. "Acho que sim", respondeu. "Mas não quero que a mãe fique sabendo."

Sami abriu um sorriso reconfortante. "Vocês vão se encontrar mesmo assim."

A comida japonesa foi um sucesso relativo. Tori gostou do sushi Califórnia e de mais nada. Dentro dela, havia um turbilhão. Mal conseguiu dormir naquela noite, de tão nervosa que estava com o encontro do dia seguinte. *E se Nikki não gostasse dela?* Nikki tinha sido uma influência gigantesca em sua vida — cuidava dela, brincava com ela. E então — puf! — de repente sumiu, e passou a ser retratada como uma pessoa terrível pela mãe. Tori não fazia ideia de que Sami e Nikki mantiveram contato ao longo daqueles anos.

Mas a perspectiva de ver Nikki era só uma parte do motivo para Tori não conseguir pegar no sono naquela noite. Ela também estava preocupada com Ron. Ficou pensando nisso durante o jantar no Olive Garden, enquanto a mãe mentia para Sami sobre uma eventual mudança dele para Winlock ou Winthrop ou Tacoma. Sabia que ele estava fraco demais para ir onde quer que fosse. Provavelmente estava precisando de assistência médica.

Talvez Shelly o levasse para o hospital em breve. Era isso que Tori esperava.

No dia seguinte, quando as irmãs Knotek chegaram ao Duke's Seafood & Chowder House, às margens do lago Union, em Seattle, foi como se Tori estivesse diante da mulher mais linda que já tinha visto na vida. Sua irmã Nikki estava com 28 anos, uma mulher adulta, formada. Muito linda. Elegante. Até o cheiro dela era maravilhoso.

Ver a irmã mais velha depois de tantos anos, Tori contou mais tarde, foi o maior acontecimento de sua vida. Mesmo depois de ter sido bombardeada pelas mentiras da mãe para reforçar o afastamento, Tori reconheceu na mesma hora que estava morrendo de saudade de Nikki.

"Você está tão linda", falou Tori.

"Você também."

Sami aproximou as duas irmãs. Ela era a filha do meio, a que vivia com um pé de cada lado da divisa.

Ninguém comentou sobre as maldades da mãe durante a refeição. Ou sobre o pai, que estava perdido na vida. Simplesmente curtiram aquele momento de reaproximação e reencontro.

"Não esqueça, Tori", disse Sami. "Não precisamos contar nada para mamãe. Esse almoço com a Nikki foi só com nós duas. Entendeu?"

Tori assentiu, porém sabia que era uma coisa mais fácil de falar do que fazer. Shelly tinha um talento para escavar todos os aspectos da vida das filhas e descobrir coisas que elas preferiam manter em sigilo. Com Shelly Knotek, não havia segredos.

A não ser os dela.

72

Já passava das 2 horas da manhã de 22 de julho de 2003 quando o telefone de Dave tocou e o acordou na obra onde trabalhava, em Whidbey Island. Ele estava em um sono profundo, e teve dificuldade de entender do que se tratava. Era Shelly, claro. Não a Shelly normal. Não a Shelly sempre exigente. Aquela Shelly falava com uma voz hesitante, num tom de exaustão.

"Você precisa vir para casa", disse ela, já um pouco mais alto. Antes estava falando baixinho.

"O que aconteceu?", perguntou Dave, despertando na mesma hora.

"Não é nada bom", avisou Shelly. "Tem um problema acontecendo aqui. Com Ron."

Dave não pediu nenhum detalhe, naquele momento, para a mulher com quem era casado havia quinze anos. O marido a conhecia bem o suficiente para saber que ninguém deveria lhe perguntar mais do que ela estava disposta a revelar. Shelly disse que Tori tinha ido passar um tempo com Sami em Seattle, e que precisava de Dave em Raymond o quanto antes.

Ele tinha ido para casa no domingo anterior, e viu que Ron estava se recuperando do que Shelly garantiu ser uma queda de uma árvore, a qual lhe provocou uma fratura no dedo. Dave também lembrava que os pés de Ron estavam enfaixados, e que havia queimaduras em sua cabeça e seu peito, em razão de um acidente que, segundo Shelly, aconteceu enquanto Ron queimava folhas secas no quintal. E havia hematomas. Muitos deles. Também por causa de um suposto acidente.

Atendendo ao pedido de Shelly, Dave, mais uma vez, disse a Ron que ele deveria ir embora, mas o homem se recusava a sair da Monohon Landing. Houve uma vez em que Dave lhe ofereceu 270 dólares para sair da cidade, mas ele foi inflexível. Não queria sair do lado de Shelly.

"Você precisa dar o fora daqui, Ron", falou Dave, elevando o tom de voz para reforçar o que dizia.

Ron se recusou a ir. Só respondeu que faria mal a si mesmo ou se mataria se precisasse ir embora.

Dave estava em maus lençóis com o chefe por outros motivos, e não podia pedir uma folga para voltar a Raymond naquele momento.

"Não posso ir antes de sexta-feira", avisou a Shelly. Ainda faltavam uns bons dias para isso.

Apesar de Shelly parecer apreensiva e angustiada, ela não reclamou da demora.

"Ela não me contou que Ron estava morto", declarou Dave, mais tarde, sobre a ligação da esposa no meio da madrugada. Não foi preciso. "Eu sabia. Bem como sabia o motivo."

Seus instintos estavam corretos.

Ron, de fato, estava morto.

Shelly afirmou que o encontrou sem vida no quintal. Contou que estavam no meio de uma onda de calor, e que ele foi se sentar lá para arejar os ferimentos. Ela confessou ao marido o medo de que alguém a culpasse por todas aquelas feridas — as marcas de queimadura, os cortes e os hematomas espalhados pelo corpo de Ron.

Ela garantiu que tentou reanimar Ron, mas então percebeu que não havia jeito. Quando se conformou com o fato, porém, Shelly arrastou o corpo dele até o galpão e fechou a porta. Lá dentro, o vestiu com uma calça de moletom limpa — que não o deixava usar quando estava vivo

— e colocou o corpo dentro de dois sacos de dormir. Em seguida, retirou os equipamentos de camping de cima do freezer, abriu a tampa e pôs o cadáver lá dentro. Depois, colocou todas as coisas de volta, de modo que ninguém — principalmente Tori — percebesse que os equipamentos tinham sido retirados em algum momento. Shelly pensou em todos os detalhes.

E, depois de fazer tudo isso, ligou para Dave.

73

Quando Dave voltou para casa depois da semana de trabalho, Shelly contou que o corpo de Ron estava envolvido por sacos de dormir no freezer do galpão. Dave se sentia como um zumbi. A ideia de que aquilo estivesse acontecendo de novo era mais do que seria capaz de suportar. Sempre soube o que aconteceria. Tinha consciência de que as coisas não terminariam bem para Ron se continuasse vivendo em Monohon Landing. Era uma pessoa problemática, como Shelly sempre dizia. E pessoas problemáticas sempre acabam virando um problema.

Puta que pariu, Ron!
Como foi que você fez uma coisa dessas com Shelly?
Dave teve que se esforçar para tirar o corpo de Ron do freezer.
Como foi que Shell conseguiu colocá-lo aqui?
Ela tem uma força sobre-humana.
Dave não viu o cadáver. Não queria ter que olhar para aquilo. Em vez disso, em silêncio, repetiu o que já havia feito antes. A força física surpreendente de sua esposa lhe veio à mente de novo enquanto tentava colocar Ron em uns sacos de lona de construção trazidos da obra em Whidbey Island. Dave sentiu as mãos tremendo enquanto tentava envolver o corpo com os sacos.

Ocultar um cadáver não era uma coisa que ficava mais fácil com a prática.

Ele se viu naquele galpão em meio às coisas que contavam uma parte de sua vida com Shelly e as meninas: as roupas velhas, os brinquedos abandonados depois que elas ficaram grandinhas demais para usar, o equipamento de camping da época em que faziam atividades em família. Perto do freezer, Shelly empilhou as coisas de Ron, um resumo de sua existência e seus interesses: os livros de egiptologia, os óculos, as joias que usava com tanto orgulho antes de deixar de ser quem era, as roupas que não usava mais porque era Shelly quem determinava o que ele poderia vestir. Tudo empilhado e pronto para uma remoção rápida.

"Eu tentei salvá-lo", garantiu Shelly enquanto acompanhava o que Dave fazia, contorcendo as mãos. "Fiz respiração cardiopulmonar, mas não funcionou. Ele estava fraco demais. Ai, meu Deus! Eu tentei de verdade. Estou com medo, Dave."

Ele também estava.

"Vão achar que a gente cometia algum tipo de abuso contra Ron", continuou ela. "A polícia vai apontar o dedo para a gente."

Dave sabia que ela estava certa. *E por que não fariam isso? Como foi que eles tinham deixado aquilo acontecer, aliás?*

Ele disse a Shelly que cuidaria de tudo, que ela deveria voltar para dentro da casa e se acalmar. Dave retirou o corpo de Ron pelo portão dos fundos, sofrendo para conseguir carregar aqueles sacos escorregadios.

Mas havia uma pedra no meio do caminho, e era das grandes: o condado de Pacific tinha proibido queimadas, em razão do tempo quente e seco de verão. Dave não poderia queimar Ron, como fez com Kathy. Não teria como jogar as cinzas na praia de Washaway. E, de qualquer forma, a cremação não seria possível. O celeiro que bloqueava a visão do quintal não estava mais lá, e um poste de luz tinha sido instalado ali perto, iluminando todo o local. Alguém poderia ver o fogo e denunciar às autoridades.

Dave pegou uma pá de bico número dois e uma lona encerada azul no galpão e, como operário que era, planejou abrir uma cova. Precisaria ter mais de um metro de profundidade, com espaço suficiente para abrigar o corpo deitado. Ele queria escavar mais fundo, mas o solo ali era duro e compacto. A terra retirada seria colocada na lona, para que a cova não fosse detectável. Dave pretendia deixar tudo como estava antes.

Ele deitou o corpo de Ron de lado e o cobriu de terra. Quando se deu por satisfeito, espalhou as cinzas do lixo queimado sobre a terra fresca. Em seguida, pôs uma camada de gravetos por cima.

Shelly manteve distância enquanto o marido cuidava de tudo. Nunca queria se envolver no trabalho sujo.

No meio da escuridão, Dave tirou as luvas e avaliou o que tinha feito. Parecia ter ficado bom, mas era só temporário. Era preciso arrumar uma solução definitiva, mas, para isso, teria que esperar o fim da proibição das queimadas. Ele levou a lona com o restante da terra removida para a casa de Mac, em South Bend, e a escondeu lá.

Como sempre, depois que tudo foi descoberto, Dave defendeu Shelly e não lhe atribuiu nenhuma culpa.

"Eu a amava muito", falou. "De forma nenhuma ela teve um comportamento abusivo com Ron ou Kathy. Só não notificou a morte de Ron. Foi por medo, por causa do que tinha acontecido no passado. E, como eu disse, a minha mulher se preocupa com tudo, e só estava cuidando da nossa família. Estava sendo protetora, como sempre foi. Não acho que ela fez nada de errado."

74

Em Seattle, Sami e Tori estavam animadas com o reencontro com Nikki. Tinha sido um dia formidável. Tori alternou entre o medo e a saudade de Nikki ao longo dos anos, mas, naquele momento, compreendeu claramente as manipulações de sua mãe. Não deveria ter sido surpresa, mas foi.

Shelly queria controlar todo mundo. Não admitia nenhuma situação em que não fosse a protagonista, ao redor da qual tudo girava. Sua família possuía a estrutura de uma seita: Nikki tinha escapado primeiro, depois Sami. O mundo fora de Raymond era um lugar mais bonito — e feliz — do que Tori imaginava ser possível. A filha caçula experimentava a sensação de ser como Dorothy, de *O Mágico de Oz*, sendo transportada para um mundo colorido do outro lado do arco-íris. E estava na cara qual o papel exercido pela mãe nesse cenário.

Sua mãe. Pensar em Shelly reacendeu seu pior medo. Tori não conseguia deixar de pensar que seria incapaz de manter o reencontro em segredo.

"Você consegue, sim", garantiu Sami. "Eu fiz isso. Você também é capaz."

"Não sei, não", respondeu a irmã mais nova.

Sami continuava otimista, oferecendo incentivo. "Eu sei que sim. Conheço você."

Após Sami tirar as roupas da secadora, as duas se sentaram para dobrá-las.

"Tem uma história engraçada", continuou a irmã do meio. "Lembro que a mãe me acordava no meio da noite e esvaziava as minhas gavetas no chão, tirando tudo mesmo. Ela queria que tudo estivesse perfeito e, se eu tivesse uma meia sem par, minha nossa. Precisava passar o resto da noite procurando. Até umas 3 horas da manhã."

Tori ficou em silêncio por um instante.

"A mãe faz isso comigo também", disse por fim, erguendo os olhos e encarando a irmã.

Sami sentiu o coração disparar. *Não*, pensou ela. *Porra. Não. Não. Não pode ser. Com Tori não.*

"Toda vez que a gente se via, eu perguntava se ela estava bem", disse Sami mais tarde. "Era minha obrigação proteger aquela menina. Mas falhei. Não dá para negar. Não fiz as perguntas certas. Não contei o que sabia. Só perguntava se ela estava bem. Se a nossa mãe estava bem."

"O que mais ela faz com você, Tori?"

Tori olhou para Sami, que estava desmoronando diante de seus olhos, e mencionou uma lista truncada de coisas que havia sofrido nas mãos da mãe. Era como um bingo contendo os castigos padrão de Shelly — as mesmas coisas que ela havia feito com todos: Shane, Kathy, Nikki e a própria Sami.

"Ela deixa você dormir?", perguntou Sami.

"Não."

"Obriga você a fazer as coisas sem roupa?"

"Sim."

"Tranca você para fora à noite?"
"É."
"Na varanda?"
"Isso."
Sami já estava chorando a essa altura. Ela abraçou a irmã.
"Por que você não me contou, Tori?"
"Sei lá. Pensei que fosse só comigo, acho. Não sabia que a mãe já tinha feito isso antes. Pensei que você e Nikki tivessem tido uma infância feliz."
Sami sabia o que perguntar em seguida. Era sua chance, uma abertura para extrair da irmã uma dose de realidade. "Ela faz alguma coisa com Ron?", quis saber.
Tori começou a chorar. Ela se deu conta de que o questionamento da irmã não era bem uma pergunta. Era uma afirmação.
Uma verdade.
Tori respirou fundo. "Faz", respondeu por fim. "Tudo isso. E outras coisas também." Ela observou a reação da irmã. Sami não parecia chocada. Assimilou aquilo como o que era de fato: uma confirmação daquilo que já sabia.
"Como é que você sabe disso?", perguntou Tori.
Sami engoliu em seco. "Ela já fez isso antes. Com todos nós. Com Kathy."
Kathy estava sempre nos pensamentos de Sami. Ela era capaz de reviver cada imagem guardada em sua mente da infância na Casa Louderback ou na propriedade na Monohon Landing — as boas e as ruins. Ultimamente, as coisas vinham ficando cada vez mais claras. Podia ter sido a carta, enviada por sabia-se lá quem. Podia ter sido a culpa que sentia por não ter corroborado o depoimento de Nikki à polícia. Mas teria feito isso, Sami dizia a si mesma, se o delegado insistisse mais. Teria se disposto a ver seu mundo inteiro desabar se soubesse que Tori estava sofrendo maus-tratos.
Tori parecia bem. E a polícia não foi atrás da história.
Então ela não disse nada.
Sami insistiu mais um pouco. "Ron já tentou fugir?"
Tori confirmou com a cabeça. "Já, um monte de vezes. Mas a gente sempre encontra ele e leva de volta."
"Kathy também fazia isso", comentou Sami.

"A mãe obrigava a Kathy a fazer umas coisas esquisitas? Umas tarefas?", quis saber Tori.

"Sim", respondeu Sami. "Ela precisava lavar a louça sem roupa."

Tori teve um vislumbre de uma antiga memória de Kathy na casa de Old Willapa. Ela devia ter uns 2 anos de idade. Kathy estava no banheiro do andar de baixo. Usava uma camisola verde limão. Seus cabelos estavam caindo, e ela se mexia bem devagar.

"Que foi?", Tori tinha perguntado para Kathy nessa hora, mas, antes que recebesse uma resposta, a mãe pegou a filha nos braços e a levou de lá. Shelly não disse nada, mas, depois disso, Tori percebeu que era melhor não fazer aquele tipo de pergunta. Ela não deveria falar com Kathy. Não daquele jeito, pelo menos.

Sami e Tori se abraçaram e choraram. Estavam desabafando sobre tudo. Menos uma coisa.

Sami mal conseguia falar. Mas, no fundo, sabia que precisava dizer aquilo à irmã.

"A mãe matou a Kathy", contou, com a voz embargada. "O corpo dela foi queimado no quintal."

75

Shelly estava diante da pia da cozinha, à beira de um colapso. Sua aparência nunca havia estado pior. Tinha ganhado mais de dez quilos ao longo do ano anterior. Seus cabelos ruivos precisavam de um retoque. Isso exteriormente, claro. Por dentro, a combinação da carta anônima e do falecimento de Ron tinham abalado sua confiança, a sensação de segurança que lhe permitia fazer o impensável sem pestanejar.

Dave foi o primeiro a mencionar a necessidade de criar uma explicação para a súbita partida de Ron de Monohon Landing. Inventar justificativas era uma atividade com que os Knotek estavam acostumados. Kathy estava com o namorado Rocky, viajando pelo país. Shane estava no Alasca, pescando em Kodiak Island. Nikki tinha ido embora de Raymond para começar uma vida nova em Seattle. Ninguém simplesmente desapareceu — todos estavam onde sempre quiseram estar.

Por outro lado, ninguém parecia ter o menor interesse em Ron. Isso era ótimo. Uma vantagem a favor dos Knotek.

Dave, que sempre foi a figura passiva do casamento, percebeu que Shelly estava fraquejando. Foi ele quem sugeriu o plano inicial. Por dentro, estava desmoronando, mas os dois não poderiam se deixar levar pelo descontrole emocional ao mesmo tempo. Pelo menos um deles precisava se manter firme.

"Ele estava na casa do Mac fazia algumas semanas", sugeriu Dave. "Procurando um emprego."

"Isso mesmo", concordou Shelly, quase por inércia. "Nós demos um dinheiro para ele comprar uma passagem de ônibus."

Dave respirou fundo. Não era um grande contador de histórias, mas conviver com Shelly significava também aprender a mentir.

"Eu dei uma carona para ele até Olympia, para pegar o ônibus", continuou. "Daí ele decidiu que iria para San Diego."

Shelly se animou um pouco. "Certo. Ele já vinha falando sobre isso." A ideia pareceu plausível o bastante para acalmá-la um pouco. Parecia preocupada com o que Tori pensaria, mas acabou se convencendo de que a filha acreditava em tudo o que ela falava.

"Eu vou contar quando ela voltar da casa da Sami", decidiu Shelly.

Dave também achou que era melhor assim.

Naquela noite, eles ensaiaram a história diversas vezes, de trás para a frente, fazendo os ajustes necessários à medida que as brechas iam aparecendo durante a conversa. Ron precisava de dinheiro. Precisava de comida. Roupas novas. Tudo o que o atraiu para Monohon Landing foi integrado à narrativa.

Mesmo assim, ainda havia espaço para dúvidas. Um pequeno erro, o menor deslize que fosse, poderia ser a ruína deles.

Como plano B, Shelly cogitou a hipótese de que Ron estivesse tendo ideias suicidas por causa de Gary outra vez. Falou para Dave que, quando estava fazendo curativo nos pés dele no banheiro, pouco antes de sua morte, Ron conseguiu ver todos os conteúdos do armarinho de remédios.

E também tinha descoberto algo em uma das construções da propriedade, segundo ela.

"Encontrei isso no galinheiro." Ela mostrou dois frascos marrons de comprimidos. "Ron deve ter tomado isso."

Dave não examinou de perto os frascos. Não era necessário. O que Shelly dizia fazia sentido. Ron andava triste. Na verdade, já havia ameaçado cometer suicídio várias vezes. Dave se lembrou de quando Ron recebeu a medida protetiva solicitada pela mãe, e de como aquilo o deixou arrasado. Ele mencionou suicídio por esse motivo também. Houve outra ocasião em que falou para Dave que, se morresse, todo mundo ficaria melhor.

"É isso o que eu sinto", Ron tinha dito.

76

Isso não pode estar acontecendo. De novo não. A descoberta de que Shelly vinha submetendo Tori aos mesmos maus-tratos sofridos pelas irmãs mais velhas foi devastadora para Sami. Ela e Tori conversaram até de madrugada. A semelhança era terrível — o que tinha acontecido antes e o que vinha ocorrendo agora. Foi uma conversa movida a lágrimas e raiva. Tristeza também.

E medo. Muito medo.

Havia uma questão que Sami temia mais do que qualquer outra. Vinha pensando sobre Ron e essa história de ir procurar emprego em algum lugar, ainda que da última vez que o viu não parecesse ser capaz de executar trabalho nenhum.

"Como está o Ron?", perguntou.

Tori não precisou responder com palavras. O olhar no rosto dela revelou tudo o que Sami precisava saber.

"Acho que ele morreu", disse a irmã mais nova. "Acho que a mãe fez alguma coisa com ele também."

Isso trouxe mais lágrimas e uma onda de emoções que atingiu Sami também. Ela se lembrou dos telefonemas mais recentes da mãe. Shelly vinha entrando em contato com mais frequência nas duas semanas anteriores. Durante uma das conversas, mencionou que Ron estava procurando trabalho fora da região.

"Lá em Winlock", tinha dito Shelly. "Em um parque de trailers. Precisamos ajudá-lo a conseguir esse emprego. Torça para que isso aconteça. Por favor, torça para ele conseguir."

Alguma coisa naquela história da mãe não parecia certa. Sempre que Sami conversava com a irmã mais nova, Tori mencionava que Shelly dizia que Ron estava na casa de Mac, ajudando a arrumar o imóvel para ser colocado à venda.

"Estava na hora de ele começar a se virar sozinho", comentou Shelly.

"Pois é", Sami tinha concordado, sem saber o que dizer. Da última vez que o viu, Ron estava um trapo. Não estava em condições de viver sozinho em lugar nenhum.

Sami se arrependeu de não ter feito mais. Tinha visto que Ron estava em apuros, e ela conhecia os sinais de alerta. Mas, para conseguir sobreviver, vinha nadando em um mar de negação. Sem colete salva-vidas. Sami estava sozinha tentando se manter à tona até que uma onda a puxasse para baixo.

E a afogasse.

Ela se recompôs. Era mais de duas da manhã.

"Precisamos contar a Nikki", avisou.

Ninguém espera uma boa notícia vinda de um telefonema a essa hora. Um acidente de carro. Um infarto. Algum tipo de tragédia que não pode esperar até a manhã seguinte.

Nikki atendeu o telefone.

Era pior do que qualquer coisa que tivesse imaginado.

Sami relatou os maus-tratos impostos à irmã caçula. Disse tudo o que deixou de ver. Falou a respeito de Tori ter sido trancada no canil e encharcada com uma mangueira. Sobre a nudez. Sobre a restrição da comida. E sobre Ron Woodworth.

"Ela fez a mesma coisa com a Kathy, Nikki."

"Eu não sei o que a gente pode fazer", respondeu a irmã mais velha. Ela estava vivendo em um mundo bem diferente do que tinha deixado em Raymond, quando havia prestado queixa contra a mãe pela primeira vez, quase dois anos antes, em julho de 2001. Estava feliz. Tinha encontrado um homem que amava. Não queria a complicação de ter que lidar com o que Shelly fez.

"Precisamos tirar Tori de lá", falou Sami.

Nikki sabia que a irmã estava certa, mas envolver a polícia na questão não tinha dado em nada antes. E ela sabia do que a mãe ou o pai eram capazes de fazer para se vingar. Shelly torturou uma mulher até a morte e mentiu a respeito. Tornou Nikki cúmplice no esquema para enganar os familiares de Kathy, levando-os a pensar que ela estava viajando pelo país com Rocky. Forçou-a a chafurdar na lama, sem roupa. E Dave Knotek não era muito melhor. Ele havia jogado um tijolo em uma vitrine para fazê-la ser demitida do emprego. Começou a segui-la quando estava em Bellingham. Dave fazia o papel de Himmler para o Hitler que era Shelly, obedecendo a todas as suas ordens.

"Da última vez não deu certo", respondeu Nikki.

Sami sabia que era verdade. Também tinha consciência do inferno que sua vida se tornaria se denunciasse os pais. As consequências seriam problemáticas de uma forma ou de outra. As pessoas poderiam perguntar por que elas não procuraram a polícia antes e como elas ignoraram tudo aquilo.

Sami respirou fundo. "Talvez Tori consiga arrumar um jeito de sair dessa situação, sabe como é, como a gente fez."

Nikki não estava tão certa disso, mas, considerando todas as outras probabilidades, quis acreditar que era melhor assim. As irmãs tentaram se convencer de que tudo ficaria bem.

"Ela tem 14 anos", continuou Sami. "Daqui a pouco já pode ir embora."

"Pois é. Ela consegue."

"Consegue mesmo."

"Mas se não conseguir, Nikki... Se ela não aguentar, a gente precisa tirar Tori de lá", continuou Sami.

Nikki concordou, e a conversa acabou se desviando para Shane.

Sami tinha acreditado na história da fuga de Shane, apesar de seus pais não terem se esforçado para procurá-lo.

"A mãe fez alguma cosia com Shane, Sami", insistiu Nikki.

Quando o assunto era o sumiço de Shane, as duas irmãs mais velhas só falavam aos sussurros. E sempre tocavam no assunto da casa de passarinhos que a mãe garantiu que havia sido deixada para ela junto a um bilhete com palavras amorosas.

Sobre isso, Nikki sempre se mostrou mais cética. "Shane jamais deixaria esse bilhete para ela, junto a casinha de passarinhos", falou ela. "Ele odiava nossa mãe."

"Eu entendo, Nikki", argumentou Sami, "mas a mãe nunca faria nada de grave contra um de nós. Shane era nosso irmão."

Quando desligou o telefone, Sami foi falar de novo com Tori.

"Precisamos decidir o que é melhor", disse. "Você acha que consegue aguentar firme por mais tempo? Daqui a quatro anos, já vai fazer dezoito."

Tori disse que queria fazer o que fosse melhor para todos, mas estava tomada pela fúria dos justos. Acima de tudo, queria que a mãe pagasse pelo que havia feito.

"Ela não pode continuar fazendo isso", declarou Tori. "Você sabe disso, Sami. Ela é do mal. Provavelmente a pior pessoa que existe no mundo. Olha só o que ela fez. Olha o que ela fez com a Kathy e o Ron e com você e a Nikki."

Enquanto a irmã falava, Sami repassava os piores momentos da mãe em sua cabeça. Conseguia ver tudo o que tinha acontecido com clareza absoluta. Não havia como negar que Shelly talvez fosse a pior pessoa que existia no mundo.

Mas é a nossa mãe. A única mãe que nós vamos ter na vida.

Sami se calou, e foi Tori que quebrou o silêncio.

"Eu não aguento mais isso, Sami."

Sami abraçou a irmã. Estava desesperada. Sabia que a vida de todos seria virada de pernas para o ar se a verdade viesse à tona. Por outro lado, ela dera um jeito de lidar com as armadilhas da mãe.

Só esperava que Tori também fosse capaz de fazer isso.

Houve mais lágrimas no trajeto até Olympia, onde elas foram encontrar Shelly no estacionamento do Olive Garden. Aquela visita era para ser o ponto alto das férias de verão, mas acabou se transformando em um pesadelo, com a descoberta de que Ron teve o mesmo destino de Kathy Loreno.

Antes de estacionarem perto do carro da mãe, que estava à espera, Sami falou uma última coisa para irmã.

"Se ela disser que Ron foi embora, isso significa que provavelmente ele morreu."

Sami tinha chorado. Seus olhos estavam vermelhos, e era óbvio que a mãe percebeu.

"Está tudo bem?", quis saber Shelly.

Sempre com uma brincadeira ou uma resposta esquiva na ponta da língua, Sami respondeu sem nem precisar pensar. "Ah, sim", disse. "É que é difícil me despedir da minha irmãzinha."

As irmãs se abraçaram e choraram juntas sob o olhar de Shelly, atrás do volante. Foi uma despedida longa e dolorosa. Por fim, elas se soltaram e Tori entrou no carro.

Shelly ligou o motor. "O que foi isso, Tori?", perguntou ao engatar a marcha para arrancar rumo a Raymond.

"Foi um fim de semana muito legal. Vou ficar com saudade dela."

Shelly insistiu nas perguntas, e Tori disse que não estava se sentindo bem.

"Estou com uma dor de cabeça bem forte, mãe." Em seguida, apoiou a cabeça na janela do lado do passageiro e fechou os olhos, fingindo que estava dormindo.

Não quero conversar com você, pensou ela.

Quando pararam diante da casa da Monohon Landing, Tori sentiu como se estivesse em um país estrangeiro. Ficara apenas alguns dias fora, mas, em sua mente, aquela não era mais sua casa. Nem sequer um lugar que fosse capaz de entender. Tudo parecia estranho.

"Ron arrumou um emprego", falou sua mãe.

Tori sabia que era mentira.

Ron está morto.

Embora Shelly tivesse ficado em silêncio durante a maior parte do trajeto, foi possível notar algo em seu tom de voz quando mandou Tori alimentar os cães. O jeito de falar dela não tinha nada a ver com o de suas irmãs.

Era frio.

Maldoso.

Irritadiço.

Tori obedeceu à ordem que havia recebido. Por dentro, se sentia enojada e apavorada. Seu mundo havia sido virado de cabeça para baixo, mas não estava mais sozinha. Tinha suas duas irmãs, que a amavam e sabiam o monstro que era sua mãe. Isso, mais do que qualquer outra coisa, a fortalecia. E a fazia querer procurar as autoridades e denunciar tudo.

Mas Sami havia lhe pedido para esperar. Tori entendia os motivos dela. Também sabia que, se houvesse um preço a pagar por tudo aquilo, sobraria para *ela mesma*. Não eram os castigos que a assustavam. Tinha conseguido sobreviver até aquele ponto. O que a preocupava era a possibilidade de não poder mais encontrar a irmã mais velha.

"Eu sabia que se não fizesse nada", explicou Tori mais tarde, "poderia nunca mais voltar a ver Nikki."

Isso não era aceitável. De jeito nenhum. Ela não perderia sua irmã mais velha pela segunda vez.

Procurar a polícia não se resumia a fazer a mãe pagar pelo que fez. Não era nem mesmo uma questão de vingança. Era uma forma de acabar com aquela loucura para Tori ficar com as irmãs.

Shelly observou a filha mais nova, medindo-a de cima a baixo. Não era um olhar de interesse ou de amor por uma filha de quem estava com saudade depois de ter passado alguns dias fora de casa. Shelly tinha os olhos de uma predadora. Sabia ler as intenções das pessoas.

"Está tudo bem?", perguntou.

"Está, mãe."

"Mentira sua."

"Não. Não é."

"Vem cá, quero dar um abraço em você."

"Eu não estou bem", respondeu Tori. "Acho que estou meio doente. Com o nariz escorrendo."

Shelly lançou para ela um olhar de frieza. "Ah, é? Eu posso ajudar. Tenho uma coisa aqui para isso."

Ela se retirou e voltou com alguns comprimidos.

"Tome isto aqui."

Sami ficou apavorada quando Tori ligou mais tarte contando que a mãe tinha tentado lhe dar alguns comprimidos, mas ela só tomou um.

"Como é? O que foi que ela deu para você?"

"Uns comprimidos."

"Quais comprimidos?"

"Uns amarelos. Para o nariz escorrendo."

Sami ficou desesperada. Lembrou-se da vez em que tomou comprimidos dados pela mãe e depois mal conseguia andar. Ou das vezes em que a mãe enchia Kathy de comprimidos, fazendo-a mergulhar em um estupor durante horas. Shelly vivia distribuindo remédios e dizendo que era para o bem das pessoas, quando, na verdade, só servia para dopá-las e fazê-las obedecer. Ou para se livrar delas e poder ver TV ou ficar sem fazer nada, sem ter que cuidar das necessidades de ninguém mais.

"Você precisa vomitar, Tori. Agora mesmo."

Tori se mostrou relutante. "A mãe não faria nada de mau comigo", respondeu.

Sami respirou fundo. Depois de tudo o que elas tinham conversado, depois de discutirem tantos detalhes que eram claramente verdadeiros, Sami era quem entendia melhor o que Shelly podia fazer, e de fato fazia. Nikki confessou para ela que, em um determinado momento, pensou que os pais planejaram matá-la, que a fariam sumir também depois que Shane despareceu, pois não acreditavam que a filha fosse manter a boca fechada para sempre.

Ninguém faria isso.

"Você não sabe do que ela é capaz, Tori. Precisa tirar isso de dentro de você agora mesmo!"

O senso de urgência da irmã a assustou.

"Certo", disse Tori. "Como?"

"Tenta colocar para fora vomitando!"

Tori disse que faria isso, mas no fundo sabia que não conseguiria. Tinha medo de que, caso vomitasse, a mãe descobriria e se irritaria com ela. Talvez até a machucasse. Ela ficou sentada no quarto por um tempo. Sentiu-se grogue. O que quer que fosse o comprimido que a mãe lhe deu, ele a tinha deixado estranha. Então foi para o quintal e deu uma olhada ao redor, o tempo todo sentindo que Shelly estava tramando algo.

Tori ligou para a irmã pela segunda vez naquela noite.

"Me tira daqui", pediu. "Não consigo achar o Ron. Ele está morto, Sami. Tenho certeza."

"Tem mesmo?"

"Tenho. Por favor."

Sami incentivou Tori a tentar aguentar um pouco mais. Não queria chamar a polícia. Tinha visto no que deu quando Nikki contou sobre Kathy. Era uma opção fadada ao fracasso.

"Você acha mesmo que não consegue aguentar mais alguns anos?"

Era uma proposta absurda, e as duas sabiam disso.

"Não, nem fodendo, Sami. A mãe é uma assassina. Ela vai descobrir. E provavelmente vai me matar também. Você sabe do que ela é capaz, Sami."

"Certo", disse a irmã do meio. "Vamos tirar você daí."

"Preciso ir embora o quanto antes", insistiu Tori. "Isso precisa acabar."

77

Na manhã seguinte, enquanto a mãe estava diante da TV, Tori foi até o galpão para continuar sua busca por Ron. Não foi preciso muito tempo. Uma pilha com os pertences pessoais dele, inclusive as cuecas, estava em cima do freezer, além de bandagens sujas de sangue que estiveram enroladas em torno dos pés dele depois de serem mergulhados em água fervendo com alvejante. As manchas eram antigas, já amarronzadas, mas Tori sabia do que se tratava.

Puta merda, pensou. *Por que tudo isso está aqui?*

Ela ficou imóvel por um instante, tentando registrar na mente tudo o que estava vendo. Queria catalogar cada item, para o caso de sua mãe descartar tudo. Sem saber ao certo o que fazer, Tori pegou alguns panos ensanguentados e escondeu no galinheiro.

Em seguida, vasculhou a casa em busca de qualquer outra coisa que tivesse sido de Ron. Àquela altura, não restava muito — alguns livros e menos de uma gaveta com suas roupas —, porém nada mais estava lá. Tori procurou por uma calça jeans de Ron que tinha ficado larga demais e estava guardada na antiga gaveta de sua irmã na cômoda. Também não a encontrou.

Ela decidiu ir até o buraco onde o lixo era queimado. Seus pais andavam com um comportamento estranho, e os avisos da mãe para manter distância de lá eram mais do que um sinal de alerta. Apesar de ter ouvido a história da boca de Sami, era difícil digerir o que tinha acontecido com Kathy quando Tori ainda era pequena.

Era preciso encontrar mais provas. Algo que a polícia pudesse usar para estabelecer que Ron tinha sido assassinado, e seu cadáver, ocultado de alguma forma.

Talvez do mesmo modo como suas irmãs haviam feito para descobrir a respeito de Kathy.

Agindo depressa e em silêncio, Tori agachou-se e remexeu nos galhos que desconfiava que o pai tivesse colocado sobre o que foi queimado. A terra tinha sido aplanada naquele ponto.

Eles já limparam tudo, pensou ela. *Sabem que alguém vai querer descobrir o que aconteceu.*

Por fim, com o coração acelerado como nunca na vida, Tori pegou um pouco de terra misturada com cinzas e voltou para o galinheiro. Imaginava que Ron tivesse recebido o mesmo fim que Kathy. Suas mãos tremiam, contudo não estava chorando. Sabia o que precisava ser feito.

Alguém precisava parar a sua mãe.

Quando voltou para dentro de casa, era como se nada tivesse acontecido. Shelly estava lá, fazendo o mesmo de sempre, que era quase nada. Tori subiu para o quarto.

Shelly foi fazer o que precisava ser feito. Preencheu o formulário de mudança de endereço para enviar à companhia responsável pelo cartão de crédito de Ron, colocando Monohon Landing como o antigo. Não havia um novo, mas aparentemente ela havia se decidido por uma cidade. Não era Winlock, Winthrop, nem outro lugar tão distante.

Era Tacoma.

78

Raymond estava a milhares de quilômetros de distância. Ou pelo menos era o que parecia. Niki tinha ido embora sem nunca olhar para trás. Estava casada. Ia formar uma família, apesar do que sofreu nas mãos da mãe e do pai. Como explicar para alguém que era obrigada a chafurdar na lama? Ou a crueldade que sua mãe cometeu com Kathy?
Ou Shane.
E quanto a ele?
Em 6 de agosto de 2003, Nikki e Sami viajaram até o condado de Pacific para relatar à polícia o que sabiam ser a verdade. Estavam assustadas e apreensivas como nunca na vida. O trajeto foi marcado por hesitações e longos períodos de silêncio. Lágrimas também. O que estava acontecendo ali não era pouca coisa. Envolvia muito mais do que apenas elas. Já devia ter sido feito há muito tempo e, como as duas sabiam, talvez fosse tarde demais para salvar Ron. Foi o segundo encontro de Nikki com o delegado Jim Bergstrom. O primeiro foi um grande fiasco. Não deu em absolutamente nada. *Por que ninguém me ajudou?* A culpa não era só de Sami, por não ter falado com o policial. Na verdade, Bergstrom e outro oficial da polícia do condado tinham ido à Monohon Landing para fazer perguntas sobre Ron. Sabiam que ele estava escondido lá, e que o histórico de Shelly Knotek não era nada promissor.
Na cidade, a chamavam de *Shelly, a psicopata*.
Também sabiam que Kathy Loreno tinha sido vista pela última vez na companhia de Shelly. E que foi Ron quem chamou a ambulância na suposta queda de Mac da cadeira de rodas, que deixou Shelly como a única herdeira do patrimônio do veterano da Segunda Guerra Mundial.
Aos prantos e com longas pausas para criar coragem de colocar para fora o que tinham a dizer, as irmãs Knotek contaram sua história — a mesma que Nikki havia contado antes. Mas dessa vez foi diferente, pois acreditaram nelas. Pessoas do escritório da promotoria e diversos policiais entravam e saíam da sala de interrogatório da Central de Polícia do Condado de Pacific. O delegado e os membros da procuradoria

gravaram tudo o que foi dito. Foi, ao mesmo tempo, chocante e doloroso. Nikki e Sami viam aquilo como uma iniciativa com um duplo objetivo: o resgate da irmã mais nova e um acerto de contas com o que seus pais haviam feito.

"Se Ron estiver morto", disse Nikki ao delegado, com a voz embargada, mas olhando-o bem nos olhos, "você poderia ter impedido isso."

Bergstrom não respondeu, e Nikki não se importou. O que ele tinha a dizer não faria a menor diferença.

Depois de revelarem quase todos os detalhes estarrecedores, elas voltaram para o carro de Nikki e pegaram o caminho de volta para a região metropolitana de Seattle. Estavam emocionalmente destruídas. Tristes e furiosas ao mesmo tempo. E assustadas. Acima de tudo, porém, pensavam na irmã mais nova, que teria seu mundo virado de cabeça para baixo quando o Serviço de Proteção à Criança chegasse na manhã seguinte para buscá-la.

"Ela vai ficar bem", disse Nikki.

Sami concordou. "Ela é mais forte do que nós jamais fomos."

Nikki ficou se revirando na cama a noite toda, incapaz de tirar tudo aquilo da mente. Quando se levantou, foi para ligar para a única aliada que tinha quando era mais nova: sua avó Lara. Ela não atendeu, então Sami mandou um e-mail:

> "Você precisa me ligar. Fiquei em Raymond até 1 hora da manhã ontem à noite. O Serviço de Proteção à Criança vai tirar Tori de casa amanhã às 8 horas. Minha mãe e meu pai fizeram uma coisa horrível DE NOVO! Eu falei com o promotor do condado de Pacific, e Sami foi comigo."

Tori ligou para Nikki algumas vezes, perguntando como estavam indo as coisas com a polícia.

"O que é que eu faço?"

"Aguenta firme, Tori."

"Por quanto tempo? Eu não posso ficar aqui."

"A gente vai tirar você daí. Eu prometo."

Mais tarde, naquele mesmo dia, Shelly ligou para falar sobre os planos para o aniversário de Sami, que estava chegando.

"O seu pai vai levar você para surfar!", falou.

"Estou bem animada", respondeu a filha, se esforçando para que sua voz não denunciasse o que estava acontecendo. Apesar de tudo, foi difícil para Sami esconder as coisas que sabia de sua mãe. *"Arruma as coisas e se manda. Você precisa dar o fora daí, mãe! Estão indo pegar você!"*

Ela não disse nada disso, claro. Mas nunca sentiu tanto medo na vida. A partir dali, não havia mais volta.

Tori tinha apenas 14 anos, mas era durona. Enquanto passava a noite toda e o dia seguinte inteiro à espera de que os pais fossem detidos, ligou para Sami diversas vezes.

"Eles não fizeram nada", falou sobre a polícia. "A mãe ainda está em casa. Ainda está aqui. Por que a demora?"

Sami não sabia ao certo. Achava que, assim que a denúncia fosse feita, as coisas aconteceriam rápido. Era o que todas pensavam. Estava preocupada também.

"Sei que eles estão trabalhando no caso", disse para Tori.

"Você já falou isso várias vezes", respondeu a irmã mais nova. "Mas não sei, não."

Sami fez o possível para acalmá-la. Percebeu que, apesar de aflita, Tori conseguia se manter lúcida e determinada.

"Escondi as roupas do Ron no galinheiro", contou Tori.

"Que bom. Isso é bom."

Ela também se preparou para quando as autoridades fizessem um pente-fino na casa em busca de provas. Escreveu um bilhete em um papel com linhas cor-de-rosa e o desenho de uma abelhinha feliz revoando no alto da página.

"Caros agentes do FBI, policiais etc.

Por favor, não estraguem as minhas coisas enquanto estiverem investigando. Não tem nada do interesse de vocês aqui, aliás. Por favor, deixem os meus pertences em paz. Por favor, encontrem bons lares para os animais."

79

Ao escutar a batida na porta na manhã seguinte, Tori estava diante dela. Mas não abriu de imediato. Não queria que a mãe percebesse o quanto estava contente porque a polícia enfim havia chegado. Enquanto observava a movimentação, a menina de 14 anos reconheceu o delegado Jim Bergstrom como o homem que já tinha ido à casa em outro momento para perguntar sobre Ron.

Quando Shelly apareceu, se aproximou da filha e murmurou: "O que foi que você fez? Contou alguma coisa?".

Tori olhou bem para a mãe. Ela não fraquejou. Sequer piscou.

"Não, mãe. Não."

Bergstrom disse a Shelly que ele e os assistentes sociais do Serviço de Proteção à Criança estavam lá por causa de Tori. Iriam levá-la sob a alegação de suspeita de maus-tratos. Shelly imediatamente começou a se defender, de forma indignada e exagerada. Tori percebeu que a mãe também estava com medo. Ela, por sua vez, não disse muita coisa, só repetiu que não entendia o que estava acontecendo.

Bergstrom acompanhou Tori até seu quarto, onde ela pegou uma muda de roupas e alguns itens de uso pessoal. O rosto dela estava pálido, e era possível ver uma mancha rosada perto de sua orelha e descendo pelo pescoço. Era um sinal recorrente. Mesmo quando não dizia que estava assustada ou preocupada, seu corpo revelava isso.

Tori murmurou para Bergstrom:

"Você precisa arrumar um mandado de busca e apreensão e voltar aqui", disse. "No galpão tem um monte de coisas do Ron. Tenho certeza de que os meus pais vão queimar tudo. Eu coloquei algumas no galinheiro. Para esconder."

Logo depois de sair, ela comentou com outro policial que sua mãe dera-lhe dois comprimidos amarelos algumas semanas antes. Tori só tinha tomado um, o que deixou Shelly irritada.

"Tudo bem, então", havia dito a mãe, "não precisa confiar em mim."

Quando contou sua história aos investigadores naquela tarde, Tori minimizou em grande parte o que tinha sofrido. Falou o que sabia sobre Ron, que suspeitava estar morto. Não sabia nada sobre Kathy, porque era muito nova na época. Foi cautelosa com o que disse porque, em sua mente, sempre havia a chance de acabar sendo devolvida para a mãe.

Se me mandarem de volta para casa, o que a minha mãe vai fazer comigo?, pensou.

Mais tarde, explicou que só relatou à polícia "uns 10% dos podres".

Os investigadores, porém, foram capazes de compreender que 10% de um pesadelo, ainda assim, era um pesadelo.

Sami tentou se acalmar enquanto olhava para a tela do telefone. Era a chamada que tanto temia. Pensou em deixar cair na caixa de mensagens e talvez fingir que nem havia recebido o telefonema.

Era o número de sua mãe.

A merda tinha batido no ventilador, e estava prestes a se espalhar por todo o condado de Pacific.

"Mãe?"

Não houve um "Oi, querida", nem nada do tipo. Só um relato rápido do acontecido.

Daquilo que Sami e sua irmã tinham feito.

"Acabaram de levar a Tori agora mesmo, Sami! A polícia!", exclamou Shelly. "Vieram aqui e tiraram ela de mim por maus-tratos. Eu não sei o que está acontecendo! Você sabe?"

Sami respirou fundo e se fez de desentendida.

"O que está acontecendo, mãe?"

Shelly estava espumando, soltando fogo pelas ventas. E continuou com sua fala acelerada. "Eu nunca encostei um dedo nela. Acho que nunca nem coloquei essa menina de castigo! E, toda vez que ia fazer isso, acabei voltando atrás."

As mentiras de Shelly sempre pareciam bem convincentes.

"Ai, mãe", falou Sami. "Eu sinto muito."

Em diversos sentidos, não era mentira. Sami lamentava mesmo uma série de coisas: não ter visto os sinais de alerta de que sua irmã estava sofrendo maus-tratos; não ter desconfiado mais seriamente quando Ron dizia que estava bem; não ter apoiado Nikki quando ela e a avó notificaram as autoridades sobre Kathy.

Sami também lamentava pela mãe. Shelly parecia desesperada. Estava encurralada e abalada ao telefone, tentando escapar de uma situação que ela própria havia criado. Pensava que era tudo por causa de Tori. *Mas, puxa*. Ela não fazia ideia de que tirar Tori da casa de Monohon Landing seria só a ponta do iceberg.

Shelly estava surtando a essa altura. "Ela disse alguma coisa quando ficou com você?", questionou. "Que não se dava bem comigo?"

Mais uma vez, Sami — a pacificadora, a filha do meio, que sempre foi a favorita da mãe — foi obrigada a mentir.

"Não, mãe", respondeu ela. "Nada."

"Você acha que Nikki pode ter chamado a polícia ou falado alguma coisa sobre Kathy? E que foi por isso que levaram a Tori?"

"Não, mãe", disse Sami. "Não, ela não faria isso."

Sami fez um telefonema rápido para Nikki.

"A mãe está surtando."

"Que bom", respondeu a irmã mais velha. "Pois deveria mesmo."

Nikki cometeu o erro de atender o telefone para ouvir a mãe esbravejar que alguém havia prestado queixa de seus maus-tratos contra Tori, que foi levada pelo Serviço de Proteção à Criança.

"Arrancada dos meus braços sem nenhum motivo!", berrou Shelly.

Nikki ficou sem saber o que dizer. Não queria contar à mãe que ela e Sami foram as denunciantes, ou que a própria Tori agiu ativamente para possibilitar sua saída de casa.

"Sinto muito, mãe", falou.

O que não era verdade, é claro. Depois de tudo o que Shelly tinha feito com Nikki, Kathy, Shane, Tori, Sami e Ron, como alguém se solidarizaria com algo que estava acontecendo por culpa exclusiva dela?

"Eu vou descobrir o que está acontecendo agora mesmo!", garantiu Shelly.

Ela falou que estava sendo perseguida injustamente pela polícia. *Tori não sofria maus-tratos. Muito pelo contrário, era mimada. Sempre teve de tudo*. Shelly não via motivo para alguém querer fazer coisas tão horríveis quanto as autoridades alegavam.

Depois que Shelly descarregou mais um tanto de raiva, pretextos e negações, o telefonema enfim foi encerrado.

Nikki começou a se sentir um pouco insegura com o que tinha feito, com a tempestade que ela e as irmãs tinham provocado revelando a verdade. Mandou um e-mail para a avó contando que estava aflita e começando a achar que sua mãe poderia ser inocente.

Lara respondeu logo depois. Ela havia conversado com a polícia e a promotoria do condado por mais de duas horas, e estava começando a entender o ritmo da investigação e o impacto de suas interrupções e retomadas sobre todos os envolvidos.

"Eu contei que Shelly ligou para você ontem à noite e eles disseram [...] Você NÃO pode atender aos telefonemas dela. NÃO FAÇA ISSO [...] De jeito nenhum!!! Shelly saiu por aí gritando a plenos pulmões e pondo a culpa neles [...] Está como um RATO encurralado [...] Arrume uma medida protetiva e bloqueie o telefone."

Lara conhecia Shelly melhor do que ninguém. Tinha visto a enteada em ação, distorcendo a verdade de diversas maneiras. Mesmo que todos vissem que o céu é azul, Shelly dava um jeito de garantir que era verde. Era mestra em manipular os outros. Mas, dessa vez, não escaparia impune.

"Sua mãe está colocando coisas na sua cabeça e acusando todo mundo de ter falado coisas sobre ela. As autoridades disseram para você NÃO CAIR NESSA."

A polícia não repassava informações. Não havia como descobrir o que estava acontecendo, a não ser ligando para casa. Sami e Nikki precisavam de uma atualização sobre o caso.

No fim do dia, Sami criou coragem e ligou para a mãe para saber o que estava se passando em Raymond.

Conforme esperava, encontrou a mãe com os nervos em frangalhos.

"Eles não deixam nenhum de nós falar com Tori", contou Shelly. "Ainda não sabemos o que está acontecendo, nem por quê."

Sami nunca tinha ouvido a mãe tão descontrolada, ao mesmo tempo enfurecida e confusa. Dave, que tinha voltado às pressas de Whidbey Island, pegou o telefone e perguntou para Sami se ela sabia de alguma coisa.

"Não", respondeu Sami. "Eu não sei."

Ele também estava fora de si, aflito e confuso. Era como se Dave Knotek não tivesse ideia de que alguma coisa fora do normal tivesse ocorrido em sua casa. Sami amava o pai, mas tinha certeza de que ele sabia de tudo, porque estava lá! E também que, fosse qual fosse os absurdos que sua mãe o obrigou a cometer, a culpa não era dele. Pelo menos não totalmente. Ela o via como uma vítima e um cúmplice ao mesmo tempo.

"Muito bem, então", disse Dave. "Eu vou até a sede do condado para ver o que consigo descobrir."

Naquela noite, o brilho azulado da tela de TV se espalhava pelo jardim enquanto as viaturas da polícia passavam discretamente diante da propriedade dos Knotek. Shelly viu uma maratona de programas policiais e revirou a lista telefônica em busca de um bom escritório de advocacia. Dave bebeu, tomou um monte de antiácidos e foi dormir na picape. Ou pelo menos tentar. Shelly não devia saber qual era o motivo por trás de tudo, mas ele, sim. A questão ali não era Tori. E ele estava certo de que as garantias da esposa de ter sido cautelosa e inteligente ao cobrir os rastros no caso de Kathy não se aplicavam a Ron Woodworth. Ele havia sido tirado do freezer e enfiado em um buraco no quintal. Os dois não tinham se livrado dele de forma nenhuma. Dave tinha certeza de que o corpo seria encontrado.

E, quando isso acontecesse, seria o fim.

No dia seguinte, Dave deixou Shelly na casa de Mac e foi tentar descobrir o que estava acontecendo com Tori. Entre os programas de TV e a busca por representação legal, Shelly tinha colocado mensagens escritas em notas autoadesivas com estampa das bonecas Bratz na bolsa florida que Dave levou para entregar a Tori, que estava sob a custódia do Serviço de Proteção à Criança.

A primeira dizia: "O que está acontecendo?".

A segunda: "Você contou alguma coisa?".

Tori tinha, sim, contado algumas coisas. Assim como Nikki. E Sami. Lara deu sua contribuição, e outras pessoas também. Kaye Thomas tinha, inclusive, publicado um anúncio no jornal *Willapa Harbor Herald* com a foto da filha e um aviso de "desaparecida".

Mas nada do que foi dito era suficiente para justificar uma prisão.

Quem se encarregou disso foi Dave Knotek.

Como não conseguia encontrar Tori, foi até o gabinete do delegado do condado de Pacific. Estava cansado. Exaurido. E extremamente apreensivo. Quando os investigadores perguntaram se ele aceitava responder a algumas perguntas, Dave não viu motivos para se recusar. Ele não precisaria de um advogado. Nem ele e nem a esposa tinham maltratado a filha na vida.

No fim, a conversa não foi sobre isso. O interrogatório se concentrou em Ron e Kathy. Dave se manteve firme quando afirmou que Shelly não tinha feito nada de errado, mas sua história logo começou a desmoronar, e ele caiu no choro. Em determinado momento, pediu para usar o banheiro. Os investigadores permitiram e o acompanharam pelo corredor.

Do lado de fora do banheiro, Dave desabou de vez e contou ao policial onde Ron estava enterrado, e onde os restos mortais de Kathy foram jogados depois de o corpo dela ser incinerado.

Os policiais foram buscar Shelly na casa de Mac. Ela estava confusa. Indignada. Claramente, não era capaz de entender por que alguém acharia que fez alguma coisa de errado.

Afinal, sua vida era dedicada a ajudar as pessoas.

Nikki chorou quando soube que os pais foram presos. O pai tinha admitido a ocultação dos cadáveres de Kathy e Ron, mas nada além disso. Também não fez nenhuma acusação contra Shelly, que, por sua vez, manteve a boca fechada.

Havia uma trágica ironia relacionada ao dia em que isso aconteceu. Era o aniversário de Kathy Loreno. Desaparecida havia uma década, a mulher que pedia às irmãs Knotek que não fizessem nada para ajudá-las, por medo do que poderia acontecer com elas, completaria 45 anos naquele dia.

Nikki mandou um e-mail para a avó:

"A polícia vai revistar a casa e a propriedade hoje. Cruze os dedos para eles encontrarem alguma coisa. Mas acho que a confissão de Dave sobre a ocultação dos cadáveres pode ser suficiente, junto dos nossos depoimentos. Nós precisamos lembrar que a minha mãe é muito inteligente, e consegue se safar de UM MONTE de coisas. Espero que essa não seja mais uma."

Em meio ao turbilhão formado pela revelação da verdade, que começava a arrastar Shelly e Dave para baixo, ainda havia o caso de uma outra pessoa que desapareceu no meio da noite.
Shane.

PARTE VII

SHANE, A VERDADE

GREGG OLSEN
SE VOCÊ CONTAR

80

No dia seguinte à prisão dos pais, Sami e Kaley, seu namorado, foram jantar no Metropolitan Grill, em Seattle, para comemorar o aniversário de 25 anos dela. Apesar de tudo o que estava acontecendo, Sami disse a si mesma que comemorar o aniversário seria como um pequeno bote salva-vidas em meio a um mar revolto. Para muita gente, uma reação assim poderia parecer estranha, mas Sami era a garota que tinha passado a vida toda tentando encontrar uma forma de fazê-la, pelo menos, parecer normal. A qualquer custo. Praticava esportes no colégio usando calças legging para esconder as evidências das surras que levava. Inventava desculpas quando a mãe não aparecia para buscá-la, como se quisesse mesmo voltar andando para casa.

Enquanto comia, estava absorvendo em sua mente tudo o que estava acontecendo. Tentou fazer piadinhas sobre isso, mas não conseguia pensar em nada engraçado. Era difícil até pensar naquilo tudo. Os jornais e as emissoras de TV estavam veiculando matérias sobre seus pais. Imagens de Kathy, fornecidas pela família dela, estampavam as telas, além da foto da carteira de motorista de Ron.

"Maus-tratos e mortes na zona rural de Raymond."

"Casal de Raymond acolheu três pessoas, que mais tarde desapareceram."

"PROMOTORIA DE RAYMOND INVESTIGA SUSPEITA DE ENVENENAMENTO."

A realidade dos acontecimentos em Raymond azedou o clima de celebração, e o casal foi embora do restaurante.

Enquanto atravessavam Tacoma de carro, o celular de Sami tocou. Era sua avó.

A conversa começou com uma pequena pausa, enquanto Lara tentava encontrar palavras para tornar menos doloroso o que tinha a dizer. Mas isso era impossível.

"Shane está morto", contou ela com a voz embargada. "Dave confessou o assassinato dele."

Sami largou o telefone e começou a gritar. "Ele morreu mesmo! Está morto! Shane!"

Kaley tentou consolar a namorada, mas não havia muito o que pudesse fazer além de continuar dirigindo. Sami gritou até a garganta doer.

Ao longo dos anos, ela havia se convencido de que Shane estava vivendo em algum outro lugar, talvez com filhos. Vivendo e trabalhando e sendo uma versão adulta do garoto que tinha sido em Monohon Landing e antes disso. Então essa fantasia virou fumaça. E *se desfez*.

Era uma espécie de jogo que Sami vinha fazendo consigo mesma, e também uma esperança que, no fim, se revelou mentira.

"Eu o procurei por anos e anos", disse mais tarde. "Nas ruas, entre as pessoas que passavam. Sabia que tinha acontecido alguma coisa errada e que ele não desapareceria do nada, porém queria acreditar que estava sendo feliz em algum lugar."

Dave Knotek admitiu muitas coisas que tinha feito. O assassinato de Shane Watson, porém, foi um assunto que nunca chegou a fazer parte de uma confissão oficial e registrada. Ele e os investigadores do condado estavam na propriedade quando Dave, enfim, reconheceu que o sobrinho não estava mais vivo.

"Shane está no mar", falou, parado diante do campo enquanto os peritos criminalistas e os cães farejadores esquadrinhavam o local.

Mais tarde, contou aos investigadores que tinha entrado no galpão e encontrado Shane brincando com sua arma — uma coisa que o havia proibido explicitamente de fazer.

"Shane, me dê essa arma aqui!", alegou ter dito.

O adolescente se recusou.

"Me dê aqui", repetiu Dave.

Como Shane continuou se negando, Dave tentou tomar a arma à força, que, de repente, disparou. Depois que se deu conta do que fez, ele teria voltado para dentro de casa, em pânico.

As três meninas estavam no quarto. Ele estava certo de que ninguém ouviu o tiro. De imediato, contou o que aconteceu a Shelly, que começou a chorar. Os dois saíram.

"Eu quero vê-lo", pediu a esposa.

Dave a segurou, não querendo que ela visse o corpo de Shane. Ele começou a chorar também, e Shelly o aninhou como um bebê.

"O que nós vamos fazer?", perguntou Shelly.

Naquele momento, ele não sabia. Estava sem reação. Assustado demais, segundo disse mais tarde, para reportar o acidente no galpão às autoridades.

Se é que foi isso mesmo o que aconteceu.

Nada poderia ser pior. Nikki escreveu um e-mail para a avó depois de descobrir que Shane também tinha sido assassinado.

> "Sinceramente, não sei se consigo aguentar isso por muito mais tempo. Eu queria ter uma vida sossegada. Nunca faço nada de errado, procuro não me meter em encrencas. Não consigo ligar a televisão sem ver a minha mãe."

Ela sempre soube que havia uma grande chance de que Shane tivesse sido morto, no entanto queria mais do que tudo acreditar que o primo estava bem. Ficou horrorizada com a ideia de que alguma coisa que disse a Shelly pudesse ter provocado o que aconteceu com Shane.

81

No dia seguinte à morte de Kathy Loreno, em julho de 1994, Shelly estava tal qual uma fera enjaulada, andando de um lado para o outro na casa da Monohon Landing, como se não houvesse maneira de escapar da armadilha que havia criado para si e sua família. Ela chorou. Esbravejou. Mas, acima de tudo, parecia determinada. E fez uma promessa.

"Não vou deixar que ninguém destrua esta família", garantiu.

Dave, que tinha feito o trabalho sujo para a esposa, disse que tudo ficaria bem. "Ninguém vai fazer isso. Eu prometo."

Shelly não parecia muito convicta, e, na mesma hora, voltou sua atenção aos dois adolescentes mais velhos. Shane e Nikki eram próximos. Trabalhavam juntos no quintal, sempre conversando. Shelly disse ao marido que sabia o que os dois andavam falando, e que não estava gostando nem um pouco.

"Eles vão abrir a boca", disse ela.

Dave discordou. "Não vão, não. Nikki é sangue do seu sangue. Shane também."

"Shane *não é* sangue do nosso sangue", retrucou Shelly. "Ele vai abrir a boca. Vai arruinar a família."

"Não vai", insistiu o marido. Mas, de todas as pessoas da casa, parecia óbvio para Dave que Shane era, de fato, o elo mais fraco.

Shelly continuou pressionando. Era igual a um disco arranhado, tocando sempre a mesma nota. Telefonava para o trabalho de Dave. Voltava a lembrá-lo do assunto assim que ele punha os pés em casa. Havia uma tempestade a caminho, e o garoto que morava lá era a causa. Shane seria a ruína de todos.

"Precisamos nos livrar dele", avisou Shelly.

Dave não precisou pensar muito, nem pedir maiores detalhes. Sabia exatamente o que Shelly queria dizer. A única solução para garantir a sobrevivência do restante da família era tirar Shane de cena, mas Dave não gostava nem um pouco dessa ideia. Shane era como um filho para ele.

"Não sei, não", foi sua resposta.

Shelly abominava coisas como fraqueza e dúvida. "Sabe, sim. E vai dar um jeito nisso. É o que precisa ser feito."

No fim, Shane estava *mesmo* disposto a tomar uma atitude sobre o que sofria e testemunhava na casa dos Knotek. Disse a Nikki, sua confidente, que queria lhe mostrar uma coisa.

"Mas você precisa guardar segredo." Ele estava falando bem sério, em um tom de voz sussurrado. Pediu a Nikki que fosse encontrá-lo no galpão. Enquanto Nikki ficava de tocaia, o primo que considerava um irmão tirou três fotografias de dentro de um buraco que havia aberto em um ursinho de pelúcia.

Eram polaroides de Kathy, nua e coberta de hematomas, se arrastando pelo chão.

"Eles mataram a Kathy", afirmou Shane, baixando as fotos. "Você sabe disso. Eu também sei. Precisamos contar à polícia. Sua mãe é uma psicopata, e o seu pai tem sérios problemas também."

"Onde foi que você conseguiu isso?", quis saber Nikki.

"Roubei da sua mãe."

Nikki continuava com os olhos pregados nas fotos. Ela não sabia o que dizer.

"Vou entregar isso para a polícia", continuou Shane. "Você vem comigo."

Mais apavorada do que nunca, Nikki enfim respondeu.

"Tudo bem", disse. "Vamos lá."

Eles conversaram sobre o momento ideal de agir e formularam um plano para quando a polícia aparecesse e prendesse Shelly e Dave. Nikki disse a Shane que estava dentro. Queria ver a mãe na cadeia. Queria que ela pagasse pelo que havia feito a todos, em especial com Kathy.

A neve ensanguentada. Os chutes na cabeça. A água do banho ficando vermelha de sangue. O cheiro podre das coisas que sua mãe batia no liquidificador para Kathy beber.

"Eu odeio a minha mãe", disse Nikki a Shane.

"Eu também", respondeu ele.

Pois bem. Os dois estavam de acordo.

Shane sempre tinha sido um aliado. Ela concordou com tudo o que o primo disse, mas por dentro estava se sentindo apreensiva. "E se não acreditarem em nós?"

As fotografias foram guardadas de novo no enchimento do brinquedo de pelúcia.

"As fotos são as provas", explicou ele.

Nikki continuou pensando a respeito do plano e suas consequências. Queria ir para a faculdade e seguir com sua vida bem longe de Raymond. Apesar de a mãe ter acabado com sua autoestima, ainda havia em Nikki uma certeza de que ela era capaz de fazer isso. Revelar a verdade lhe faria bem, e corrigiria uma enorme injustiça. Isso era inquestionável. Porém pensou nas irmãs, que seriam separadas e mandadas para instituições de acolhimento. O que aconteceria com elas? Acabariam sendo adotadas por parentes? Ou iriam morar com desconhecidos? Ficariam pior do que estavam em casa? Tori era a criança adorada e feliz. Sami parecia lidar com os maus-tratos de Shelly melhor do que Nikki. Não botava a boca no mundo. As coisas estavam ruins para Nikki e Shane, mas nem tão terríveis quanto já haviam sido.

Nikki mal conseguiu dormir naquela noite, pensando no plano de Shane. Não queria que ele fizesse a denúncia. Não queria ver a família se desintegrar.

Na manhã seguinte, quando viu a mãe, estava com um nó no estômago.

"Shane está com as fotos, mãe."

Shelly parou o que estava fazendo e olhou bem para Nikki. "Fotos do quê?"

"Da Kathy."

A mãe ficou furiosa. "Onde?" Ela agarrou Nikki pelos ombros.

"No quarto dele", contou a filha mais velha, dando um passo atrás. "No ursinho de pelúcia."

Nikki percebeu logo que tinha acendido o pavio de uma bomba-relógio. Naquele mesmo momento, se arrependeu do que falou. Percebeu o olhar predatório no rosto da mãe. Era a mesma expressão que via nos cães quando Shelly os deixava amarrados nas árvores e dizia que eles estavam bem. Que eles podiam pular uma ou outra refeição também.

Voraz. Implacável. Uma mordida já bastaria.

Nikki passaria mais de vinte anos tentando entender o que a levou a denunciar Shane naquele dia. Ela o amava como a um irmão. Eles eram unidos pelo ódio que sentiam por Shelly e Dave. Queriam ver os pais presos. Se alguém no mundo merecia ir para a cadeia, eram aqueles dois. Não pelo que fizeram com ela, mas por Kathy.

Nikki se perguntou inúmeras vezes por que havia traído Shane.

"Eu não queria que ele corresse perigo", explicou. "Morria de medo de que, se ele denunciasse o assassinato, todo mundo soubesse o que tinha acontecido. Não falei que ele ia entregar as fotos para a polícia. Só falei que estava com as fotografias."

Shelly ligou para Dave e soou o alarme assim que Nikki contou sobre as fotos em poder de Shane. A princípio, Dave não entendeu do que se tratava.

Isso a irritou ainda mais.

"Estou dizendo que ele tem uma foto da Kathy", falou a esposa. "Uma foto dela que vai entregar à polícia. Precisamos achar essa foto."

"Que foto é essa?", perguntou o marido.

"Acho que foi tirada depois que ela morreu. Uma polaroide. Isso vai criar um problemão para nós. Não fizemos nada de errado, mas uma foto como essa... é a nossa ruína. Você precisa encontrar essa porra."

Dave chegou exausto da viagem de Whidbey. A ideia de que havia provas fotográficas do ocorrido com Kathy o deixou em alerta máximo. Começou a procurar assim que chegou, mas não viu o ursinho em lugar nenhum. Vasculhou as demais construções da propriedade e até escavou alguns lugares no quintal onde Shane poderia ter escondido uma foto. Ao mesmo tempo, Shelly virava a casa do avesso.

Nenhum dos dois encontrou as fotos.

Em seguida, Dave foi confrontar Shane.

82

Nikki ouviu a gritaria que vinha do barracão de madeira. Era a voz de sua mãe, e de seu pai também. Em um tom elevado e violento e absolutamente assustador. De tempos em tempos, em momentos de silêncio por partes dos adultos, Nikki conseguia ouvir um gemido de Shane.

Era como o som de um animal sendo espancado. Com um fio elétrico. O cabo de uma pá. Um punho fechado.

"O que você ia fazer, Shane?", berrou Shelly. "Seu lixo, seu ingrato do caralho! Você não vai arruinar a nossa família. Não vai ser o motivo para as suas irmãs irem parar numa porra de um orfanato!"

"Não", disse Shane.

"Você ia contar!", gritou Dave. "Ia arruinar a nossa família! Seu merdinha! Para que fazer isso, porra?"

A gritaria continuou por um bom tempo. E então veio o silêncio.

Quando Nikki voltou a ver Shane, ele estava todo machucado.

"Eles me bateram pra caralho", contou. "Por causa das fotos da Kathy."

"Ela é assim, Shane", respondeu Nikki. "Sinto muito. De verdade."

Nikki estava se sentindo terrivelmente culpada, mas, até onde pôde perceber, Shane não sabia que foi ela quem o denunciou aos pais.

"Foi tudo por minha causa", declarou ela, anos mais tarde, se culpando pelo que aconteceu.

Shelly não falava de outra coisa.

"O que vamos fazer com Shane?", perguntava a Dave o tempo todo.

Dave percebeu que o questionamento era o que *ele* faria, e que a implicação por trás da pergunta era o assassinato de um adolescente que considerava como um filho.

Toda vez que Dave ia para casa, Shelly o pressionava para elaborar um plano para cometer homicídio. Ele ouvia aquilo em um estado de quase estupor por não saber o que falar, nem como fazê-la mudar de ideia. Shelly dava sugestões sobre como tudo poderia ser feito.

"Preciso que pareça um acidente", avisou.

"Certo." Dave preferirira falar a respeito de qualquer outra coisa que não fosse aquilo. "Um acidente. Não sei, não, Shelly. Não sei se consigo."

Ela sugeriu levar Shane até a mata para cortar lenha e fazer uma árvore cair em cima dele.

"Um acidente desse tipo", explicou.

Mais uma vez, Dave parecia inseguro. "Seria bem difícil fazer isso acontecer."

Resposta errada.

Shelly se enfureceu.

"Seja homem, caralho. Honre os seus colhões. Minha nossa! Que tipo de homem é você? Não percebe o que está em jogo aqui? Nossas filhas! Você quer que Shane nos denuncie e acabe com a nossa vida por causa do que ele fez com Kathy?"

Shelly nunca assumiu a culpa de nada. Dizia para todo mundo que era Shane, ou seu marido, quem cometia os maus-tratos contra Kathy. Além disso, que não fazia ideia do que acontecia quando não estava por perto para cuidar da melhor amiga.

"Você sabe que Shane matou a nossa Kathy! Nós dois sabemos disso. Ele merece morrer por causa disso. Seja homem, Dave!"

Dave prometeu que cuidaria de tudo. Garantiu a Shelly que tiraria um tempo para pensar melhor e elaborar um bom plano, mas, no fundo, desejava que ela deixasse aquela ideia de lado.

Ela não deixou.

Por um bom tempo, nada aconteceu. Cumprindo ordens de Shelly, Shane e Nikki foram se esconder debaixo da casa dos vizinhos para tentar descobrir se eles tinham visto ou ouvido alguma coisa sobre Kathy. *A gritaria no quintal enquanto alguém chafurdava? Talvez o cheiro forte de algo queimando?*

Nada.

O verão acabou, e as meninas e Shane voltaram para a escola. O Natal chegou, e Shelly foi espalhafatosa como sempre, comprando pilhas de presente que depois seriam confiscados. Ela não bebia, então o Ano-Novo na casa foi uma ocasião bem tranquila.

Tudo continuou relativamente tranquilo até fevereiro, seis meses depois da morte de Kathy.

Nikki acordou no meio da noite. Um barulho interrompeu seu sono. *Aconteceu alguma coisa.* Ela olhou ao redor, ouvindo com atenção. A casa estava silenciosa. Em seguida voltou a dormir, se perguntando se o ruído não seria só parte de um sonho seu.

Era pouco provável.

83

Era fevereiro de 1995. Tarde da noite. Silêncio. Escuridão total do lado de fora. Dave pegou sua carabina calibre .22 na cabine da picape Old Blue e foi até o galpão em busca de Shane. Estava agindo no automático: dando um passo atrás do outro sem pensar em nada. A porta estava fechada. Ele girou a maçaneta e entrou. A luz se acendeu. Dave não disse nada.

Depois, disparou um tiro na nuca do sobrinho.

O sangue se espalhou pelo chão de cimento.

Shane estava morto.

Dave estava se sentindo anestesiado quando se agachou. Não queria matar o garoto. Nem se julgava *capaz* disso. Mas era como se tivesse sido reprogramado e instruído a fazer isso pela ruiva bonita com quem tinha se casado.

A mulher que amava, apesar de tudo.

A mulher que era capaz de olhar nos olhos dele com o extrato da conta-corrente do casal, que estava mais do que estourada, e dizer que era culpa do banco. "Eles vivem fazendo bobagem! Vou lá reclamar amanhã mesmo!"

A mulher que seu pai reconheceu como uma trapaceira e encrenqueira assim que pôs os olhos nela. "Se decidir ficar com ela, é porque você não tem nada na cabeça mesmo."

Dave entrou para contar a Shelly o que tinha feito.

"Eu matei o Shane."

Shelly ficou boquiaberta. Parecia em choque. Era como se o marido tivesse agido do nada.

"Você fez o quê?", questionou ela, arregalando os olhos. "Matou o nosso sobrinho? Por quê?"

Sério mesmo, Shelly?

Dave não entendeu nada. Era o que ela vinha pedindo, pressionando e incitando que fosse feito desde o dia em que Kathy morreu.

"O que nós vamos fazer agora?", questionou Shelly.

"O mesmo que fizemos com Kathy", disse Dave.

Ela gostou da ideia.

Já tinha funcionado uma vez.

Depois de se recompor, Dave voltou ao galpão e pôs o corpo de Shane em um saco de dormir e o carregou para perto da bancada de trabalho. Despejou um pouco de alvejante em um balde com água e fez o melhor que pôde para limpar o sangue. Tinha prometido à esposa que não deixaria nenhum vestígio. Nada de DNA. Não restaria qualquer coisa que desse alguma indicação do que tinha acontecido.

E então esperou por uma oportunidade — quando as meninas não estivessem em casa — para incinerar o cadáver.

Na manhã seguinte, as meninas ouviram a história da casa de passarinhos e da fuga de Shane até o Alasca para virar pescador. Alguns dias depois, Shelly ofereceu às meninas a chance de dormir na casa de alguma amiga — uma ocasião rara, que as três aproveitaram sem pensar duas vezes.

Dessa vez, quando incinerou o corpo, Dave fez isso sem a ajuda de combustíveis ou do revestimento de metal que tinha usado com Kathy. Nada de pneus, nem diesel. Apenas madeira, e continuou colocando mais lenha sobre o cadáver do sobrinho até restarem apenas cinzas e ossos. Demorou a noite toda, e uma parte da manhã seguinte — mais do que a cremação de Kathy.

O revestimento de metal tinha sido bem eficiente, ele se deu conta.

Quando as cinzas esfriaram, Dave as recolheu com uma pá e colocou em sacos de lixo para fazer o conhecido trajeto até Washaway Beach. Ele estacionou a picape, verificou se havia alguém por perto e despejou os restos mortais de Shane nas ondas espumosas do Pacífico.

Nikki, Sami e Tori voltaram no dia seguinte, quando a pira funerária já tinha sido desmontada.

Pouco tempo depois, Dave apareceu com uma escavadeira e despejou a terra queimada morro abaixo, sobre uns arbustos de frutas silvestres.

Shelly fez questão de notificar a polícia do condado de Pacific sobre a fuga de Shane. Foi Dave quem fez o telefonema e disse ao policial que seu sobrinho costumava desaparecer de casa e passar vários dias sem dar notícias.

"O rapaz veio de uma família desestruturada", acrescentou, ressaltando que já havia procurado por toda parte com a esposa.

O policial agradeceu a notificação, e Dave disse a Shelly que eles foram instruídos a "esperar para ver o que acontecia".

Shane estava morto. Seu cadáver havia sido devidamente ocultado. Em seguida, Dave e Shelly se voltaram à arma usada para matar o garoto.

A carabina calibre 22 usada para assassinar Shane era, de fato, um problema. Dave não a queria em casa. Tinha certeza de que alguém a encontraria e, de alguma forma, descobriria a verdade. Ele estava uma pilha de nervos quando propôs um plano não muito bem pensado, que Shelly aprovou. Dave pegou uma estradinha usada por lenhadores a norte de Raymond e, quando viu que não havia ninguém por perto, desceu da picape e enterrou a arma. Em sua mente, a arma virou uma espécie de coração delator do conto de Edgar Allan Poe, um lembrete constante do que tinha feito com o sobrinho. Shelly também estava certa de que, por mais remoto que fosse o esconderijo, e apesar de todas as precauções tomadas pelo marido, alguém com certeza acabaria encontrando a arma e descobrindo o que aconteceu.

"Você precisa buscar aquela coisa", falou.

Foi isso o que ele fez. Duas semanas depois, Dave voltou à mata para desenterrar a arma e trazê-la de volta para casa. Depois a jogou no buraco usado para queimar o lixo e pôs fogo.

"Eu estava esperando que o metal derretesse ou coisa do tipo", explicou mais tarde. "Só que não deu certo."

Dave entregou o que sobrou da arma do crime para Shelly, que a guardou no fundo do armário. Ele nunca mais voltou a ver a carabina.

84

Mesmo depois do assassinato de Shane, Shelly continuou à caça das fotos de Kathy. Aquelas imagens eram provas incontestáveis, para as quais não havia explicações. Pelo menos, não explicações fáceis. Ela revirava a casa quando as meninas estavam na escola. Procurou nas outras construções da propriedade, espiando embaixo do assoalho e tirando as tranqueiras enfiadas no galpão.

As fotos deviam estar ali em algum lugar.

Shelly não sabia na época, mas ainda restava pelo menos uma imagem de Kathy, em um filme fotográfico não revelado em uma gaveta da sala de estar. Shane tinha tirado uma foto de Kathy sem roupa, rastejando pelo chão da sala. Era uma coisa horrenda, de embrulhar o estômago. Kathy estava claramente em agonia. Devia estar com frio, tentando passar de um cômodo a outro, mas parecia fraca e maltratada demais para conseguir ficar de pé.

Tinha sido reduzida a um estado animalesco.

"Precisamos achar as fotos", insistiu com Dave enquanto revistava os quartos das meninas e a gaveta de quinquilharias da cozinha. Ela sequer cogitava desistir da busca incessante para encontrar e destruir as imagens.

"Se isso for parar nas mãos de alguma outra pessoa, nós estamos em maus lençóis", justificou-se Shelly.

Maus lençóis? Era um eufemismo típico dela. Dave, por sua vez, sabia que seria o fim da vida que levavam juntos. Estava enterrado até o pescoço naquela confusão com a esposa. Ele a ajudou a procurar. Shelly retomou a busca algumas semanas depois, revirando tudo e esbravejando por causa da traição de Shane.

"Shane poderia ter denunciado nós dois", dizia.

Por volta dessa época, Shelly começou a embelezar a história que contou às meninas, dizendo que o primo tinha telefonado para casa.

"Ele disse que ia ligar de novo", garantiu.

Em uma outra ocasião, quando estava saindo de casa, disse às filhas: "Se Shane ligar enquanto eu estiver fora, tentem descobrir exatamente onde ele está."

Dave puxou a esposa de lado.

"Você precisa manter essa história como está", foi o conselho dele. "Não fique acrescentando mais coisas. Ele fugiu. Foi embora."

Mas Shelly não conseguia se segurar. Pensando sempre adiante, fez uma anotação em um calendário com a data da suposta fuga. Foi acrescentando detalhes ao longo do tempo, registrando as poucas vezes em que colocou as meninas no carro e fez rondas pelo condado de Pacific em busca do sobrinho.

No passado, havia sido infalível em encontrá-lo. Dessa vez, porém, as buscas não davam em nada.

Dave chegou até a faltar no trabalho algumas vezes para viagens infrutíferas à procura de Shane. As meninas acreditavam que o pai estava fazendo o melhor que podia para localizá-lo.

Anos depois, ele afirmou que pensava em Shane todos os dias. E todas as noites também.

"Matar alguém é uma coisa que a gente nunca supera", disse. "Nem por um instante. Está sempre na sua cabeça."

85

Nikki e Sami se mantiveram em contato frequente depois da prisão dos pais, evitando ligar a TV quando podiam, porém isso se revelava quase impossível. Os Assassinatos com Tortura de Raymond, como os crimes de Shelly e Dave foram apelidados, estavam por toda parte. Os relatos televisivos exploravam a existência de uma casa dos horrores em uma comunidade bucólica à beira-mar. Era uma história no estilo *Este mundo é um hospício*. Ou *Mamãezinha querida*. Ou *Psicose*. Todo mundo só falava dos Knotek.

Só as irmãs não comentavam o assunto. Nikki, Sami e Tori não deram nenhuma declaração pública. Era uma promessa que tinham feito umas às outras.

Shelly e Dave estavam presos, com fiança fixada em milhões de dólares, e responderiam a múltiplas acusações, de homicídio à ocultação de cadáver.

Embora as irmãs quisessem justiça por Kathy, Shane e Ron, não era uma sensação das melhores ver a própria vida retratada pelas lentes da mídia — um reflexo de algo estranho e familiar ao mesmo tempo.

Seus pais mataram várias pessoas.

Fizeram as coisas mais cruéis e abjetas que alguém poderia fazer com outro ser humano.

E boa parte disso ocorreu bem diante dos olhos delas.

Foram necessárias duas semanas para Sami, então com 25 anos, conseguir a guarda de Tori. Na época, ela morava sozinha em um apartamento com um quarto na Greenwood Avenue, em Seattle, e começou a procurar outro, de dois quartos. Estava contente com a oportunidade de proporcionar à irmã uma vida nova, longe dos pais.

Shelly sabia que Sami era sua melhor chance — Dave também estava preso, Tori era uma criança e, depois de tudo o que tinha feito com ela, Nikki era uma causa perdida. Shelly devia saber que não havia brecha para voltar a fazer parte da vida da filha mais velha. Sequer tentou.

Mas Sami, a filha do meio, uma pacificadora por natureza, era do tipo que não sabia dizer não.

Praticamente desde o primeiro dia na cadeia, Shelly mandou cartas listando os itens de que necessitava. Queria toda e qualquer coisa que a filha pudesse conseguir, e era bastante específica. Um sutiã de certo tipo. Um roupão especial. Um pote de hidratante de uma determinada marca. O tom da correspondência era carregado de autoritarismo e desdém. Mesmo da prisão, Shelly se portava como se as pessoas tivessem a obrigação de atender aos seus desejos.

Conforme solicitado, Sami enviou tudo o que foi pedido. Apesar de saber que Shelly merecia estar onde estava, imaginá-la sozinha em uma cela entristecia a filha, assim como saber que todas as outras detentas dispunham de roupas íntimas confortáveis e bons roupões de banho, enquanto sua mãe tinha que se contentar com o que a administração prisional fornecia.

Sami não contou a nenhuma das irmãs que estava ajudando a mãe, embora tenha deixado escapar para Nikki, certa vez, em uma conversa, que Shelly estava sofrendo atrás das grades.

"Você está mandando coisas para a mãe?", quis saber a irmã mais velha.

A princípio, Sami se esquivou do questionamento, mas depois admitiu que sim.

"Algumas vezes", falou. "Não foi nada de mais."

Nikki não conseguia acreditar no que estava ouvindo. "Está falando sério? Depois de tudo o que ela fez com a gente, você ainda a está *ajudando*?"

Em certo sentido, Sami sentia que não tinha escolha.

"Você está sob o controle dela", falou Nikki. "Será que não percebe? Ela está fazendo o que sempre fez."

Em fevereiro de 2004, seis meses depois de sua prisão, Dave Knotek requisitou a retirada dos agravantes da acusação do homicídio qualificado de Shane Watson e se declarou culpado do crime de ocultação de cadáver e cumplicidade em atividade criminosa. Embora as irmãs Knotek tivessem deixado claro que, se ajudasse a esposa, elas cortariam relações com Dave, ele se recusou a colaborar com o inquérito montado contra Shelly. Ela, por sua vez, estava desesperada para se certificar de que Dave manteria a boca fechada — mesmo sabendo que as leis conjugais do estado de Washington podiam ser evocadas para impedi-lo de depor no tribunal. Mas as filhas sabiam que não era o que ele poderia dizer no banco das testemunhas que preocupava Shelly. Só o que Dave precisava fazer era corroborar tudo o que elas contaram.

E isso, ele fez.

Foi condenado a pouco menos de quinze anos de cadeia.

Então chegou a vez de Shelly.

A promotoria do condado de Pacific avisou a família das vítimas que não havia como proceder com as acusações de homicídio qualificado contra Shelly. O corpo de Kathy não tinha sido encontrado. Não havia ossos nem cinzas debaixo da cama. A autópsia de Ron não foi capaz de determinar como exatamente ocorreram seus ferimentos — nem quem os provocou. As pessoas que queriam justiça para Kathy e Ron logo se deram conta de que era um caso grande e complicado demais, e que as autoridades do condado não tinham condições de conduzi-lo a contento.

Nikki, Sami e Tori sabiam que a mãe era inteligente e ardilosa — o tipo de pessoa que nunca assumiria a culpa pelo que fez.

A água fervente.
O alvejante.
As semanas na casa de máquinas.
A privação de comida.
O confisco das roupas.

Era tudo mentira, ou então os fatos tinham sido distorcidos.

Dez meses depois de sua prisão, Shelly fez uma admissão de culpa de acordo com a doutrina Alford, uma legislação que muitas vezes pode parecer desconcertante, pois permite que o réu se declare culpado sem deixar de afirmar sua inocência. Trata-se também de um dispositivo que permite à defesa e à acusação se pouparem do desgaste — e dos custos — de levar ao júri um caso que quase certamente vai resultar em condenação. A confissão também poupou o condado de Pacific de uma boa dose de constrangimento. A mídia não seria nada generosa com os sinais de alerta ignorados pela polícia de que Shelly e Dave vinham cometendo atos hediondos. Ninguém seria capaz de negar que Ron ainda poderia estar vivo se o depoimento de Nikki sobre o assassinato de Kathy tivesse sido investigado com mais empenho pelos policiais. Talvez Mac também pudesse ter vivido por mais tempo.

No fim, ambas as partes chegaram a um acordo para uma pena de dezessete anos de reclusão.

Na proclamação da sentença, dois meses depois, Shelly parecia abatida. Seus cabelos estavam desalinhados, e a tintura ruiva havia desbotado em uma mistura de grisalho com loiro acobreado. O macacão laranja de presidiária estava bem largo no corpo.

Nenhum de seus familiares apareceu para lhe dar apoio.

Ela se dirigiu à corte antes que a sentença fosse proclamada. Suas palavras foram ditas em meio a algumas lágrimas.

"Nesta prisão, neste tribunal, nesta comunidade", declarou, "e em todo lugar, fiquei conhecida como uma espécie de monstro terrível. Não sou nada disso. Mas cometi erros gravíssimos. Kathy era minha amiga, uma pessoa de valor e com um propósito na vida. Ela me dava apoio. Eu não retribuí à altura. Não estava lá quando Kathy morreu. Não estava ao seu lado."

Shelly acusou Shane e Nikki, alegando que eram os adolescentes quem cometiam maus-tratos contra Kathy.

Nada daquilo era culpa dela. Nem o caso de Kathy, nem o de Ron.

"Acredito que não sou culpada de assassinato, de ter provocado deliberadamente a morte dela. Mas uma mãe de família é a responsável pelo ambiente do lar. Ela sofreu maus-tratos na minha casa, e agora está morta. Eu nunca vou superar isso, e nem mereço."

O juiz responsável pela sentença ouviu em silêncio enquanto as duas partes se pronunciavam. A promotoria comentou que o caso era extremamente complexo, e que havia a possibilidade de que a verdade nunca fosse descoberta.

A doutrina Alford, assim como vários outros tipos de acordos judiciais, não a obrigava a admitir perante o tribunal o que tinha feito.

Shelly pareceu surpresa, porém, por suas palavras não terem surtido o efeito desejado sobre o juiz responsável pela promulgação da sentença. Em vez de se solidarizar com ela, o magistrado acrescentou mais anos a sua pena. Enquanto Shelly ouvia boquiaberta, o juiz a condenava a 22 anos de reclusão — cinco a mais do que o previsto no acordo — pelo assassinato de Kathy e pela acusação de homicídio culposo relacionado à morte de Ron.

Ninguém estava feliz. Mas todos saíram satisfeitos.

Para uma mulher que vivia em função do controle que exercia sobre os outros, que se deleitava dizendo às pessoas o que fazer e como fazer, era uma punição cabível.

Shelly Knotek não ficaria a cargo de nada nem de ninguém por mais de duas décadas.

EPÍLOGO

Dave Knotek foi libertado da prisão em 2016. Vive no litoral do estado de Washington e, apesar dos problemas de saúde, faz longos expedientes em uma fábrica de processamento de frutos do mar. É um homem magro e frágil, que sofre para passar o dia todo de pé. A única coisa que o mantém motivado é o relacionamento com suas filhas Tori e Sami. Nikki se recusa a vê-lo, o que ele entende e aceita. Dave diz que ainda sente remorso pelo papel que desempenhou em tudo que aconteceu na Casa Louderback e na propriedade de Monohon Landing. E sabe que esse sentimento vai continuar para sempre.

Nikki não consegue perdoar nem esquecer. Mas é capaz de seguir em frente, criando seus filhos de uma forma que sua mãe jamais entenderia: com amor e respeito. Ela sabe que tudo o que sofreu transformou sua vida de maneiras nem sempre visíveis, porém prefere pensar o melhor a respeito das pessoas, menos no que diz respeito a seus pais. Nikki tenta não pensar na mãe. Apesar de ter contado aos filhos que a avó materna está na cadeia por ter feito coisas erradas, nunca entrou em detalhes sobre o que foi. Seu coração ainda permanece apertado e cheio de remorso por sua participação no que aconteceu com Shane e Kathy. O fato de também ter sido uma vítima nunca serviu como justificativa para Nikki.

Até a publicação deste livro, a previsão era de que Shelly Knotek fosse libertada da cadeia em 2022, aos 68 anos. Ela continua afirmando que sua condenação foi um erro, e que não havia entendido os termos da doutrina

Alford. Nenhuma das filhas foi vê-la depois de ter sido transferida do condado de Pacific, mas uma pessoa que visitou o presídio feminino de Gig Harbor, em Washington, afirmou que Shelly está com os cabelos todos brancos e lutando contra o câncer.

Pelo menos é o que ela mesma afirma.

Morando em uma casa espaçosa em Raymond, Sami considera sua mãe uma erva daninha, alguém cuja natureza maligna infelizmente teve a chance de florescer. "Não sei se ela teria matado alguém se tivesse nascido em outra família, em outra cidade, ou se casado com um homem de pulso mais firme", especula. "Minha mãe gostava de torturar as pessoas. Isso foi longe demais, e ela tomou mais gosto pela coisa. Então eu não sei."

E quanto ao seu pai? Sami ainda o ama, apesar de não conseguir aceitar o que aconteceu.

"Não me importa o que a minha mãe fez ou o poder que exercia sobre ele", afirmou Sami. "Se ela colocasse uma arma na minha cabeça e me mandasse matar meu irmão, eu não faria isso de jeito nenhum. Nikki também não. Claro que não. Mas o nosso pai fez."

Tori, que começou em um emprego novo, às vezes tem sentimentos nostálgicos em relação à mãe que um dia amou. Não sente nenhuma falta de Shelly, mas de ter uma mãe, sim. Felizmente, pode contar com as irmãs para representarem esse papel. Apesar de manter laços próximos com o pai, chegando até a passar um Natal com ele, não pretende, nem tão cedo, ter nenhuma aproximação com Shelly.

Mas Shelly tentou, claro.

Escreveu uma carta entregue através de Sami, depois de presa, afirmando que estava felicíssima pela filha mais nova poder contar com tanta gente em sua vida para amá-la e cuidar dela.

"Tomei péssimas decisões na vida. Cometi muitos erros e fiz escolhas erradas. E me arrependo muito. Mas você não é como eu. Por favor, nunca acredite em nada do que ouviu. As coisas não são tão simples assim."

Sami nunca entregou essa carta.

"Minha irmã não tinha a menor necessidade de ver isso", explicou. "É uma pessoa inteligente e feliz, e não existe espaço para a minha mãe na vida dela."

As irmãs Knotek se veem várias vezes ao ano, geralmente na casa de Nikki, nos arredores de Seattle. Em 2018, Nikki voltou a Raymond pela primeira vez desde que o caso veio à tona. Foi um momento difícil, mas Sami estava lá enquanto a irmã mais velha revisitava suas memórias envolvendo a mãe. Ela se lembrou de quando Shelly se revelou uma pessoa gentil — dedicada, até. As boas recordações levaram lágrimas aos seus olhos. Sami também voltou à Casa Louderback e à propriedade de Monohon Landing, pela primeira vez, nessa mesma época. Teve uma reação visceral ao ver o banheiro da Casa Louderback e o local onde Nikki era obrigada a chafurdar. Houve lágrimas. Mas sorrisos, também. Ela mostrou o tanque para peixes que Kaley tinha construído e o local onde parava o carro para deixá-la em casa, buzinando e piscando os faróis até Shelly se dar por vencida e deixá-la entrar.

As irmãs trocam mensagens de texto e se falam ao telefone o tempo todo. Estão mais do que cientes da insanidade dos atos cometidos por seus pais, do caráter hediondo do que aconteceu em casa durante sua infância e adolescência. Embora Shelly tenha se esforçado para mantê-las distantes, para controlá-las por toda a vida, ela subestimou a força do laço que as une.

Irmãs para sempre. Vítimas, nunca mais.

POSFÁCIO

por dra. Katherine Ramsland

Visto de dentro, um lar violento é bem diferente do que parece a um observador externo. Crianças expostas a pais e mães frios, narcisistas ou sádicos não têm como saber que estar sob os cuidados de pessoas com potencial para cometer atos de extrema crueldade é a exceção, e não a regra. Mesmo quando percebem o contraste ao serem expostos às famílias dos amigos, já perderam a capacidade de desafiar a autoridade dos pais. Em vez de procurar ajuda, abaixam a cabeça e se adaptam.

Cada vez mais, os filhos de *serial killers* — em sua maioria as *filhas* — vêm relatando a experiência de ter na família os mais monstruosos de todos os criminosos. Costumam afirmar que também são vítimas, e de fato são. É possível encontrar relatos em programas de entrevistas, podcasts e nas páginas de livros de memórias. Melissa Moore, filha de Keith Jesperson, o "Happy Face Killer", criou um programa televisivo, inclusive, no qual apresenta parentes de diversos assassinos em série às suas vítimas, na esperança de ajudar a cicatrizar as feridas deixadas em todos.

Alguns familiares são pegos de surpresa, como Kerri Rawson, a filha de Dennis Rader, o "BTK", assassino que agia em Wichita, no Kansas. Uma década depois da prisão dele, em 2005, ela falou em uma entrevista sobre seu sentimento de angústia e humilhação ao ficar sabendo que o pai carinhoso que amou a vida toda tinha matado dez pessoas — crianças estavam entre as vítimas — em sua cidade. Em seu livro *BTK: Meu Pai*, ela descreve o difícil processo de tentar entender por que ele fez o que fez e como seguir em frente com sua vida.

Outros, porém, não são pegos de surpresa pela vida dupla e criminosa dos pais, porque foram testemunhas de demonstrações francas de abusos e raiva descontroladas. Alguns chamaram a polícia para a própria casa, inclusive. Mesmo enfrentando o medo e a vergonha de serem considerados traidores, agem com a motivação de promover a punição pelos malfeitos e dar um basta nas ações de pessoas monstruosas.

É essa a história das filhas da assassina e mãe abusiva Michelle "Shelly" Knotek. Se esquivando das suspeitas ao se valer de seu gênero e de sua beleza, comandava a própria casa com punho de ferro e sujeitava sua família e seus hóspedes a tormentos terríveis. Escondendo-se atrás de pretextos e de uma imagem de boa samaritana, conseguiu manter-se impune por seu comportamento violento durante muitos anos, e manipulou o terceiro marido para esconder seus crimes e até a matar por ela.

Parece impossível que alguém seja capaz de conseguir esse nível de cumplicidade, contudo os predadores bem-sucedidos dispõem de toda uma gama de ferramentas para alcançarem seus objetivos. São pacientes e observadores, e fazem planejamentos e preparativos meticulosos. Primeiro, procuram exercer domínio sobre pessoas com poucas condições para se defender: filhos pequenos ou parentes idosos, amigos em necessidade, pessoas em situação de rua, neurodivergentes ou gente sem nenhum tipo de laço familiar. Em seguida, empreendem um programa incessante de erosão da capacidade de resistência das vítimas. Mesmo diante de comportamentos absurdos, são pessoas assustadas, subjugadas, confusas ou incapacitadas demais para reagir ou buscar ajuda.

Como não têm um compromisso sério com a verdade e a ética, os predadores aprendem a imitar formas confiáveis de conduta, como a honestidade e a compaixão, para criar expectativas nas pessoas que pretendem explorar. Quando confrontados, sabem como recuar em um piscar de olhos e oferecer uma justificativa convincente com facilidade. Sabem o que querem, e o que é preciso para conseguir. Knotek se valia de uma aura de carisma e sucesso para conquistar a confiança de potenciais novas vítimas. Mas, quando as atraía para sua teia, mostrava seu ferrão.

Alguns predadores são sádicos, descritos como grandes tubarões-brancos dos comportamentos desviantes. Suas habilidades criminais são inigualáveis, assim como sua capacidade de causar estragos. Só ficam felizes depois de destruir a vida de todos ao seu redor, em geral com comportamentos abusivos, tanto em termos físicos como psicológicos. Gostam de açoitar, queimar, enforcar, eletrocutar, pisotear, furar ou esganar suas vítimas até as deixarem inconscientes, e então socorrê-las para que recobrem a consciência. Controlar os outros através da dor é o que os faz se sentirem senhores de baraço e cutelo.

A inclinação ao sadismo surge combinada com certas associações mentais no início da adolescência, acompanhada de um temperamento ardiloso que sente a necessidade constante de controle e nenhum remorso. Mesmo assim, mais de um terço dos sádicos relata ter descoberto sua propensão à perversidade na idade adulta — eles apreciam a sensação de autoridade que advém de conseguir fazer o que quiserem com um outro ser humano vulnerável e submisso, e suas fantasias vão se tornando cada vez mais sofisticadas e cruéis. Como buscam estímulos, tornam-se pessoas bastante criativas no tipo de barbaridades que cometem com os outros. O instinto de cuidar e nutrir que acompanha a paternidade ou maternidade não significa nada para eles.

O dr. Michael Stone, psiquiatra forense e inventor do método de classificação batizado como Índice da Maldade,** usa casos de "pais infernais" quando descreve o que pode dar errado em uma instituição que consideramos nossa principal esfera de segurança e proteção. Ele rotula como malignos os pais que apresentam uma persona pública normal para esconder os abusos que cometem entre quatro paredes. Essas pessoas saciam as próprias necessidades e desejos às custas de seus familiares, principalmente os filhos. Quanto mais prazer extraem do tormento que impõem, mais esse comportamento se repete.

---

*   O Índice da Maldade é uma hierarquia, constituída por 22 Padrões, criada com o intuito de auxiliar a classificação de crimes violentos. Neles, os autores examinam os fatores biológicos e psiquiátricos por trás dos assassinatos em série, estupros em série, torturas, assassinatos em massa e outras formas de violência. Você pode conhecer todos os Padrões no livro *Cruel: Índice da Maldade* (DarkSide Books, 2023), de Michael H. Stone e Gary Brucato.

Inclusive, Stone reserva a categoria de "maldade extrema" — o Padrão 22 — para assassinos psicopatas que têm a tortura como principal elemento motivador. Eles se deleitam infligindo dor. Quando se cansam de um determinado instrumento de tortura, encontram ou inventam outro. Preferem manter as vítimas vivas pelo maior tempo possível, executando suas fantasias mais nefastas, mas sabem que, no fim das contas, aquelas pessoas precisam morrer.

As vítimas que desejam pedir ajuda têm consciência da dificuldade em convencer as autoridades a respeito da conduta do sádico. Sabem que, se tentarem denunciar e falharem, a punição será severa, então, muitas vezes preferem esperar e torcer para que algum dia consigam escapar. Mesmo o cúmplice do sádico, quando pego, pode acabar se perguntando como pôde fazer algo que jamais se imaginaria capaz. Quando fingem que não estão vendo os sinais da tortura ou cometem um ato hediondo a mando do sádico, acabam ficando de mãos atadas. Não têm muita escolha além de seguir no jogo. Os predadores mais habilidosos sabem como se manter sempre no controle.

Mesmo quando os pais sádicos são pegos, condenados e mandados para a prisão, o pesadelo não termina para os filhos. Alguns se escondem da mídia, mudam de nome, fazem terapia e procuram levar uma vida comum, na medida do possível. Outros partem para a arena pública. Seja qual for o caminho que tomem, sua alma foi maculada pela conduta de um criminoso. Podem acabar desenvolvendo distúrbios alimentares e de sono, incapacidade de manter relacionamentos saudáveis ou repetidas crises de estresse pós-traumático. Talvez acabem, inconscientemente, repetindo o comportamento abusivo contra os próprios filhos, ou sentindo um desejo incontrolável de atacar as pessoas que amam. Quanto mais conscientes forem da anormalidade a que foram expostos no início da vida, maior o potencial para que o dano causado afete aspectos significativos de sua vida adulta. Costumam, até mesmo, temer transmitir uma espécie de doença genética, razão pela qual acabam se tornando excessivamente vigilantes com os filhos.

O predador sádico com a faceta de "cuidador" pode causar um efeito dominó devastador nas vítimas sobreviventes, cuja cura, em alguns casos, demora anos para chegar. Mesmo quando conseguem entender o que lhes aconteceu, elas com frequência continuam se sentindo culpadas. Não é incomum que possam sentir amor pelo pai ou mãe que lhes fez mal, sem conseguir admitir a dimensão do abuso sofrido. Há casos em que alguns deles acabam cedendo às tentativas feitas pelo pai ou mãe de continuarem a exercer controle de dentro da cadeia. Isso é uma coisa difícil para os observadores externos entenderem, porém, seja da forma que for, um lar é sempre um lar.

As vítimas de maus-tratos são capazes de amar seus carrascos. Essa lealdade marcada pela ambivalência talvez se constitua no pior legado transmitido pelo predador.

DRA. KATHERINE RAMSLAND é professora de psicologia forense na Universidade DeSales, na Pensilvânia. Já publicou mais de mil artigos e 65 livros, entre eles *The Psychology of Death Investigations*; *Confession of a Serial Killer: The Untold Story of Dennis Rader, the BTK Killer*; e *The Mind of a Murderer*. Ela dá palestras e oficinas para forças policiais, médicos-legistas e advogados, e trabalhou como consultora para diversas séries televisivas, como *The Alienist*, *CSI* e *Bones*, além de manter um blog no site da revista *Psychology Today*.

AGRADECIMENTOS

O tema pode ser sinistro e assustador, porém o sentimento mais forte que vivenciei quando estava escrevendo este livro foi de esperança e gratidão. Isso se deve inteiramente a Nikki, Sami e Tori. Agradeço muito às corajosíssimas irmãs Knotek por confiarem sua história a mim. Eu cresci em uma família de meninos, mas, caso tivesse sido agraciado com a sorte de ter uma irmã, gostaria que fosse uma das três. Todas elas são um exemplo de que, por mais terrível que seja o ponto de partida da vida de alguém, o que realmente importa é para onde essa trajetória a leva. E as três são provas vivas de que, seja quais forem as circunstâncias, sempre se pode contar com o amor da família.

Também me sinto grato ao pai delas, Dave Knotek, por me receber para conversar sobre as piores partes de sua jornada pela vida ao lado de Shelly. Sinceramente, não sabia o que esperar, mas agora sou capaz de vê-lo nos olhos de Sami e de Tori. Sei que ele nunca vai minimizar ou tentar esconder sua culpa pelo que aconteceu em Raymond, que vai passar o resto da vida tentando se redimir pelo que fez, e que só me ajudou a escrever esta história porque as filhas pediram.

Lara Watson é tudo o que uma avó deveria ser. Nunca vou me esquecer de nossa entrevista em Portland, e sua disposição constante de ajudar a contar a história desde que se mudou para um local mais ensolarado. Também agradeço à sua filha mais nova pelas fotografias que me ajudaram a dar rostos aos nomes das pessoas da família.

Shelly continua com os joguinhos que sempre gostou de fazer. Trocamos diversas cartas, e ela concordou em falar comigo, mas vivia adiando, dizendo que estava ocupada demais e que não tinha tempo. Conversamos brevemente pelo telefone também. Por mais de um ano, mantive a esperança de que, de alguma forma, conseguiria uma entrevista franca com ela. Que tolice, a minha. Shelly é como várias outras pessoas de seu tipo — alguém que se coloca como vítima das circunstâncias e nunca assume nada do que faz.

Muitos agradecimentos a Kelly Paananen por compartilhar as dolorosas lembranças da irmã (e pelos biscoitos que me trouxe de Nova York). Sei que a perda de Kathy ainda pesa muito sobre seu coração. É uma dor que nunca passa. Agradeço a seu irmão Jeff Loreno também. E o tempo e as impressões que Kaley Henson e Barb, sua mãe, me ofereceram em uma de minhas várias visitas a Raymond. Agradeço imensamente a James Whorlton, o arquivista sênior do setor de registros do condado de Pacific, por salvar a minha pele no dia em que um arquivo sumiu.

Agora passemos à parte da publicação do livro. Sou muito mais do que grato a Shannon Jamieson Vazquez pelo enorme cuidado e pelas sugestões que me deu durante o processo de edição. Ela me desafiou a escavar mais fundo e, apesar de admitir que foi doloroso às vezes, era exatamente o que eu precisava fazer. E à equipe da Thomas & Mercer e da Amazon Publishing... o que posso dizer? Gracie Doyle e Liz Pearsons, vocês são o máximo — e sabem reconhecer uma história importante quando veem uma. Eu não poderia ter mais sorte como escritor.

Eu não escrevia um livro sobre um crime real fazia muitos anos, então muita gente pergunta: por que esse livro, e por que agora? Shelly Knotek ocupa um lugar estranho nos registros das narrativas criminais. Tudo o que ela fez foi monstruoso — coisas horrendas e cruéis. Mas quase desconhecidas. Ela conseguiu se manter abaixo do radar com a passagem do tempo e o uso que fez da doutrina Alford. Não houve um julgamento trepidante. Nem um relato completo ao público sobre tudo o que ela fez.

Nikki, Sami e Tori queriam que o mundo soubesse o que sua mãe havia feito, como um alerta para todas as pessoas vulneráveis que podem cruzar seu caminho quando ela for solta. As três têm medo de que Shelly volte a fazer as mesmas coisas.

GREGG OLSEN (1959) é escritor de suspense e true crime. Com uma carreira literária que abrange mais de duas décadas, Olsen se tornou conhecido por sua habilidade em combinar narrativas envolventes com uma pesquisa minuciosa. Seus livros exploram os cantos mais sombrios da natureza humana, mergulhando em histórias de assassinatos, segredos e mistérios inexplicáveis. Reconhecido por seu estilo de escrita cativante e detalhado, Olsen conquistou uma base de fãs dedicada e recebeu elogios da crítica. Saiba mais em greggolsen.com

CRIME SCENE®
D A R K S I D E

"O mal é algo que está no ser?
Ou é algo que está nas ações?"
— *PSICOPATA AMERICANO* —

DARKSIDEBOOKS.COM

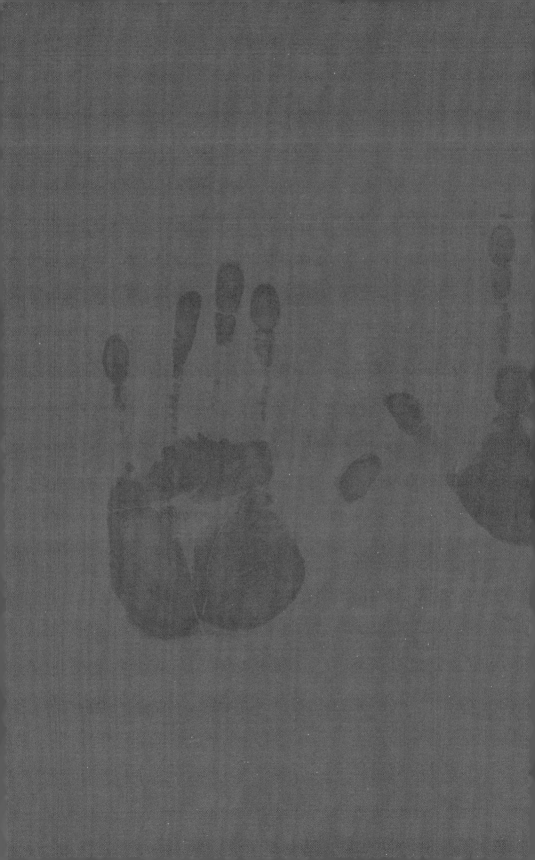